商洛学院教材建设基金资助

商洛学院2017年教材建设项目"新编英汉互译教程"（17jcjs002）研究成果

新编英汉互译教程

邵　霞　编著

浙江工商大学出版社
ZHEJIANG GONGSHANG UNIVERSITY PRESS

·杭州·

图书在版编目(CIP)数据

新编英汉互译教程 / 邵霞编著. —杭州:浙江工
商大学出版社,2020.12
ISBN 978-7-5178-4040-4

Ⅰ. ①新… Ⅱ. ①邵… Ⅲ. ①英语—翻译—教材
Ⅳ. ①H315.9

中国版本图书馆 CIP 数据核字(2020)第156410号

新编英汉互译教程
XINBIAN YINGHAN HUYI JIAOCHENG
邵　霞　编著

责任编辑	王　英	
封面设计	林朦朦	
责任印制	包建辉	
出版发行	浙江工商大学出版社	
	(杭州市教工路198号　邮政编码310012)	
	(E-mail:zjgsupress@163.com)	
	(网址:http://www.zjgsupress.com)	
	电话:0571-88904980,88831806(传真)	
排　　版	杭州朝曦图文设计有限公司	
印　　刷	杭州高腾印务有限公司	
开　　本	787mm×1092mm　1/16	
印　　张	15	
字　　数	291千	
版 印 次	2020年12月第1版　2020年12月第1次印刷	
书　　号	ISBN 978-7-5178-4040-4	
定　　价	48.00元	

前　言

　　本教材以教育部《英语专业课程教学要求》为指导，以提高英语专业学生的英语综合运用能力和语言文化素养为目标，加强学生在英汉互译方面敏锐的观察理解力以及灵活的表达能力，使学生既能打好语言和翻译基础，又可以拓宽思路与视野，让学生在学完课程后具有良好的语言运用能力、分析能力和翻译能力。该教材编者认为，翻译是双语内部转换和语际转换的综合。翻译教学应首先关注双语的内部转换及相关的语言学、逻辑学问题。由于单纯的英译汉或汉译英都涉及双语内部和语际转换，本书将其合在一起讲解，既节省了篇幅，又便于比较学习。翻译不仅是一种语言活动，还是一种文化交流活动，因此翻译教学还应关注语用学、文化学等相关学科。文化翻译不仅要求对原文基本信息的传达，还要求对原文的美学信息和艺术效果进行创造性再现，因此文艺理论的引入和运用在翻译教学中是必不可少的。修辞是语言发展的原动力，是语言美的集中体现。作为"原动力"，它在语言中处处留下它作用过的痕迹。因而，讲翻译而不讲修辞，有的问题难以讲解透彻。作为"语言美的集中体现"，修辞决定了以等值、等效为宗旨的翻译活动必须在方法论中体现修辞功能的再现问题。宏观论之，翻译技巧本身就应该是翻译的修辞技巧，因为翻译课的教学目的不是教人如何按原意说话，而是如何按原意更好地说话。基于这种认识，本书用不少篇幅来介绍翻译修辞问题。

　　此外，编者还认为，译学是一门广纳百川的学问，编者对现代译论及相关理论做了总结概括。本教材的主要特色有以下几个方面：

　　一是把英汉与汉英翻译结合在一起讲解，对两者间的不同之处加以说明，就是为了更清楚地揭示英语、汉语内部和语际转换规律，让学习者了解英语和汉语两种语言之间的差异与语言使用规律，从理论上理解在某种情况下要采取某种或某几种翻译方法和技巧的原因。

　　二是教材的编撰遵循从理解到表达再到翻译实践的规律，把与翻译有关的理论融入教学内容。这与其他教程单纯讲授翻译技巧相比有很大的改进。

　　三是教材中不乏独到的见解和独特的内容——体现在翻译基础知识的讲授和各

种分析方法与翻译技巧等方面。本书的部分例句来自编者近10年对中国当代文学作品英译的研究的积累,是经过观察和思考后筛选出的。选取的例句除了考虑汉英语言差异之外,还兼顾知识性。编者认为,翻译教师应该能够自己翻译而且研究翻译。目前编者已出版的《贾平凹长篇小说序跋注译》是自己对文学翻译最深入的一次实践。

四是强调基于语料库的翻译和翻译教学平台与网络资源之间的高效结合。如今翻译市场中绝大多数是专门领域的翻译需求,所以翻译必须适应市场的需求,不能一味地教授文学类的翻译内容。本教材涉及计算机辅助翻译(CAT)与翻译服务方面的内容,介绍了CAT的基本概念、常见的翻译软件及翻译语料库;同时,结合目前翻译市场的需求,介绍了翻译服务的基本要求。

五是教材中将较系统的中英思维方式与汉英语言对比作为学习汉英翻译的基础理论。编者认为,汉英翻译至少涉及汉语和英语,汉英语言对比理论自然应该成为指导汉英翻译教学不可或缺的理论。翻译教学的目的在于培养新一代外语工作者,令翻译主体认识到翻译的要求及翻译的社会作用、功效、前景。本教材在介绍翻译学理论、技巧的同时,还要求学生学会如何学习,即从开始掌握翻译基础知识,到熟知翻译理论、运用翻译技巧。学习翻译技能,提高翻译理念,结合外语知识,运用母语优势,从语法到语义,从修辞到审美,这些都是翻译教学中需要掌握的内容。本书以翻译理论为指导,系统介绍英汉两种语言的差异,讲解英译汉中的各种实用翻译技巧,各章循序渐进,难易结合,形成了一个比较完整的英汉互译体系。翻译教学中,学习翻译技巧是学生必须掌握的内容。学习翻译技巧,就是为了解决翻译活动中遇到的种种困难。有了理论基础,辅之以翻译技巧,就能在宏观上和微观上把握翻译的过程,更好地实现语义转换。

在设计理念上,本教材主要针对的是培养复合型英语人才的教学要求。充分考虑翻译课程的有限学时数及学生的理解能力,以培养翻译技能为重心。理论介绍简明扼要,层次清晰,难易度适中,方便教师使用和学生自学。

在选材上,为了提升教材的时代性和趣味性,增加翻译学习的实用性,本教材尽量选用最新和最通俗的语言材料。书中所选例子,除参考相关书籍外,亦有部分来自编者自己的翻译实践。

为了适应信息化网络时代的新要求,教会学生使用网上翻译资源,本教材还提供了相关翻译网站,对常见的翻译软件进行了介绍。

本教材以基本的翻译技巧为主线,不单独讲某类词语如颜色词的翻译。因为不管什么文本的翻译都要涉及各种技巧,某个技巧并不只见于某处。只有掌握技巧并会运用,才能在翻译时做到心中有数,懂得采用何种手段恰当地应对。本教材各章节详略不等,例句和分析也各有长短,以突出主要问题。

需要特别说明的是,本书的内容编排及体例来自编者的思考,至于效果,见仁见智。目的只有一个,即符合学习的需要,使学习者具备理解正确、译文通顺的能力,成为更好的译者。总之,在向前辈、同行学习与借鉴的基础上,从面向社会需求与培养服务人才角度出发,编者希望提供的是一本有实用价值的教材。

本书的编写工作在众多师友的热心帮助下克难而进。首先衷心感谢北京外国语大学马会娟教授,我于2018年9月—2019年8月在北外访学,其间,马教授的"文化与翻译"课程对我启发颇深。马老师多次对教材的编写大纲提出宝贵的建议。其次,感谢西安外国语大学李林波教授、西北大学胡宗峰教授、南开大学张智中教授,以及商洛学院人文学院同人,感谢他们在学术上给予我的指导、帮助。还要特别感谢浙江工商大学出版社编辑王英女士,她为本书的出版付出辛勤努力。

由于编者经验与水平有限,教材中的观点和使用的语料难免有错讹纰漏或力有不逮之处,敬请读者批评指正。

目　录

第一章　翻译概论

第一节　翻译的定义

英文"translate"来源于拉丁语"trans+latus",意思是"运载"(carried across)。许慎在《说文解字》中说:"翻:飞也。从羽,番声。或从飞。""译:传译四夷之言者。从言,睪声。"《礼记·王制》如是记载:"五方之民,言语不通,嗜欲不同。达其志,通其欲,东方曰寄,南方曰象,西方曰狄,北方曰译。"其中"寄""象""狄"做的也是翻译的工作。后来,佛经译者在"译"字前加"翻",成为"翻译"一词,一直流传至今。谭载喜在《西方翻译简史》一书中说:"无论在中国还是在西方,翻译都是一项极其古老的活动。事实上,在整个人类历史上,语言的翻译几乎同语言本身一样古老,两个原始部落间的关系,从势不两立到相互友善,无不有赖于语言和思想的交流,有赖于理解,有赖于翻译。"(1991:3)根据不完全统计,目前学界对翻译的定义已经多达一百六十多种,表述有繁有简,角度各异。翻译可以指翻译者、翻译行为、翻译结果。语言学家将翻译视为一种语言活动,同时认为,翻译理论属于语言学的一部分,即研究源语和译入语间的转换关系。例如,《周礼义疏》中提到:"译即易,谓换易言语使相解也。"翻译的本质属性是语言符号转换。翻译是两个语言社会(language community)之间的交际过程和交际工具,它的目的是促进本语言社会的政治、经济和文化进步,主要任务是把原作中包含的现实世界的逻辑映像或艺术映像,完好无损地从一种语言移注到另一种语言中去。翻译是一种语言交流活动,是跨语言的交际活动的中介,是把一种语言所表达的功能、内容与风格用另一种语言尽可能忠实地重新表达出来的言语思维活动。

简单地说,翻译是将一种语言文字(口头或书面形式)的意义用另一种语言文字(口头或书面形式)表达出来。翻译是一种复杂的语言活动,不同的研究者可以根据不同研究领域和研究内容从不同角度对翻译进行定义。

第二节 翻译的分类

一、根据翻译所涉及的语言分类

根据翻译所涉及的语言,翻译活动可以分为语内翻译、语际翻译和符际翻译。

(一)语内翻译(Intralingual Translation)

语内翻译就是同一语言间不同语言变体的翻译,如把古英语写的《贝奥武甫》译成现代英语,把古汉语写的《黄帝内经》译为现代汉语,把客家话译成普通话,把黑话译成全民语言等。例如,方言↔普通话,古代语↔现代语,诗歌↔散文。

(二)语际翻译(Interlingual Translation)

语际翻译就是不同语言间的翻译,是狭义翻译的研究对象。例如,汉译外及外译汉。

(三)符际翻译(Intersemiotic Translation)

符际翻译按照雅各布森(R. Jakobson)的说法就是用非文字符号,如图画、手势、数学符号、音乐符号等,解释文字符号。

二、根据翻译主体的性质分类

按照翻译主体的性质,可分为人工翻译和机器翻译(Machine Translation)两类。后者是现代智能科技和现代对比语言学结合的产物,可望在某些领域代替人工翻译。

三、根据翻译材料的内容和文体分类

根据翻译材料的内容和文体,翻译活动可以分为文学翻译、理论翻译和应用翻译。

(一)文学翻译(Literature Translation)

文学翻译主要包括小说、诗歌、散文、戏剧等。

(二)理论翻译(Theoretical Translation)

理论翻译主要包括社会科学和自然科学方面的纯理论文本等。

(三)应用翻译(Practical Translation)

应用翻译主要包括经贸翻译、法律翻译、科技翻译、广告翻译、旅游翻译、新闻翻译等。

四、根据处理方式分类

根据处理方式,翻译活动可以分为全文翻译(full translation)和部分翻译(partial translation)。

部分翻译主要包括编译、译述、改写、移植、译配缩译、缩译、节译与摘译等。编译是翻译与编订的结合,把所需的资料编选、翻译过来,一般不要求加入译者的观点,所据原材料可以是一种也可以是多种,常用于实用性资料的翻译。例如,翻译学家弗朗茨•库恩(Franz Kuhn)于1932年以曹雪芹、高鹗所著的程甲本《红楼梦》为蓝本,编译出版其译本。译本在《红楼梦》原著的基础上取其精华内容,将一百二十回压缩为五十回,对其进行了编译,以宝、黛、钗爱情悲剧为主线,让德国读者在短时间内了解《红楼梦》这一巨著的核心内容。

译述、改写是翻译和创作的结合。就文学作品而言,译者可以增删一些情节,体裁也可有所改动。如原文是戏剧可改译成小说。

移植是比译述、改写更自由的翻译方式,除增删情节、改动体裁外,连人物、场景等都可以从外国搬到本国。

译配是翻译与配曲、配音等的结合。译歌词要考虑配上曲调,译脚本要考虑照应口型,因此翻译方法也十分灵活。

缩译、节译是翻译与缩写的结合,近似于编译,但一般要求原材料只有一种。

摘译是翻译与摘录的结合,是比缩译、节译更简约的一种获取资料的方法。

以上各类翻译形式中有不少在实际工作中非常有用,但初学翻译者应以掌握基本的翻译方法为起点,达到一定水平后再根据需要学习其他方法。

五、根据所涉及的主题和领域分类

按所涉及的主题和领域,翻译还可分为不同的类型,即文学翻译、科技翻译、典籍翻译、商务翻译、法律翻译、旅游翻译和新闻翻译等。

(一)文学翻译(Literature Translation)

文学翻译就是对文学作品(戏剧、小说和诗歌)进行的翻译。广义的文学翻译包括对所有涉及的文学语言的广泛翻译。文学翻译除了要传达出“思维内容”外,还着重强调“风格特色”。对于文学翻译的标准,历来的翻译家和翻译理论家论述不一。

(二)科技翻译(Sci-Tech Translation)

科技翻译就是对科技文本(包括专用科技文本和通俗科技文本)进行翻译。

（三）典籍翻译（Ancient Codes and Records Translation）

典籍翻译就是对古今法典、图籍等重要文献进行翻译。

（四）商务翻译（Business Translation）

商务翻译指对商务文本（商贸信函、合同和规约等以及各国的经济政策、经济状况及相关文件等）的翻译。

（五）法律翻译（Legal Translation）

法律翻译是对法律等相关文件的翻译，主要服务于律师、外资企业、进出口公司等社会群体。法律翻译对质量要求较高，一般要遵循以下原则：（1）准确严谨；（2）清晰简明；（3）前后一致；（4）语体规范。

（六）旅游翻译（Tourism Translation）

旅游翻译应是为旅游活动、旅游专业和行业进行的翻译（实践），属于专业翻译。概括地说，旅游翻译是一种跨语言、跨社会、跨时空、跨文化、跨心理的交际活动。

（七）新闻翻译（Journalistic Translation）

新闻翻译是涉及新闻行业的一种专业性翻译，主要包括时事报道、社会评论、特写、广告等。新闻翻译除了遵循一般的翻译标准外，还应符合新闻的文体和语言特点。

六、根据活动方式分类

根据活动方式，翻译可以分为：（1）口译（Interpretation），包括交替传译（Consecutive Interpretation）与同声传译（Simultaneous Interpretation）；（2）笔译（Translation）。

第三节　翻译的标准

翻译标准是翻译理论的核心，它既是指导翻译活动的原则，又是衡量翻译成果的尺度。对翻译标准的探讨是翻译研究的一个核心问题。在中西翻译史上，许多学者提出了自己的翻译标准。随着历史的演变，社会的发展，尤其是不同文化之间交流的加深和共享，翻译的标准逐步成为一个动态的因子。一方面，这为翻译理论研究带来一定的困难；另一方面，也带来了翻译理论研究的繁荣。

在中国，许多翻译家提出了言简意赅的翻译标准。早在三国时期，支谦在翻译《法句经序》时就提出了翻译标准："当令易晓，勿失厥义。"意思是翻译出来的东西一定要让人容易懂,而不要失掉原文固有的意义。北宋释赞宁的《宋高僧传》提出了翻译的语言策略:六例。汉唐时期,我国佛经翻译家鸠摩罗什要求文章讲究对仗,强调翻译佛经时可根据具体情况有增有损。玄奘从大量的佛经翻译实践中积累了丰富的经验,提出了翻译标准,为后世的翻译标准研究提供了参考价值。20世纪傅雷提出的"神似"与钱锺书推崇的"化境"是中国传统美学思想在翻译研究上的延伸,是同一体系的两种不同的说法。傅雷从中西思维方式和审美情趣方面的不同,谈到翻译中"传神",这是很不容易的。在继承鲁迅、郭沫若等人关于翻译须"传神"的观点的基础上,傅雷结合自己深湛的艺术修养,指出"重神似(similarity in spirit),不重形似"的翻译观。从历史的角度看,"案本—求信—神似—化境"反映了中国翻译理论发展的四个阶段,代表了三种既相互联系又相对独立的学说,即古代的"文质"说、近代的"信、达、雅"说和现代的"神似""化境"说。"质"最单纯,认为语言形式的对应就是意义的对应;"信"是发现了语言意义对应不一定就是意义的对应;"化"是认识到了语言意义对应并非意味着文学意义的对应。比如严复提出了"信、达、雅"标准,陈西滢的"形似、意似、神似"说,梁实秋的"忠实、流利、传神",鲁迅的"宁信而不顺",钱锺书的"化境说",林语堂提出的"忠实、通顺、美",辜鸿铭的"整体把握、风格传神",许渊冲的"信达优"或"忠实、通顺、修饰"标准与翻译"竞赛论",刘重德的"信达切",江枫的"形神皆似",汪榕培的"传神达意",等等,基本上都是针对文学翻译而言的,讨论的都是如何使文学翻译尽可能达到艺术、形式与内容的完美统一,如何使译文充分体现文学原著的语言艺术美感和文学价值。

西方翻译标准古已有之,最早的翻译标准可追溯到古罗马时代。公元前1世纪,古罗马翻译家兼演说家西塞罗(Marcys Tullius Cicero)就提出"翻译不应拘泥于原文的词语,而应注重原文的思想","不可死译而要符合译文的语言规则和特性",主张翻译"不是字当句对,而是保留语言总的风格和力量"(傅敬民,吕鸿雁,2004:2)。也就是说,译文不但要忠实于原文的意义和风格,而且要运用流畅的译入语进行表达。古罗马诗人贺拉斯(Quintus Horatius)也认为"忠实原著的译者不会逐字直译"。修辞学家昆提利安所持的翻译标准观是:既要注重译文语言规律,又要传达原文特色。神学家奥古斯汀(St. Augustine)则认为好的译文"宁要内容精准,不要风格优雅",反映出翻译研究中语言学派的观点。

文艺复兴时期,对西方翻译标准的探讨有了较大发展。德国神学家马丁·路德(Martin Luther)提倡用大众化语言进行翻译,强调译文必须通畅易懂。从18世纪开始,西方翻译理论研究更为广泛深入。1789年,英国翻译家乔治·坎贝尔(George Campbell)提出翻译三原则:(1)必须准确再现原文的意义;(2)在符合译作语言特征的前提下,尽可能移植原作的精神和风格;(3)译作要具有原作的特征,显得自然流畅。1790年,英国学者、翻译家亚力山大·泰特勒(Alexander Tytler)在其所著的《论翻译的原则》中也提出了类似的原则:第一,译作应完全复写出原作的思想;第二,译作的风格和手法应与原作属于同种性质;第三,译作应具备原作的通顺。两者在措辞上虽略有差异,但核心或共识都是"忠实"和"通顺",即忠实于原作的思想内容和风格,再现原作的通顺与流畅。这些翻译标准对后世的翻译家产生了深远影响。

19世纪英国最知名的翻译家兼文论家马修·阿诺德(Matthew Arnold)指出翻译要做到忠实于原文,必须使译文与原文的风格特征契合统一,不能把传达原作风格排斥在忠实于原文的概念之外。

在西方,许多学者从不同的角度提出了自己的翻译标准,比较有代表性的有泰特勒的"翻译三原则"、奥多罗夫的"等值翻译"标准、雅各布逊的"信息对等"标准,理雅各的"学究式忠实"标准、奈达的"动态对等原则"、纽马克的"以文本为中心"的翻译标准等。

通过对中西方翻译理论的整理,翻译的标准可以概括为"忠实、通顺"四个字。忠实指忠实于原作的内容,译者必须把原作的内容完整而准确地表达出来,不得有任何篡改、歪曲、遗漏或任意增删的现象,这就要求考生首先必须透彻地理解所译的原文。

忠实还指保持原作的风格,即原作的民族风格、时代风格、语体风格、作者的语言风格等。翻译对原作的风格不能任意破坏和改变,不能以译者的风格代替原作的风格。比如,原作如果是粗俗的口语体,就不能译成文绉绉的书面体;原作如果是粗俗琐屑的,就不能译成文雅洗练的;原作如果富于西方色彩,就不能译成富于东方色彩的风格。(张卫平,1995:202)

第四节　翻译的过程

翻译过程(process of translation)指翻译活动所经历的程序,一般包括三个阶段:理解原文、用目的语表达、校验修改译文。其中,理解是表达的基础或前提,表达是理解的结果。翻译是在正确理解原文的基础上,用译入语文字创造性地再现原文思想内容的语言过程。奈达将这一过程概括为四个步骤:分析、转换、重组、检验。乔治·斯坦纳(George Steiner)则将翻译过程归纳为:信任(trust)、进攻(aggression)、吸收(incorporation)、补偿或恢复(restitution)。广义的翻译过程包含译者、译本、源语作者、源语文本、文化、文本接受及翻译评估等各个方面,这些贯穿整个翻译活动。功能翻译学派代表人物克里斯蒂安·诺德(Christiane Nord)将翻译活动视为交际活动,不仅仅是两种语言之间的转化。诺德(1991:ix)认为,翻译过程是由翻译发起者、译者、目标文本、目标文本的接受者、目的语、源语文本、源语、源语文本作者、源语文本发送者、源语文化等多个因素构成。各环节之间相互制约。与传统的"分析转化、重构"的语言学角度的翻译过程相比,诺德理论从更广的意义上重新定义了翻译过程。总的说来,翻译过程主要是理解与表达的过程,即认识与实践分析与综合的过程。

第五节　中西方翻译史

人类古代的翻译活动大都与宗教的发展密切相关,中国的翻译始于对佛经的翻译,西方的翻译始于对《圣经》的翻译。

一、中国翻译史

我国的翻译历史悠久。据《礼记·王制》记载,在距今3000多年的周朝,为了使"言语不通,嗜欲不同"的"五方之民""达其志,通其欲",设置了主管翻译的官职"象胥"。这些翻译人员在各地有不同称呼,"东方曰寄,南方曰象,西方曰狄,北方曰译"。在《册府元龟·外臣部》的"朝贡"栏还记载了周公居摄三年和周公居摄六年位于交趾之南的越裳国使节来朝,通过3个"象胥"间的转译,才成功献上白雉的故事。这是我国古代典籍中有关翻译的最早的记录。始于春秋战国时期的诗歌翻译,载于刘向《说苑·善说》篇中的《越人歌》(亦称《鄂君子歌》),是《楚辞》的先声,是我国有文字记载以来不同民族语言之间诗歌翻译的早期代表。东汉时期,天竺人摄摩腾、竺法兰翻译的《四十二章经》,是我国现存佛经中较早的译本。到东汉桓帝建和二年(公元148年),波斯人安世高来中国,翻译佛经达30多部。东晋时期,译经事业有了较大的发展。东晋前秦时朝廷设置了译场,高僧释道安为译场主持。在他的监译下翻译了《四阿含》《阿毗昙》等。后秦时则请印度高僧鸠摩罗什来中国译经。由此可见,中国的翻译活动是从佛经的翻译开始的。一般而言,中国翻译史分为5个时期,即从东汉到宋朝的佛经翻译、明末清初的科技翻译、清末民初的西学翻译、五四新文化运动以后的文学与社会科学翻译、中华人民共和国成立以后的翻译。翻译界学者认为,中国的翻译事业迄今已经历了5次大高潮,即东汉至唐宋的佛经翻译、明末清初的科技翻译、鸦片战争至五四新文化运动时期的西学翻译、新中国成立初期到20世纪60年代之前的东西方文学翻译和20世纪70年代至今翻译在各个领域全面开花的时期。

值得指出的是,第三次翻译高潮开启了伟大的文学翻译时代。从19世纪70年代第一部较为完整的外国小说译作《昕夕闲谈》的发表,到清末民初小说翻译的极大繁荣,翻译文学"在中国的文学史上,宛如奇峰突起"。文学翻译与非文学翻译不同,不仅要传达原作的基本内容,还要能够再现原作之美。从某种意义上来说,文学翻译时代的到来,标志着人类灵魂交流的进一步深入,也标志着中西文化对话跨上了一个新的台阶。

二、西方翻译史

从广义上说,西方最早的译作是公元前3世纪前后72名犹太学者在埃及亚历山大城翻译的《圣经·旧约》,即《七十子希腊文本》。从严格的意义上说,西方的第一部译作是公元前3世纪中叶安德罗尼柯在罗马用拉丁语翻译的希腊荷马史诗《奥德赛》。公元14至16世纪欧洲文艺复兴时期,翻译活动才逐渐深入思想、政治、哲学和文学领域。第二次世界大战以来,翻译不再仅限于宗教与文学,而是深入科技、教育、艺术、商业、旅游等社会生活的各个方面。人们不仅对翻译的科学、艺术和技巧进行了深入细致的研究与探讨,而且发展了机器翻译。人工智能的运用大大减轻了翻译工作者繁重的脑力和体力劳动。

谭载喜在《西方翻译简史》中指出:"西方的翻译在历史上前后曾出现6次高潮或可分为6个大的阶段。"第1个阶段是公元前3世纪中叶罗马对希腊古典作品的译介。被誉为"罗马文学三大鼻祖"的安德罗尼柯、涅维乌斯和恩尼乌斯,以及后来的一些大文学家,都用拉丁语翻译或改编荷马史诗,以及埃斯库罗斯、索福克勒斯、欧里庇德斯等人的希腊戏剧作品。这是欧洲也是整个西方历史上第一次大规模的翻译活动,它推动了翻译的规模化发展,促进了罗马文学的诞生,对罗马及后来西方继承古希腊文学起了重要的桥梁作用。

第2个翻译阶段涌现于罗马帝国的后期至中世纪初期,以形形色色的《圣经》译本的出现为标志。《圣经》由希伯来语和希腊语写成,必须译成拉丁语才能被罗马人普遍接受。公元4世纪,《圣经》的翻译达到高潮,以哲罗姆(St. Jerome)于382年—405年翻译的《通俗拉丁文本圣经》(the Vulgate)为定本,这标志着《圣经》翻译取得了与世俗文学翻译分庭抗礼的重要地位。

第3个阶段发生于中世纪中期,即11至12世纪之间,西方翻译家们云集西班牙的托莱多,把大批作品从阿拉伯语译成拉丁语,其中有大量用阿拉伯文翻译的希腊典籍,这些典籍是9至10世纪叙利亚学者从雅典带回巴格达并译成阿拉伯语的。西方翻译家的转译活动延续达百余年之久,影响非常深远。

第4阶段发生于14至16世纪欧洲的文艺复兴运动时期,特别是文艺复兴运动在西欧各国普遍展开的16世纪及随后一个时期,翻译活动达到了前所未有的高潮。翻译活动深入思想、政治、哲学、文学、宗教等各个领域,产生了一大批杰出的译家和译作,如法国文学家阿米欧(Jacques Amyot)翻译的普鲁塔克(Plutarch)的《希腊罗马名人比较列传》(Plutarch's Lives)等。这是西方翻译史上一个非常重要的时期,它标志着民族语言在文学领域和翻译史中的地位,同时表明翻译对民族语言、文学和思想的形成与发展所起的巨大作用。

第5个阶段发生于文艺复兴之后,从17世纪下半叶至20世纪上半叶,西方各国的翻译继续向前发展。翻译家们不仅继续翻译古典著作,而且对近代和当代的作品也产生了很大的兴趣,塞万提斯、莎士比亚、巴尔扎克、歌德等大文豪的作品被一再译成各国文字,东方文学的译作也陆续问世。

第6个阶段是"二战"结束以后。"二战"后,西方进入相对稳定的时期,经济逐渐恢复,翻译事业有了繁荣兴旺的物质基础。由于时代的演变,翻译的特点也发生了很大的变化。这一时期的翻译从范围、规模、作用直至形式,都与过去任何时期大不相同,尤其是机器翻译,它是对几千年来传统的人工翻译的挑战,也是西方翻译史乃至人类翻译史上一次具有深远意义的革命。

第六节　中西方翻译理论

翻译是人类社会活动的产物,具有很强的实践性。翻译理论与实践的关系是辩证的,翻译理论源于翻译实践,指导实践,实践反过来又丰富翻译理论。可以说,没有社会实践就不会有翻译理论的产生;没有翻译理论作为指导,翻译实践难免会走弯路。因此,既要重视翻译理论的学习,又要加强翻译实践,理论联系实际,才是我们学好翻译的必由之路。

一、中国翻译理论

从时间上看,中国翻译理论可以分为传统、现代和当代三个时期。传统的翻译理论是指不以西方"现代语言学"为方法论的翻译理论研究,具体分为发生期、发展期、成熟期和转型期。这四个时期分别见证了中国的几大翻译高潮,即始于东汉的佛经翻译、明末清初的科技翻译、清末民初的西学翻译及五四新文学翻译。

发生期是指传统译论从无到有的时期,它以支谦224年的《法句经序》为肇始,而以988年的《宋高僧传·译经篇》为结束。发生期的翻译理论建立在佛经翻译的基础上,它对哲学、宗教、文学、音乐和舞蹈都有很大影响。发生期重要的翻译理论有支谦的"因循本旨,不加文饰"、道安的"五失本、三不易"、玄奘的"五不翻"、颜宗的"八备说"、鸠摩罗什的"意译"主张等。玄奘反对鸠摩罗什的意译方法,改用直译兼意译的方法,以信为本,兼顾其他,确切表达佛经的原意,用近乎白话的文体译经,他提出的翻译标准被后人归纳为"既需求直,又需合俗",实为后世信达之先驱。此外,他还制定了音译的"五不翻"原则:佛经密语要音译;佛典的多义词要音译;无相应概念的词要音译;沿用约定的古译;为避免语义失真用音译。

发展期是指传统翻译理论由简单到复杂、由低级到高级的变化过程。这期间,译论家开始思考翻译的社会功能,其分别以1604年徐光启对译书目的论述及1894年马建忠的《拟设翻译书院议》为起止时间。这一时期翻译的多为自然科学与社会科学的书籍,借以提高我国的综合实力。发展期的一大典型特征便是中外翻译家的合作,其间所涌现的外籍翻译家有庞迪我、高一志、罗雅各和艾儒略等。

成熟期是指传统翻译理论的完善时期,具体表现在翻译思想日臻充实完善,表达方法日益精密得当。成熟期所对应的是西学翻译与五四新文学翻译,以1898年严复的《天演论》为标志,其代表性的译论有严复的"信、达、雅",林纾的"谈译书之难",金岳霖的"译意"与"译味",郑振铎的"文学可译",茅盾的"文学翻译创造论",鲁迅的"信译",傅雷的"神似"与钱锺书的"化境"等。成熟期的翻译理论研究有几个特点:翻译理论倾向的文学性质、团体论争精彩纷呈,如严复与梁启超等关于翻译的文体、语言的论争,胡适、刘半农等对严复、林纾的批评等;一大批大翻译家及文学家的出现,如严复、茅盾、鲁迅、朱生豪等。

转型期是指传统译论的核心问题开始转移的时期,主要对应于新中国的成立至语言学翻译研究期间的翻译理论。这一时间的翻译理论相对较少。传统翻译研究关注译作的文学性和译文的选词造句等方面的问题,着眼于翻译的本体性研究,而非主体性研究,它强调文本内结构与意义的转换,理论上没有突破。传统翻译研究主张指涉文本自身的"内向性忠实",其基本的理论命题有写作与翻译的等级喻说、翻译的价值中立、语言的透明性,以及语言规律(或文本文内结构)对意义的预设等。该阶段翻译研究的缺陷在于它的演绎式研究模式,即以点带面,将某些基于经验和语言分析的论断的作用普泛化。

20世纪60年代后,国内开始摆脱翻译理论研究的这种传统,并开始了历时30年的西方当代语言学翻译理论的介绍与研究。此间,学界所关心的主要是翻译的技法,英、汉双语在技术层面的比照。20世纪90年代末期之前,这种方式甚至一度规约着翻译文本与翻译教学研究乃至翻译著作的述评,造成了翻译研究与批评在理论性上的局限与偏颇。

20世纪90年代后期,国内学界重视国外翻译研究成果的引进,以支撑、丰富国内的学术发展。国内研究者开始提及西方当代翻译理论体系中的"多元系统说"、"解构主义"与"女性主义"等理论,这可看作对西方当代翻译理论自觉研究的肇始。可以说,20世纪60年代之前的中国翻译理论乃是中国本土所生发出的翻译理论,而20世纪60年代之后的我国翻译理论研究就其整体而言是对"舶来品"的形式多样的消化。当前国内融合中国哲学思想构建中国特色翻译话语体系正是从传统文化中吸取养分的体现,也是中国传统译论的现代性转化,是我国本土译论在新时代的再生长。过去十几年,国内译学界积极引进西方译论,借用西方学术话语,借用中国哲学、美学术语,或根据对翻译实践的认识,提出了生态翻译学、大易翻译学、译者行为批评等译学理论,彰显了我国翻译学者的学科自觉意识和构建中国特色学术话语的意识。

中国自古以来文、史、哲不分家,中国传统译论多从中国哲学、中国古典文论中吸收智慧,从玄奘到严复,从林纾、鲁迅、瞿秋白到傅雷,他们的翻译和翻译思想仍有方法论和价值论的生命力。中国传统译论的中心和重点主要集中在对翻译标准的探索和对翻译技巧的挖掘两个方面,原因是对翻译与理论抱有实用主义的态度,这与中国学术研究传统是一脉相承的(张白桦,2017:48)。但是,中西译论因其不同的哲学思想、价值观念和语言文化习惯形成了彼此相异的译论体系。西方翻译理论有着严格的方法论、精确的理论描述、细腻和定性定量的分析。"二战"后西方翻译研究更是欣欣向荣,翻译流派异彩纷呈,翻译大家层出不穷,翻译思想、翻译方法、研究角度日新月异。译介和引进当代西方翻译理论的成果,加强中西译论的交流与对话,无疑对具有中国特色的翻译研究大有裨益。

二、西方翻译理论

西方学者对于最早论述翻译的文字的确切时间有着较为统一的认识。公元前46年,罗马帝国时期的西塞罗撰写了《论最优秀的演说家》。西方古代的思想家主要通过演说、传教等方式来宣扬自己的翻译主张,其探讨的是"如何译",并非围绕"忠实"开始,而是围绕直译和意译进行,未过多涉及翻译的本体问题,即"何为译"。西方最早关于翻译的讨论并非说明西方翻译思想家没有"忠实"的观念,而是说明对"忠实"已经达成了隐性的共识。例如,西塞罗以其演说为媒介,认为译者应像演说家一样,使用符合古罗马语言习惯的语言来表达外来作品的内容;贺拉斯、昆体良等人则主张通过灵活翻译保留原文的形式、内容及创造性翻译,与原作展开竞赛等,但都囿于译者该怎么译才能达到翻译目的的考量。而此时翻译未成为独立的研究对象,故各家的翻译观或翻译思想未形成体系。

西方古代翻译研究者最关心的就是如何译,采取何种翻译方法,直译还是意译。神学家们(如斐洛)认为宗教翻译应取直译之法,以忠实传达上帝的旨意。哲罗姆区分了文学翻译和宗教翻译,认为直译和意译适用于不同的翻译类型。有人赞成直译,有人赞成意译,这两种观点之间并不矛盾,表面上持有直译和意译两种观点,但实际所针对的是不同的翻译对象。以文学翻译为讨论对象的赞成意译/活译,反对直译/死译;以《圣经》翻译为讨论对象的则赞成直译,反对意译。只有哲罗姆同时论及文学翻译和宗教翻译,对两者进行区分并提出差异性的翻译方法。总而言之,此阶段的翻译研究者关注的是翻译实践层面的策略和方法问题,而对翻译本身性质的理性认识尚未出现。

西方翻译史拥有一大批优秀的翻译理论家。他们在不同时期,从不同的角度,在各自不同的领域,提出了不同的理论和观点。除西塞罗的直译和意译的两分法外,还有昆体良的"与原作竞争"和哲罗姆的"文学用意译,《圣经》用直译"之说,有贺拉斯的"忠实原作的译者不会逐词死译"的"忠实于客户翻译"法,有奥古斯丁的《圣经》翻译凭"上帝的感召"和他的有关语言符号理论。在中世纪,有波伊提乌的宁要"内容准确"、不要"风格优雅"的直译主张和译者应当放弃主观判断权的客观主义观点,有但丁的"文学不可译"论。在文艺复兴时期,有伊拉斯谟的不屈从神学权威、《圣经》翻译靠译者的语言知识,路德的翻译必须采用民众语言的人文主义观点和多雷的译者"必须理解原文内容、通晓两种语言、避免逐字对译、采用通俗形式、讲究译作风格"的翻译五原则。

在17至19世纪,有巴特的"作者是主人"(译者是仆人)、译文必须"不增不减不改"的准确翻译理论,有德莱顿的"词译(metaphrase)、释译(paraphrase)和拟译(imitation)"的翻译三分法和翻译是艺术的观点,有泰特勒的优秀译作的标准和"译文应完整地再现原文的思想内容、译作的风格和手法应和原作属于同一性质、译作应具备原作所具有的通顺"等翻译三原则,有施莱尔马赫的口译与笔译、文学翻译与机械性翻译的区分,有洪堡的语言决定世界观和可译性与不可译性的理论,有阿诺德的所谓"评判译作的优劣要看专家的反映",以及纽曼"评判标准在于一般读者而非学者"的观点。

翻译语言学派主要翻译理论包括:罗曼·雅各布森提出的等值翻译、卡特福德的等值转换理论、奈达的翻译科学的构筑、彼特·纽马克的语义翻译与交际翻译、乔治·穆南的可译性与不可译性和沃尔夫兰·威尔斯的翻译科学论。

功能学派翻译理论主要包括:凯瑟琳娜·莱斯提出的文本类型理论、汉斯·弗米尔的目的论、贾斯塔·霍茨-曼塔里的翻译行为理论、克里斯蒂安·诺德的功能加忠诚理论和朱莉安·豪斯的翻译质量评估模式。

翻译文化学派主要理论包括:詹姆斯·霍尔姆斯的翻译学分类图、伊塔玛·埃文-佐哈的多元系统论、吉迪恩·图里的描述性翻译或译语文本翻译论、西奥·赫曼斯的操纵论、安德烈·勒菲弗尔的"折射"与"改写"、苏珊·巴斯奈特的文化研究的翻译转向、安德鲁·切斯特曼的文化模因论(图里的发展),玛丽·斯内尔-霍恩比的翻译研究的综合法。

阐释学派翻译理论主要包括:施莱尔马赫提出的阐释学翻译理论、狄尔泰的体验阐释学、海德格尔的翻译本真追寻、伽达默尔三大哲学阐释学原则、乔治·斯坦纳的阐释学翻译四步骤、安托瓦纳·贝尔曼的翻译作为对异的考验及翻译的十二种变形倾向等。

解构主义学派主要理论包括:德里达提出的"异延"和"播撒"翻译、罗兰·巴特的"作者死了"、米歇尔·福柯的"文本存在着历史性"、瓦尔特·本雅明的"纯语言"、保罗·德曼的解构修辞学以及劳伦斯·韦努蒂的异化翻译观。

中西方译论的发展规律有一个共同点,就是两者都经历了从偏论、散论到主论、专论的发展过程。例如,西方译论体系由西塞罗、贺拉斯、哲罗姆、奥古斯丁、阿布朗库尔、德莱顿等人的偏论、散论,发展到多雷、于埃、泰特勒、施莱尔马赫、洪堡、巴托以及奈达、穆南、卡特福德、霍姆斯、维尔斯巴思内特、斯内尔霍恩比、贝尔曼等人的主论、专论;中国译论体系则是由支谦、道安、鸠摩罗什、玄奘、徐光启、严复、林纾等人的偏论、散论,到梁启超、鲁迅、郭沫若、林语堂、傅雷、钱锺书、董秋斯、王佐良、许渊冲、刘宓庆、金堤的主论、专论。

思考题

1. 指出其他书籍为"翻译"所下的定义,并讨论其与本书所下定义的异同。

2. 佛经翻译时期,我国有哪些主要的翻译家?他们各自的基本翻译主张是什么?

3. 明末时期的科技翻译对我国的科技发展有何意义?

4. 我国近、现代的翻译事业同我国社会发展的关系如何?

5. 简述严复的"信、达、雅"说与他以前的译论的继承发展关系。

6. 就我国翻译现状做一报告,总结成就,指出问题,分析原因。

如果想对中西方翻译史与翻译理论有更深入的了解,可以阅读以下参考书目:

《翻译论集》,罗新璋编,商务印书馆,1984。

《翻译新论:1983—1993》,杨自俭、刘学云编,湖北教育出版社,2003。

《西方翻译简史》,谭载喜著,商务印书馆,1991。

《中国翻译简史》,马祖毅著,中国对外翻译出版公司,1984。

《中国翻译思想史》,王秉钦著,南开大学出版社,2004。

第二章 英汉对比与翻译

　　翻译离不开语言之间在词汇、句法、篇章、思维、文化等各个层面上的比较和分析。从语言学的层面上看,英语和汉语分属于不同的语言系统。英语属于印欧语系(Indo-European language family),它包含12个语族和百余种语言。在该语系中,英语是世界上使用最广泛的语言。这一语系中的语言原来都是屈折语(fusional language/inflectional language),其特点为:名词和大部分形容词有格、性和数的变化,词缀和词干元音音变表达语法意义,动词有时态、语态和语体的变化,主语和动词在变化中互相呼应,词有重音。汉语属于汉藏语系(Sino-Tibetan language family),该语系是形成最早、流通最广的语系,该语系包括400多种语言和方言,汉语是最具代表性的语言。这一语系的特点是有很多孤立语(isolating language)、分析语,有声调变化,单音节词根在语言中占大多数,有量词,以虚词和语序作为表达语法意义的主要手段。鉴于此,通过语言对比,可以更好地了解英语和汉语的异同,深刻地理解翻译这种跨语言、跨文化的交流活动,掌握语言对比的方法,熟悉语言之间各层面的异同以及语言转换中的应对策略,以提高翻译实践能力。

　　英汉两种语言文化环境不同,其宏观表达方面必然存在差异。在思维方式和文化上,中国人强调伦理,西方人注重认知;中国人习惯主体思维,英美人习惯客体思维;中国人注重整体,西方人强调个体;中国人侧重直觉,西方人侧重实证;中国人倾向于形象思维,英美人倾向于逻辑思维。基于上述中西方在文化和思维方式上的差异,以连淑能先生为代表的一些语言学家,把英、汉两种语言在语言结构上的宏观差异归纳为十点:综合型与分析型、刚性与柔性、形合与意合、繁复与简短、物称与人称、被动与主动、静态与动态、抽象与具体、间接与直接、替代与重复。了解这些差异可以为英汉翻译打下基础,帮助我们更好地进行英汉翻译。需要指出的是英汉两种语言之间的差异不单单体现在语言层面,还体现在文化层面。西方崇尚自由,中国强调纪律,如英语中的 freedom 和汉语中的"自由"在文化意义上不大相同;propaganda 在英语中有贬义,而"宣传"在汉语中却是中性词。有时,英汉两种语言中,词的所指完全一样,文化含义却截然相反。例如,Red China 在英文中含有负面意义,汉语中"红色中国"则是褒义词。

限于篇幅,本章将从词汇、句子、主语、语篇四个层面探讨英汉两种语言之间的差异。除此之外,还将探讨英汉语言中标点符号的差异。

第一节 词汇对比:动态 vs. 静态

所有语言,不管它们有多少词类,名词、介词、动词、形容词等都是最重要的词类。名词和介词呈现静态特征,动词和形容词表现为动态特征。英语里,动词经常被弱化或虚化。英语中最常用的动词是动作意味最弱的动词,即"to be"的各种形式;此外,have、become、grow、feel、go、come、get、do等也是英语常用的弱势动词。英语还常常把动词转化或派生成名词,置于弱势动词之后作其宾语,如have a rest、take a walk、make a plan等;或采用非谓语动词的形式(如名词、介词、形容词、副词等)表达动词的意义,使整体表达呈静态。而在汉语中动词使用较多,在表示动作时多用动词。另外,汉语动词及动词词组,包括连动式词组、兼语式词组,无须改变形式就可以充当句子的各种成分,一句话中往往有多个动词,因而汉语是一种动态性语言。基于英、汉两种语言的上述差异,在英译汉时,往往需要进行词类的转换,把英语名词、介词、形容词、副词等转译为汉语动词。例如:

①Harvard, despite its own estimate of itself, was ultimately an academic heaven where an error of interpretation could result only in loss of face, not in extinction.

译文:哈佛大学,不管它如何自命高明,终究是学府胜地,在那里把问题看错了,无非丢脸而已,总不至于完蛋。

在上句中,estimate、interpretation、loss、extinction四个名词都是由动词转化或派生的词,在翻译时都译为动词,以符合汉语的表达习惯。研究表明,汉语的动词和形容词比较丰富,使用频率高,其叙述呈动态(dynamic);而英语中的名词、介词等静态词类使用频率高,其叙述呈静态(static)。请看下面的例子,留意中英文在词汇选择上的差异。例如:

②The doctor arrived extremely quickly and examined the patient uncommonly carefully; the result was that he recovered very speedily.

③The doctor's extremely quick <u>arrival</u> and uncommonly careful <u>examination</u> of the patient brought about his very speedy <u>recovery</u>.

译文:医生迅速到达,并非常仔细地检查了病人,因此病人很快就康复了。

句②和句③之间的差异主要体现在后者把3个画线部分的名词翻译为动词。运用名词化表达法(nominal style)可以使叙述较为准确、贴切,但也会使语言抽象、难解。

英美不少语言学者指出英语有过分使用名词的习惯(noun habit)。名词多,介词也必然增多(尤其是of),而富有活力和生气的动词就相应减少,这就使英语的静态倾向更

加明显。例如:

④一看见这幅画,我就想起了我在故乡度过的童年时代。

译文:The painting immediately reminds me of the childhood in my hometown.

⑤她开车时心不在焉,几乎引发交通事故。

译文:Her absence of mind in driving nearly caused an accident.

我们通过句④和句⑤来分析英语和汉语在词汇选择上的差异。在句④中,中文句子用了"看见""想起""度过"三个动词,而英文表达只用了remind一个动词,其余两个动作分别用名词painting和介词in替代。在句⑤中,中文用了"开车"(动词)、"心不在焉"(形容词)、"引发"(动词),而英文则用了driving(动名词)、absence(名词)和cause(动词)。实际上,在多数情况下,英语的句子中一般只出现一个谓语动词(并列谓语除外)。

第二节　句子对比:形合vs.意合

西方人理性思维发达,从亚里士多德的形式逻辑到16至18世纪欧洲的理性主义,一直强调科学实验,注重形式论证,在语言表达上重视话语的形式逻辑。而汉语言民族直觉思维发达,具有悠久的整体论辩证思维哲学传统,因而在语言表达上具有较强的情感性和直观性。汉语言民族这种着眼整体、重悟性的思维模式,在语言构建上表现为注重构成部分内在的意义关系。

"形合"(hypotaxis),又称"显性"(explicitness/overtness),指借助语言形式,主要包括词汇手段和形态手段,实现词语或句子的连接。"意合"(parataxis),也称"隐性"(implicitness/covertness)或"零形式连接",指不借助于语言形式,而借助于词语或句子所含意义的逻辑联系来实现语篇内部的连接。形合性语言注重语言形式上的对应(cohesion),意合性语言注重行文意义上的连贯(coherence)。因而汉语句子的特点是"以意统形",强调逻辑关系和意义关联,而不在意词语之间和句子之间的形式衔接,从整体上看是意合句。英语句子的特点是强调形式和功能,句子之间的各个成分要通过相应的连接词和关联词语表示其中的关系,从整体上看是形合句。例如:

①If winter comes, can spring be far behind?

②That is my sister who is sitting by the window.

③即使你去了那里,也不会有什么结果。

在上面的三个例子中,if、who和"即使……也……"清晰地表达了句子之间的逻辑关系。我们再来看另外三个例子:

④知己知彼,百战不殆。

⑤他来了,我走。

⑥The earlier，the better.

这三个例子中,没有第一组的那些关联词语,句子之间的关系是由其内在逻辑关系和先后顺序决定的。通过上面六个例子,我们可以看出英语句子从整体上看是形合句,但也有一些句子,特别是习语、谚语等,属于意合句。汉语句子从整体上看是意合句,但在一些情况下,也可以用连词、介词、虚词等连接,以更清楚地展示出句子成分之间的关系。

英语作为形合性的语言,其单词连接成句,短语连接成句,分句连接成句,往往都离不开连词(如 and、but、or 等并列连词,if、because、since、unless 等从属连词)、关系词(如关系代词 that、which、who 等,关系副词 when、where、why 等)、介词(如 on、in、of 等)。在英译汉中,这些关联词语往往可以省略,以使汉语译文更加简洁,但在省译这些关联词语的过程中,大多需要调整语序,以符合汉语句子意合的特点,如突出表现时间、逻辑的先后顺序,层层铺开。例如:

⑦If you confer a benefit，never remember it；if you receive one，remember it always.

原译:如果你给他人好处,不要记住它;如果你得到好处,则永远记住它。

改译:施恩勿记,受恩勿忘。

在上面的例子中,原译保留了原文的两个 if,译出了原文的意思,但改译省译连接词后更加简单明晰,符合汉语表达习惯。又如:

⑧As I lie awake in bed，listening to the sound of those razor-sharp drops pounding on the pavement，my mind goes reeling down dark corridors teeming with agonizing flashbacks，and a chill from within fills me with dread.

需要注意的是,有时英语句子中连接词起强调作用,省译连接词后句子关系表达不清晰。在这种情况下,英译汉时需保留连接词。例如:

⑨It is due to the development of integrate circuits that there is possibility to make electronic devices smaller and smaller.

正是由于集成电路的研制成功,电子器件才有可能做得越来越小。

上句是由"it is ... that ..."引导的强调句型,在译为汉语时,译作"正是……才……"的结构,以更清楚地表达句子之间的关系。

此外,还有一些特殊情况,如当原文主语、宾语较长需要分译时,或 for、with 等介词不能清晰表达原文内部关系时,不但不可省略连接词,还要添加连接词。例如:

⑩The effectiveness of the electronic computer lies in its great speed and accuracy in calculation.

译文:电子计算机之所以效率高,是因为其运算速度快、计算精确。

上句中主语和宾语较长,我们在将其译为汉语时进行分译,并增加"因为"这一连接词来表明分句之间的关系。

当然,英语中还有不少习语、谚语,其语法结构不像一般语句那样规范,其成分之间可能没有关联词语连接,表现出意合句的特点。在这种情况下,往往可直接译为汉语意合句。例如:

⑪Out of sight, out of mind.

译文:眼不见,心不想。

综上所述,英译汉时连接词的增减需要与具体的语境联系起来。在确立衔接和连贯关系时,需考虑源语读者和目的语读者的理解能力与接受度。

第三节　主语对比:物称vs.人称

在主语的选择上,英语和汉语也有很大的差异。英语是一门非常注重主语的语言,几乎所有的句子都会出现主语,而且主语一般偏向于物称,也比较简短。汉语则偏向于人称,经常省略主语,有时主语会很长。请看下面的例句:

①不同的人对食物持有不同的看法。

译文:Attitudes towards food vary from person to person.

②我们永远不会忘记这场灾难。

译文:The disaster will be rooted in our memory forever.

③天气寒冷刺骨,人人都躲进了室内。

译文:The bitter weather had driven everyone indoors.

④吃了药,你会舒服些。

译文:This medicine will make you feel better.

⑤经过调查,我们得出了上述结论。

译文:Investigation led us to the above conclusion.

⑥她昨天收到了我的礼物。

译文:My gift reached her yesterday.

从上面的例子可以看出,英语句子在选择主语时,往往不说出施事者,而是让所叙述的事实、观点或事物以客观、间接的方式表达出来,其非人称倾向可以使句意显得客观公允,避免主观臆断。相比较而言,汉语人称主语的使用要广泛得多。这与中国人的主体思维有很大关系。中国人的思维习惯重"事在人为",人的动作和行为必然由人来完成,因此表达时往往要说出动作的执行者。有时即便无法说出确定的人称,也会用"有人""人们""大家"等泛指人称。

中国的文化和思维通常以人为出发点,从人的角度去观察和描述外部世界,因而汉语常用人或有生命的词作主语,或在没有主语的情况下,使用无主语句的表达形式。

而西方哲学讲究主客二分,注重客体以及对客观世界的认识和研究,语言表达上常用无生命的词作主语,称为无灵主语,以客观方式陈述客观事实。英语用物称或无生命的名词作主语的句子,结构严密紧凑,言简意赅。许多句子从语法分析看属于简单句,但它们表达出了复合句或并列句的语义和逻辑关系。英译汉时常常要把非人称主语转换为人称主语,或译为汉语中的泛指主语句或无主语句,并采用转译、分译、增词等翻译方法和技巧。例如:

⑦ The invitation to me from the British Broadcasting Corporation was to present the development of science in a series of television programs.

译文:英国广播公司邀请我通过一套电视节目来表现科学的发展过程。

在上面的例子中,英语原文中的主语为invitation,在译为汉语时,我们选择"英国广播公司"作主语更符合汉语表达习惯。

第四节 语篇对比:直线vs.螺旋

由于不同民族的思维习惯存在一定的差异,所以不同语言的语篇拓展模式也有差异。英语语篇的拓展模式是直线型的,而汉语语篇则是一种螺旋形结构,其推进具有一定的反复性。请看下面的例句:

①他花了相当长的时间完成公司的任务,随后,去海南度过了一个惬意的假期,昨天才回来。

译文:He just came back yesterday from Hainan, where he enjoyed a relaxing holiday after the completion of his task that he had been engaged for quite some time with the company.

②他们把副本送到公司总部了,也把备忘录送过去了。备忘录是关于公司财政状况的。

译文:A copy has been sent to company headquarters in addition to a memorandum concerning your financial situation.

③把痛苦视为生活中最大不幸的人不可能勇敢,把快乐当作生活最高目标的人不可能自我节制。

译文:No man can be brave who considers pain as the greatest evil of life; or temperate, who regards pleasure as the highest goal.

英汉语篇在结构上的区别为我们的英文书面表达带来了很大的启示。汉语语篇由于是螺旋形的结构,词语或分句之间往往不用语言形式手段连接,句子与句子之间没有明显的标记。因此,我们在进行英语语篇表达时,要注意三个方面:主题句、信息

的排列顺序、连接词的使用。(刘建珠,吴文梅,丁鹭鹭,2014:38)

第五节　抽象与具体

西方哲学主张以逻辑和理性探索自然规律,透过事物的现象把握事物的本质,这种思维具有较强的抽象性。而中国传统思维习惯将特定的思想寄寓于具体的物象之中,用形象的方式来表达抽象的事物。受中西方不同思维方式的影响,英语作为表音文字,通过26个字母的排列组合表达意思;而汉语的发展则基于象形文字,以象形、会意、指事、形声等方法使汉字达到音、形、义的统一。

英汉对比研究表明,英语倾向于使用抽象的表达方式,而汉语则倾向于使用具体的表达方式,从而在表达法上英语表现出抽象的倾向,汉语表现出具体的倾向。例如,汉语"蒙在鼓里"的英语对应表达为 be kept in dark;汉语中的"丢盔卸甲",翻译为英语是 throw away everything,"盔"和"甲"都不用翻译出来。因而在英译汉时,一般可对一些抽象的表达进行具体化的引申。例如:

Wisdom prepares for the worst, but folly leaves the worst for the day it comes.

译文:聪明人<u>未雨绸缪</u>,愚蠢者<u>临渴掘井</u>。

在上面的翻译中,英文的抽象表达在译为汉语时进行了具体化处理。

限于篇幅,本节仅阐述英译汉过程中抽象与具体间的转换,这种转换主要有以下四种类型。

一、使用动词取代抽象名词

英语中大量的行为抽象名词表示行为或动作意义,这类名词构成的短语往往相当于主谓结构或动宾结构。汉语中若用相应的名词表达,往往显得不自然、不通顺。在英汉转换中,汉语可充分利用其动词优势,以动代静,以实代虚。例如:

①High blood pressure is a contraindication for this drug.

译文:高血压患者忌服此药。

②I had no thought in reaching the natural heights that a human structure would be present.

译文:我怎么也不曾想到,在抵达天然高地时竟然会出现一处人工建筑。

③These problems defy easy classification.

译文:这些问题难以归类。

二、使用范畴词使抽象概念具体化

范畴词(category word)用来表示行为、现象、属性等概念所属的范畴,是汉语常用的特指手段。请看以下例句:

⑤He was described as impressed by Deng's <u>flexibility</u>.

译文:据说他对邓的灵活<u>态度</u>印象很深。

⑥He discussed greatness and excellence.

译文:他讨论了伟大和杰出的<u>含义</u>。

三、使用具体词语阐释抽象的词义

英语抽象词的含义比较笼统、概括、虚泛,在汉语里往往找不到对应的词来表达,这时常常要借助具体的词语来解释其抽象的词义。例如:

⑦The stars twinkled in transparent <u>clarity</u>.

译文:星星在<u>清澈的晴空</u>中闪烁。

⑧She wondered whether her <u>outspokenness</u> might be a <u>liability</u> to Franklin.

译文:她怀疑自己那么<u>心直口快</u>,是否会成为富兰克林的<u>包袱</u>。

四、使用形象性词语使抽象意义具体化

汉语虽比较缺乏抽象词语,但表达形象、意象、象征、联想、想象的词语(如成语、谚语、歇后语等)相当丰富。这类生动的词语可以化抽象为具体、化朦胧为清晰,可以"以其所知,喻其所不知,而使之知之"。例如:

⑨He was open now to charges of <u>willful blindness</u>.

译文:这时人们指责他<u>装聋作哑</u>。

⑩I talked to him with <u>brutal frankness</u>.

译文:我对他讲的话,<u>虽然逆耳,却是忠言</u>。

⑪He waited for her arrival with a <u>frenzied agitation</u>.

译文:他等着她来,<u>急得像热锅上的蚂蚁</u>。

综上所述,不管是抽象化为具体还是具体化为抽象,两者都是翻译实践中的变通方法。抽象化为具体重在将抽象说法进行具体理解,具体化为抽象重在将具体说法进行抽象理解。正确使用这两种手段及其他翻译技巧,相信能克服跨文化交际的障碍,最大限度地传递原文的民族文化信息。

第六节　重复与替代

一般说来,除非有意强调或出于修辞的需要,英语总的倾向是尽量避免重复。例如以下的各种重复在英语里都是不正常的。

1. 音节重复

①Commercials seldom make for entertaining and relaxing listening.

改写:Commercials seldom entertain and relax the listener.

entertaining、relaxing 与 listening 三个单词后的 ing 有相同音节,为了避免重复,改写中删除了三个单词后的相同音节。

2. 词语重复

②Even to borrow money is wrong, according to Kant, because if everyone did borrow money, there would be no money left to borrow.

改写:Even to borrow money is wrong, according to Kant, because if everyone <u>did this</u>, there would be no money left to borrow.

用辅助动词 do 及指示代词 this 代替 borrow money,既可增强句子的衔接与连贯性,又符合英语重简洁、忌重复的修辞特点。

3. 句式重复

③Now is the time for everyone to come out to vote, <u>for</u> everything depends upon this election. All are against corruption, and so they should vote the Reform ticket. This is not a foolish thing, <u>for</u> the voters can elect anyone they want. But the people must turn out heavily, <u>for</u> if they do there is little doubt that they will elect the men they want.

改写:Everybody should turn out to vote in this election, for the triumph of the Reform party means the end of corruption in office. If the voters will only come to the polls in large enough numbers, they can surely elect the men they wish to see in power.

原句句式零散,上下文衔接不连贯,影响整体意义的表达;改写之后,不仅句式结构更为紧凑,形合特征更为明显,而且上下文意义更为连贯。

4. 意义重复

④He asked the divisions to give their mutual cooperation to the project.

改写:He asked the divisions to cooperate on the project.

cooperate 本来就需至少两方以上的人员进行,因此 mutual 一词多余。

除了修辞需要外,英语句子很少重复使用相同的词或词组,多用省略、变换或替代

相同词语等方法。这样不仅能使行文简洁、有力,而且符合英语民族的语言心理习惯。例如:

⑤He hated failure;he had conquered <u>it</u> all his life, risen above <u>it</u>, and despised <u>it</u> in others.

译文:他讨厌失败,他一生中曾战胜失败,超越失败,并且藐视别人的失败。

上例中连续使用三个人称代词it替代前句中出现的名词failure,从而起到简洁、避免重复的作用;汉语则刻意重复"失败"这个名词,以起到强调、加强语气的效果。

一般情况下,在翻译英语代词时常常采用还原、复说或省略的办法加以处理,如:

⑥Flattery is more dangerous than hatred because <u>it</u> covers the stain which <u>the other</u> causes to be wiped out.

译文:<u>阿谀</u>比怨恨更危险,因为<u>阿谀</u>掩饰了污点,而<u>怨恨</u>却能使人消除污点。

自古以来,汉语民族就追求均衡、讲究对称,因此,汉语表达讲究对称用词,倾向于重复。在汉语里,经常出现音、义、词、语、句的重叠反复、对立并联和对偶排比。汉语多重复,重复的运用往往能使表达更加清晰,语句朗朗上口。例如:

⑦<u>非洲</u>人民正在为争取<u>非洲</u>的彻底解放进行着艰巨的斗争。

译文:The people of Africa are waging a hard struggle to win the complete emancipation of the continent.

⑧路上挤满了<u>男男女女</u>,他们<u>熙熙攘攘</u>,正在买卖各种各样的东西。

译文:The road was packed with a noisy crowd of men and women, who were selling and buying all kinds of things.

汉语讲究音节文字的整齐、对称,又倾向于字、词、语、句的反复,大量使用叠字叠词以表达各种意义是汉语的一大特色,因而对偶和排比结构十分常见。英语采用替代、省略、变换、融合、归纳、引申等其他方法回避汉语的对偶、排比和反复。在英汉转换中,适当地运用汉语的重叠形式可以加强译文的表现力,使之更加符合汉语的习惯。例如:

⑨人有失误,马有失蹄。

译文:It is a good horse that never stumbles.(只译形象义,省略引申义)

⑩人多力量大,柴多火焰高。

译文:There is strength in numbers:more logs make a bigger fire.(译引申义和形象义,回避对偶式)

⑪壶小易热,量小易怒。

译文:A little pot is soon hot.(只译形象义,省略引申义)

总的说来,英语比较忌讳使用<u>重复</u>的表达方法,因而常用替代、省略和变换等表达方法;汉语则倾向于使用重复,因而常用实称、还原和复说的表达方法。此外,汉语倾向于重复还表现在词语调配、句式安排和篇章结构等方面。

第七节　英汉标点符号的差异

英语和汉语的标点符号之间的差异,大致表现在以下几个方面:

(1)英语中没有顿号,所以在汉语中使用顿号的场合,在英语中一般都用逗号。例如:

①She was a woman of mean understanding, little information, and uncertain temper.

译文:她是一个智力贫乏、孤陋寡闻、喜怒无常的女人。

(2)英语中的书名和篇名,在印刷中采取不同的标示法,前者为斜体形式,后者是加引号;而汉语中的书名号,现在一般都采用书名号"《》"。如:

②I am especially fond of Hemingway's novel *A Farewell to Arms* and his short story *The Killers*.

译文:我特别喜爱海明威的长篇小说《永别了,武器》和他的短篇小说《杀手》。

(3)"××说"之类放在直接引语的前面时,英语中多用逗号加引号,汉语中则多用冒号加引号。例如:

③Darcy smiled and said, "No one admitted to the privilege of hearing you can think anything wanting ..."

译文:达西笑笑说:"凡是有幸听过你演奏的人,都不会觉得还有什么不足之处……"

(4)在片段引语中,后面带有标点时,英语一般将其放在引号内,汉语则将其放在引号外。如:

④She smiled and looked "archly."

译文:她微微一笑,样子很"狡黠"。

(5)英语中的省略号用"..."表示,汉语中的省略号则用"……"表示。

(6)在英语小说中,特别是在一些古典小说中,作者经常喜欢使用分号,而译成汉语时,往往要改成逗号或句号。

除以上各要点外,英语和汉语的标点符号,基本上可以通用。(孙致礼,1997:858)

在本章需要特别指出的是,随着语料库翻译学的发展,我们对英汉差异的对比学习可以借助各类语料库。一般认为,平行语料库和可比语料库都可用于对比研究,但二者的优劣明显不同。前者既包含源语文本,又包含了与源语文本相对应的译语文本。由于双语文本在词语、句子或段落层级上对照,所以词语和结构的跨语言对应数据可被观察到。但译文语言难免受到源语文本的影响,显示的并非自然语言使用的原本特征。而后者,即可比语料库,由两种不同语言或不同语言变体的文本构成,所含均为源语文本,反映了自然语言使用的模板或真实特征。(宋丽珏,2016:37)这里简单介绍一下常用的平行语料库 GCEPC 与可比语料库 LCMC 和 ZCTC。

平行语料库 GCEPC 的全称是 General Chinese-English Parallel Corpus,该语料库是由北京外国语大学、中国外语教育研究中心王克非教授主持创建的目前为止中国最大的英汉双向通用型平行语料库。该语料库由英语原文及其译文、汉语原文及其英语译文构成,包括英汉文学、英汉非文学、汉英文学以及汉英非文学四个子库。(戴光荣,2013:22)汉英平行语料库总词数为 1200 万(其中文学部分约占 60%,非文学部分约占 40%),现在该语料库已经实现了在线检索,部分语料可免费检索。

这里再介绍两个单语(汉语)可比语料库,即汉语母语语料库——兰卡斯特汉语语料库(Lancaster Corpus of Mandarin Chinese,LCMC)与汉语译文语料库——浙江大学汉语译文语料库(ZJU Corpus of Translational Chinese,ZCTC)。

LCMC 是与代表英国英语的语料库 FLOB 及代表美国英语的语料库 FROWN 相对应的现代汉语语料库,可以开展基于语料库的汉语单语或汉英(英汉)双语对比研究及汉语研究。LCMC 是一个拥有 100 万词次(按每 1.6 个汉字对应一个英文单词折算)的现代汉语书面语通用型平衡语料库。(McEnery & Xiao,2004)从 LCMC 检索出来的语言特征基本可以代表现代书面汉语的基本特征。

ZCTC 按照 LCMC 的模式创建,在国内 20 世纪 90 年代出版的 15 类书面文本中,选取 500 篇各 2000 词的样本,语料规模达 100 万词次。

两个语料库无论在规模方面,还是不同文体的比例方面,都具有可比性。需要指出的是,收入 ZCTC 语料库中的样本,其源语绝大部分是英语。这一点,可以帮助我们在下面几章探讨翻译过程中英语对现代书面汉语产生的影响及影响程度。

通过对可比语料库两种文本的比较分析,可以探索在特定历史、文化环境中翻译的规范(Baker,1995:231),从而发现翻译英语不同于英语母语的语言特征,提高译者的语言与文化敏感度,为译者提供一种高效的参考工具。这有助于提高译者对翻译本质的认识,改善译语流畅度,帮助正确选词及习语表达。同时,通过检索可比语料库,可以更好地鉴别翻译语言特征(即"翻译腔"),从而为更加地道的翻译提供参考。

对比分析的主要目的是试图通过比较英汉语言各自的特点,更好地学习英语,学好翻译。总体上讲,英语句子注重形合,反映出英语文化重视细节分析及个体成分的独立作用,强调形式和规则的倾向;汉语句子注重意合,体现了汉语文化重整体综合、轻形式分析和逻辑推理的倾向。当我们更好地了解了它们之间的差异,在翻译时便能运用所学的技巧,更好地完善翻译的内容,使之更符合中国的文化,更好地避免中式英语的错误。(李成明,杨洪娟,2013:12)

第三章　常用英汉互译技巧

翻译技巧是指翻译的具体手段,即翻译源语时在某些场合需要对目的语做哪些相应的调整和改变。常用的翻译技巧有直译法、意译法、音译法、增词法、省略法、释义法、词类转译、语序调整、实述虚译与虚述实译、正反转换等。

在西方,直译、意译之争由来已久。在古罗马时期,Cicero、Horace 和 St Jerome 等人就论及了 word-for-word translation(字译,即"直译"的雏形)和 sense-for-sense translation(意译)。17世纪的英国翻译理论家德莱顿提出翻译三分法,即逐字译、意译和拟译,这是对西方传统上直译、意译两分法的突破。在中国的翻译史上,赞成直译和意译的均有人在。初期佛典翻译中的文质说、唐代玄奘的"求真"与"喻俗"、近代严复的"信、达、雅"、现代鲁迅的"宁信而不顺"与赵景深的"宁顺而不信"等,都是从直译和意译的角度来探讨翻译的原则。直至现在,这种争论伴随着异化和归化的提出而越发激烈。在中国译学论者看来,直译与意译也包括源语文化表达语的移植和改换。(王晓凤,郭建中,2018:59)

第一节　直译法

直译(Literal Translation)是指翻译时要尽量保持原作的语言形式,包括用词、句子结构、比喻手段等,同时要求语言流畅易懂。(陈晓红,2017:34)直译强调既忠实于原文的意思又保留原文的表达形式,以便译文读者能得到与原文读者大致相同的感受。
例如:
①cold war 冷战
②hot line 热线
③crocodile tears 鳄鱼的眼泪
④gray market 灰市
⑤gentlemen's agreement 君子协定

⑥chain stores 连锁店

⑦strike the iron while it is hot 趁热打铁

⑧纸老虎 paper tiger

⑨半途而废 give up half way

⑩隔墙有耳 walls have ears

⑪有奶便是娘 whoever suckles him is his mother

通过直译,这些早已为人们所熟悉的短语不仅保留了原文的形象比喻,保留了与原文同样的感染力,而且已被广大译文读者所接受。译者关心的是语言层面的技术处理问题,即如何在尽量保持源语形式的同时,不让其意义失真,即让译文和原文用相同的表达形式体现相同的内容,从而保留原文的表达方式和民族文化色彩。直译要保证文通字顺,避免硬译。但如果生搬硬套,如将"black tea"(红茶)译成"黑茶",将"the Milk Way"(银河)译成"牛奶路",把对号入座的死译误认为直译,那就没有从根本上理解直译的含义。译文的语言表达方式在目的语规范容许的范围内,基本遵循源语表达的形式而又忠实于原文的意思。

《射雕英雄传》英译本(2002年新修版)第一卷中共出现65种武功招数,译者Anna Holmwood主要采用了直译和释义的翻译技巧。译本中使用频率最高的是直译法,如:

⑫毒龙出洞 Deadly Dragon Flies the Cave

⑬推窗送月 Open the Window and Push Back the Moon

⑭九阴白骨爪 Nine Yin Skeleton Claw

⑮秋风扫落叶 Autumn Wind Blows the Fallen Leaves

直译可以使英语读者真切感受到中国功夫的形式与内容。直译最大限度保留了原文文化特色,保留了原著中对中国武侠文化特色的描写。

需要指出的是,直译虽然完整地再现了原文的内容与形式,但有时会对目的语读者造成理解障碍。例如下列直译的例子,如果没有括号内的解释,一般读者理解起来有一定困难:

⑯deep throat 深喉咙(指秘密消息来源)

⑰beanpole family 豆荚式家庭(多代且各代人数少的家庭)

⑱sandwiched class 夹心阶层(中等收入阶层,也借指在社会中处于高收入和低收入群体之间,不能享受政策优惠的阶层,类似三明治的夹层)

⑲banana kick 香蕉球(足球运动,因为球运动的路线是弧形,像香蕉的形状)

⑳bicycle kick 骑车式踢球(足球运动,倒钩球)

㉑zero-sum 零和理论(博弈论概念,意思是双方博弈,一方得利必然意味着另一方吃亏,一方得益多少,另一方就吃亏多少,双方得失相抵,总数为零,所以称为"零和")

又如,"九阴白骨爪"中的"九"与"阴"。汉语中,数字往往包含了更多的文化意义,中国哲学中的满数概念的基本表现形式体现在数字"三"与"九"上,"三"与"九"的倍数则构成了庞大的满数网络。在《射雕英雄传》中,满数概念无处不在,如"降龙十八掌"、"九阴白骨爪"等都是以"九"或者"九"的倍数呈现。"九阴白骨爪"是用十指破骨摧骨,十分狠毒却又威力十足的招数,其中的"九"并不是指"九"这一具体事项,而是指其对应的表示满数的概念,表达的是"无极"的概念。译者采取直译方式,将"九阴白骨爪"译为 Nine Yin Skeleton Claw,没有表达出该招式中"九"所代表的"无比厉害"之意。

有时,直译未必会使读者理解,可加上注释。如果条件许可,可在上下文中直接加注,以便于阅读并使译文紧凑。例如:

㉒ The computer is the Proteus of machines, as it takes on a thousand forms and serves a thousand functions.

译文:计算机是一种像普瑞塔斯一样变化多端、神通广大的机器,因为它采取千种形式,发挥千种功能。

其中,Proteus 是希腊神话中可以随时变为各种形状的海神普瑞塔斯,常被作为"神通广大"的代名词,于是译文中直接列出其特征。但是,如果注释过长,还得另列出来,例如:

㉓ "Hypnosis may have the same effect," Kosslyn says, "It shifts what I call the assumed norm. It can play the part that Roger Bannister did in the four minute mile."

译文:科斯林说:"催眠术可能有同样的效果。它能改变我称为'假定标准'的东西,它所起的作用就像罗杰·班尼斯特4分钟跑1英里一样。"[注释:罗杰·班尼斯特,英国田径运动员,1954年成为第一个在4分钟之内(3分59秒4)跑完1英里的人。他也是位精神病学家。]

此处,注释的主要功能是帮助理解,如果不注释,读者根本无法理解这句话的含义,因为他们不知道班尼斯特是谁,更不知道他和跑1英里有什么关系。又如:

㉔ He is the black sheep of the family.

译文:他真是家族里的黑羊——有辱门楣。

㉕ Today is a black Friday.

译文:今天是黑色星期五。(英语国家的人用 black Friday 指大灾大难、凶险不祥的日子。)

第二节　意译法

意译(Free Translation/Liberal Translation)是指从意义出发,只求将原文大意表达出来,不强调细节,译文自然流畅、通俗易懂。意译不拘泥于原作的形式,包括句法结构、用词、比喻等修辞手段。译者必须深入领会原文实质,融会贯通,才能抓住要点。例如"脸色"一词,"你脸色不好"应翻译成"you look pale",而不翻译成"your face color is not good"。又如 drum 一词,在日常用语中是"鼓";而在工业领域,如发电站的锅炉中,steam drum 则是"汽包";机械行业里,drum cam(同义词 camshaft)是"凸轮轴",compressor drum 是"压缩机转子",drum digger 是"滚筒式挖掘机"。

意译在翻译词组或句子(或更大的意群)时使用较多,而且主要在源语与目的语之间体现巨大文化差异的情况下得以使用,例如,pumpkin eater 的译文源于一首童谣:

Peter, Peter, pumpkin eater,

had a wife and couldn't keep her.

根据这一出处,可以把 pumpkin eater 译成"养活不了老婆的人"。

意译法灵活、自由,译者在翻译过程中考虑到译文读者因文化而产生的阅读和理解上的差异而采用这种译法,译文就比较地道,可读性强。语言会出现不同的文化内涵和表达形式,而当这些成为翻译的障碍时,即译文和原文无法用相同的表达形式来体现相同的内容时,译者可以舍弃原文的表达方式和民族文化色彩,这就是意译。

意译要避免胡译。在我国特定的历史环境里经常会出现一些有中国特色的词,比如"红旗手",有人译为 red flagger,而"红旗手"含有"先进者、模范者"等隐含意义,所以 model worker 或 advanced worker 才可以更好地表达"红旗手"这一词。意译,就是要使译文的语言表达形式完全遵循目的语的规范而不考虑源语的表达形式,但又忠于原文的意思。

①这一场"龙虎斗"似乎并无胜利或失败。

译文:This epic struggle had apparently ended in neither victory nor defeat.

译文具有很强的讽刺语气,符合西方文化特征。

②她那样一个小人儿,一步只能挪两拃,何况还拖着个大肚子,能跑多远。

译文:Little thing like that, with short steps and a big belly, how far could she have gone?

"拃"(zhǎ)是量词,指张开大拇指和中指两端间的距离。原文"一步只能挪两拃"表示步伐很小,译文使用意译法译作 short steps,意思传达准确。

③Dog does not eat dog.

译文:同类不相残。

当保留动物形象直译和改变动物形象套译都行不通时,采用意译法可将原文含义翻译出来。

这里需要说明另一种翻译过程中的形象转换问题:

在成语和比喻等的翻译中,视角转换常体现为形象转换。形象的转换是指将源语中不符合目的语文化的形象转换为目的语文化中惯用的形象,使目的语读者能够正确理解。

④fish in the air

译文:水中捞月

⑤make a wild goose chase

译文:缘木求鱼

以上两例分别将"鱼"转换为"月","鹅"转换为"鱼",很大程度上增加了翻译的灵活性,能使中国读者更好地接受源语意义。

⑥drink like a fish

译文:牛饮

原意是指喝得又快又多,但如果译成"像鱼一样喝水"则生涩难懂,不符合汉语表达习惯。译者根据需要,做一些替换,把原文的意思表达出来,这也是意译的一种形式。

第三节　音译法

音译法(Transliteration)指用发音近似的汉字将外来语翻译过来,或者采用汉语普通话拼音翻译汉字形式。这种用于译音的翻译方法,原有的汉字或拼音翻译不再有其自身的原意,只保留其语音和书写形式。(张干周,2018:23)鲁迅、胡适等文化名人重视的"赛先生和德先生"即"赛因斯和德莫克里西",为science & democracy的音译;"德律风"为telephone。这些音译词冗长,令人费解,甚至会引起歧义,已逐渐被淘汰。而与原词有一定的语义联想的音译词,容易记忆,经过实践的检验而保留下来。

随着国家之间交往的深入,文化和思想的沟通进一步加深,每一种语言都会吸收外来语,补充和增加自己的词汇。英语的有些外来词语就来自中国。如:Confucius(孔夫子)、ginseng(人参)、kaoliang(高粱)、lama(喇嘛)、Li(里)、litchi(荔枝)、silk(丝)、to lose face(丢脸)、paper tiger(纸老虎)、shuanggui(双规)、chengguan(城管)、jiujielity(纠结)、geilivable(给力)等。为了报道中国大妈带动金价上涨的新闻,《华尔街日报》创造了"dama"(大妈)这一单词。

同样,汉语自英语中引进了许多外来语,如:

①ammonia 阿摩尼亚=氨气

②amoebic dysentery 阿米巴痢疾

③Atlas powder 阿托那斯炸药

④bandage 绷带

⑤amoeba 阿米巴,变形虫

⑥ampere 安培(电流强度单位)

⑦atroprine (药)阿托品

⑧bar 酒吧,酒柜

有些词语从英语中"引进"以后,通过半音译半意译的方式稍加改造,便成了具有中国特色的词,如 ice-cream(冰激凌)、tomato sauce(番茄沙司)、Dowling paper(道林纸)、electron volt(电子伏特)、hypoid gear(海波齿轮)、Gram-positive(革兰氏阳性)等。(伍爱成,1987:259)

音译通过转换语言形式,保留源语文化的意义,如 hacker(黑客)、clone(克隆)、teflon(特氟龙)、bikini(比基尼)等。通过音译还可以以谐音创新翻译,这展现了翻译不仅仅是语言文字的转化过程,更是文化传播的过程。例如,"狗不理"英文商标音译为go believe,这个译文除了音译之外,还隐含了"去值得信赖的地方"这一深层的含义,因而增添了音译的魅力,反映出音译的巨大潜力。音译通过保留发音的方式来解释那些在目的语中无法找到与源语对等的词语,从而保留原文的异域情调。

⑨春暖花开的清明节

译文:Qingming, the day of ancestral worship in the warmth of spring, when flowers were in full bloom

清明节是中国传统节日,是一个祭祀祖先的节日,采用音译及简短的解释使读者能对此有基本的了解。

⑩这是七月下旬,是中国旧历的三伏,一年最热的时候。

译文:It was toward the end of July, equivalent to the "san-fu" period of the lunar calendar—the hottest days of the year.

音译法把"三伏"直接音译为 san-fu,保留了中国文化。

需要指出的是,使用音译法应遵循以下原则:沿用约定俗成的译法,不要另起炉灶;不能滥用音译法,有语义的词汇需要释义;音译本身无法传递文化信息时,需添加必要的解释(如释义法、注释法)。

第四节　增词法

增词法(Addition/Amplification)就是在翻译时按意义上(或修辞上)和句法上的需要增加一些词,以更忠实通顺地表达原文的思想内容。用增词法翻译技巧的目的是更加准确、通顺和完整地表达原文的内容。(龚长华,陈怡华,2014:79)英译汉中的增词法一般包括以下四种情况:一是语法上的增补;二是语义上的增补;三是修辞上的增补;四是文化背景增补。

一、语法上的增补

（一）增加原文省略的部分

在英语中，有些词或词组在出现一次之后，再次出现时常常被省略，以避免重复。因而在译为汉语时，往往需要补充还原，才能使汉语表达完整。例如：

①I judge I would saw out and leave that night if Dad got drunk enough，and I reckoned he would.

译文：我断定那天晚上我爸要是醉得够厉害的，我就可以锯个洞钻出去，我算计着他是会醉得够呛的。

上面的例子选自马克·吐温的经典作品《哈克贝利·费恩历险记》。原文中would一词后面省略了got drunk enough，而在汉语译文中为了表达清晰，在句尾增补了"醉得够呛的"这一译文。

（二）增加原文替代的部分

英语中，特别是在回答句和比较句中，常常对重复部分用it、that、those等代词或do、do so、so、neither、nor、as等结构代替。这些替代部分在译为汉语时往往需要增补。例如：

②Rebecca："What！ Don't you love him？"

　　Amelia："Yes，of course，I do."

译文：利蓓加："怎么？你不爱他？"

　　　　艾米莉："我当然爱他。"

上个例子出自英国批判现实主义作家萨克雷的《名利场》。在原文中，do替代了love him，而译为汉语时译者对其进行了增补，使表达更加明确。

（三）词类增补

英语中没有量词，而汉语中却大量使用量词。英译汉时，需增加量词，表示名词的形状、特征、材料或计量单位等。例如：

③She bought an electronic iron and two quilts.

译文：她买了一个电熨斗和两床被子。

在上面的例子中，为了符合汉语表达习惯，增加了"个""床"两个量词。

④I had a look at the photo and recognized her at once.

我看了一眼照片，马上就认出了她。

在上面的例子中，将had a look at中的名词look转译为动词"看"，并在后面增加了动量词"一眼",表达更加准确、地道。

二、语义上的增补

许多英文中的句子,语义完整,但如果翻译成对应汉语,就会出现句子不够完整或者语义模糊的现象。在这种情况下,翻译时需加一些适当的词语,如增加原文字面上没有而语义上包含的字、词,从语义上做必要的补充或说明。这就是语义上的增补。(李冬鹏,李梓铭,关琳,2018:80)

（一）增补动词

英语作为静态性语言具有名词优势,汉语作为动态性语言具有动词优势。一般来说,一个英语句子中只会出现一个谓语动词,而一个汉语句子中常有多个谓语动词。英、汉两种语言在动词数量上有巨大差异,英译汉时主要有两种方法:一种是把英语中的名词、形容词、介词、副词等转译为汉语中的动词;另一种是增加动词,即在名词前增加动词,以符合汉语动态性语言的表达习惯。例如:

⑤It also recommends that foreign aid be more directed toward these problems.

译文:它同时建议,外国援助要更直接用于解决这些问题。

在上面的例子中,我们在"这些问题"之前增加了动词"解决",使译文语义更加完整。

（二）增补名词

英译汉时,增补名词的情况比较复杂。一般来说,有下面四种情况。第一,英语中有许多及物动词用作不及物动词的情况,在译为汉语时需要在其后增补名词,才能保证译文语义的完整。这类增补的名词就是英语中典型的有其义而无其形的词。请看下面一组含有wash的句子,需要根据不同的上下文,增补适当的名词作其宾语。

⑥Be sure to wash before meal.

译文:饭前一定要洗手。

⑦Doesn't she wash after getting up?

译文:起床后她难道不洗脸刷牙吗?

第二,英译汉时,为了语义明确,还经常在形容词前增加名词。

⑧He was wrinkled and black, with scant gray hair.

译文:他满脸皱纹,皮肤黝黑,头发灰白稀疏。

在上面的句子中,我们增加了名词"脸""皮肤",使语义表达更加清晰,使结构与后面的"头发灰白稀疏"一致,符合汉语表达习惯。

第三,增加范畴词是英译汉中最常见的增加名词的形式。英语中的某些抽象名词或专有名词,若单独译出,有时意思会不够明确,因而在译为汉语时通常需要在其后增加"现象""作用""方式""状态""任务""情况""局面"等词,这类词即为范畴词,英语中称为 category words。例如:

⑨Now the main impact of terrorism or disasters is a change in destination.

译文:现在,恐怖主义活动或灾害袭击给旅游业造成的影响无非改变了旅游的目的地而已。

在上面的例子中,"恐怖主义"后增加了范畴词"活动",以符合汉语表达习惯。

第四,在英语具体名词表示抽象意义时,汉译时需要在具体名词后增加合适的名词进行概括或引申,这样才能表达出原文中的抽象含义。例如:

⑩He allowed the father to be overruled by the judge, and declared his own son guilty.

译文:他让法官的职责战胜了父子的私情,而判他儿子有罪。

在上面的例子中,father 和 judge 是具体名词,但在这里指的是"法官的职责"和"父子的私情",所以我们在汉译时对其进行了语义上的增补。

三、修辞上的增补

为了使译文优美、生动或强调说话者的感情、情绪,英译汉时可以增加适当的描述词或语气词。例如:

⑪Man, that's really living!

译文:伙计,这才是真正的生活哩!

在上面这个例子的汉语译文中,增加语气词"哩"可表示说话人自信、肯定的语气。另外,英译汉时,还可以把英语中的词或词组译为汉语中的成语或四字词语等形式,以使译文更加优美、生动。例如:

⑫There has been too much publicity about the case.

译文:那件案子已搞得满城风雨,人人皆知。

在上面的例子中,将 publicity 译为"满城风雨,人人皆知",使表达更加形象、生动。

四、文化背景增补

东西方文化背景有很大差异,因而英译汉时,对于英语中一些体现文化背景的词语和表达,常常需要解释说明,以减轻交际负荷,让汉语读者更好地理解原文。例如:

⑬He is a modern Samson.

译文:他是一个现代参孙式的大力士。

　　在上面的例子中,Samson(参孙)是《旧约全书》中的人物,以力大无比而著称,因而在将其译为汉语时我们进行了文化背景方面的增补,增加了"大力士"一词,以让汉语读者更好地理解这句话的意思。

第五节　省略法

　　省略法(Omission)是指在英汉翻译时,原文中有些词语可以省略,不必译出。译文中虽然没有这个词,但是已经具有了原文这个词语所表达的意思,或者这个词语在译文中的意义是不言而喻的。省略的目的在于使译文更加通顺、流畅,符合译文习惯。需要注意的是,省略并不是把原文的某些思想内容删去,省略绝不是改变原文的意义。下面我们从语法角度来探讨省略法的实际运用。

一、省略代词

(一)省略作主语的人称代词

　　根据汉语习惯,前句出现一个主语,后句仍为同一主语,就可省略。英语中通常每句都有主语,因此作主语的人称代词往往多次出现,汉译时可以省略。请看以下几例:

①He was thin and haggard and *he* looked miserable.

译文:他消瘦而憔悴,(……)看上去一副可怜相。

②I had many wonderful ideas, but *I* only put a few into practice.

译文:我有很多美妙的想法,但是(……)只把少数几个付诸实施了。

③They had ground him beneath their heel, they had taken the best of him, *they* had murdered his father, *they* had broken and wrecked his wife, and *they* had crushed his whole family.

译文:他们把他踩在脚底下,压得粉碎,他们榨干了他的精髓,(……)害死了他的父亲,(……)摧残了他的妻子,(……)毁了他的全家。

④Laura wished now that *she* was not holding that piece of bread-and-butter, but there was nowhere to put it and *she* couldn't possibly throw it away.

译文:这时劳拉宁愿(……)手里没有这块涂上黄油的面包,拿着又没有地方放,(……)又不可能扔掉。

(二)泛指的人称代词

　　泛指的英语人称代词作主语时,即使是作第一个主语,译文中往往也可以将其省略。

⑤*We* live and learn.

译文:(……)活到老,学到老。

⑥*You* can never tell.

译文:(……)很难说。

⑦Even as the doctor was recommending rest，he knew that this in itself was not enough，that *one* could never get real rest without a peaceful mind.

译文:尽管医生建议休息,他也知道休息本身是不够的,但如果心情平静不下来,(……)是休息不好的。

⑧The significance of a man is not in what *he* attained but rather in what *he* longs to attain.

译文:人生的意义不在于(……)已经获取的,而在于(……)渴望得到什么样的东西。

（三）省略作宾语的代词

英语中有些作宾语的代词,不管前面是否提到过,翻译时往往可以将其省略。例如:

⑨The more he tried to hide his warts，the more he revealed *them*.

译文:他越是要掩盖他的烂疮疤,就越是会暴露(……)。

⑩She laid her hand lightly on his arm as if to thank *him* for it.

译文:她轻轻地把手放在他的胳膊上,好像表示感谢(……)。

⑪Please take off the old picture and throw *it* away.

译文:请把那张旧画取下来扔掉(……)。

（四）省略物主代词

英语句子中的物主代词出现频率较高。一个句子往往会出现好几个物主代词,如果将每个物主代词都翻译出来,那么汉语译文就显得非常啰唆。因此若无其他人称的物主代词出现,翻译时物主代词往往被省略。请看以下几例:

⑫He put *his* hand into *his* pocket.

译文:他把(……)手放进(……)口袋。

⑬She listened to me with *her* rounded eyes.

译文:她睁大(……)双眼,听我说话。

⑭So the train came，he pinched *his* little sister lovingly，and put *his* great arms about *his* mother's neck and then was away.

译文:于是火车来了,他爱抚地捏了一下(……)小妹妹,用(……)两条粗大的胳膊搂了下(……)母亲的脖子,然后就走了。

⑮She went, with *her* neat figure, and *her* sober womanly step, down the dark Street.

译文:她顺着黑暗的街道走了,显出(……)利落、匀称的身材,迈着(……)端庄、贤淑的女人步子。

⑯He shrugged *his* shoulders, shook *his* head, cast up *his* eyes, but said nothing.

译文:他耸耸(……)肩,摇摇(……)头,(……)两眼看天,但却没说一句话。

二、代词 it 的省略

这里主要讲代词 it 的两种特殊的翻译方法,即作非人称代词和强调用代词时的译法。

（一）非人称代词 it

①Outside *it* was pitch dark and *it* was raining cats and dogs.

译文:外面一团漆黑,大雨倾盆。

②He glanced at his watch; it was 7:15.

译文:他一看表,是七点一刻了。

③It took me a long time to reach the hospital.

译文:我花了很长时间才到医院。

（二）强调用代词 it

④*It* was only then that I began to have doubts whether my story would ever be told.

译文:只是在那个时候,我才开始怀疑,我的经历究竟能不能公之于众呢!

⑤*It* was with some difficulty that he found the way to his own house.

译文:他费了很大劲才找到回家的路。

⑥Peter has always enjoyed claiming that *it* was he and not George, who was the first to reach the summit of the mountain.

译文:彼得一直津津乐道的是,第一个到达山顶的其实并不是乔治,而是他。

三、省略连接词

汉语语言属于隐形连贯,词语与词语之间的连接一般不用连接词,其上下逻辑关系常常是暗含的,多由词语的次序来表示。英语属于显性衔接,需要各类连词等作为衔接手段,因而连接词用得比较多。因此,英译汉时,在很多情况下,可以不把连接词翻译出来。

（一）省略并列连接词

①He looked gloomy *and* troubled.

译文：他看上去有些忧愁不安。

②Early to rise *and* early to bed makes a man healthy

译文：早起早睡身体好。

③Like charges repel each other *while* opposite charges attract.

译文：同性电荷相斥，异性电荷相吸。

（二）省略从属连词

1. 省略表示原因的连接词

英语一般用连接词表示因果关系，而汉语则往往是通过词序先后来表示因果关系，"因"在前，"果"在后。因此，英译汉时往往可以把原文中的这种连接词省掉不译。

④We knew spring was coming as *because* we had seen a robin.

译文：我们看见了一只知更鸟，知道春天快要到了。

⑤He declined to amplify on the President's statement, *since* he had not read the text.

译文：他没有看到总统讲话的文本，不愿加以发挥。

⑥*Because* the departure was not easy, we made it brief.

译文：告别这件事难受得很，我们就把它搞得简短一些。

2. 省略表示条件的连接词

表示条件的连接词，一般译为"假如""如果"等，但在日常口语体或文言文结构中，往往可以省略不译。请看以下几例：

⑦*If* winter comes, can spring be far behind?

译文：冬天来了，春天还会远吗？

⑧*If* I had known it, I would not have joined in it.

译文：早知如此，我就不参加了。

⑨*If* a spot turned hot, we'd overfly it frequently.

译文：哪个地方成为热点了，我们就频频飞临该地上空。

3. 省略表示时间的连接词

英语中，表示时间关系的 when 和 as 等词语，汉译时一般译成"当……时"，或仅用"时"来表示。但是如果汉语时间先后次序明显，"当……时"或"时"往往可以省略不译。例如：

⑩John rose gloomily *as* the train stopped, for he was thinking of his ailing mother.

译文：火车停了，约翰忧郁地站了起来，因为他想起了病中的母亲。

⑪ *When* at last he stood upon the bluff, he turned to his little sister and looked upon her sorrowfully.

译文：最后他站到了悬崖上，转过身来，悲伤地看着他的妹妹。

⑫At long last，*on* June 6，1944，*after* the European war was basically decided and Hitler licked，the allies launched their long-delayed western front.

译文：1944年6月6日，欧洲战局基本上已见分晓，希特勒败局已定，盟军才终于开辟了西线战场。

四、省略冠词

英语里有冠词，而汉语则没有冠词，因此，英译汉时往往可将冠词省略不译。

⑬*A* teacher should have patience in his work.

译文：当教师的应该有耐心。（省略表示类别的不定冠词a）

⑭The horse is *a* useful animal.

译文：马是有益的动物。（省略表示类别的定冠词a）

需要特别注意的是英译汉时，省略原文中的冠词是一般情况。但在某些场合，冠词却不能省略，例如：

⑮He left without saying *a* word.

译文：他一句话不说就走了。（不定冠词a或an指"一"时，不能省）

⑯Egbert said he was getting *a* dollar a mile.

译文：埃格伯特说，他（开车）每开一英里就赚一美元。（不定冠词a或an指"每一"，不能省）

⑰The children are of *an* age.

译文：这些孩子都是同岁的。（不定冠词a或an指"同一"，不能省）

⑱The onlookers saw the little party climb ashore.

译文：旁观者只见那一小队人爬上岸去。（定冠词the强调"这""那"时，也不宜省）

五、省略介词

一般说来，表示时间和地点的英语介词，译成汉语时如出现在句首，往往可以省略，出现在句尾往往不可省略。

1. 省略表示时间的介词

⑲The People's Republic of China was founded *in* 1949.

译文：1949年中华人民共和国成立。

比较:中华人民共和国成立于1949年。

(介词译成汉语放在句首时可以省略,在句尾时一般不省略)

⑳In July,1956,Egypt had seized the Suez Canal.

译文:1956年7月,埃及占领了苏伊士运河。

(英语介词in译成汉语时放在句首,故可以省略)

㉑The mother sub was cruising near Wake Island *on* December 2 when we heard hostilities were to begin December 7.

译文:12月2日我们的母艇正在威克岛附近巡航,这时我们听说战争要在12月7日打起来。

(December 2前面有介词on,译成汉语时因其在句首,故可以省略;December 7前面的介词on虽省略了,译成汉语时因其在句尾,没有省略)

2. 省略表示地点的介词

㉒Smoking is prohibited *in* public places.

译文:公共场所不准吸烟。

㉓Now complaints are heard *in* all parts of that country.

译文:该国各地目前怨声载道。

㉔Rumors had already spread *along* the streets and lanes.

译文:大街小巷早就传遍了各种流言蜚语。

需要特别注意的是,表示地点的英语介词在译文句首时往往可以省略,但放在动词后面时一般不可省略。如:

㉕He stood *by* the desk.

译文:他站在桌子旁。

㉖She hid *behind* the door.

译文:她躲在门后。

㉗I stayed *in* my brother's house.

译文:我住在弟弟家。

从修辞角度来看,英语句子中有些短语重复出现,但译成汉语时可根据情况适当省略。例如:

㉘University applicants who had worked at a job would receive preference over those who had not.

译文:报考大学的人,有工作经验者优先录取。

如果不做省略,译成"报考大学的人,有工作经验者比没有工作经验者优先录取"就显得比较累赘啰唆。

㉙Instead of one old woman knocking me about and starving me, everybody of all ages knocked me about and starved me.

译文:那时打我并让我挨饿的不仅仅是一个老太婆,而是各种年龄、各式各样的人。

如果译成"那时不仅是一个老太婆打我并且让我挨饿,而是各种年龄、各式各样的人打我并且让我挨饿",就不够精练。

第六节 释义法

释义法(Explanation)常用于翻译习语或有隐含意义的事物。释义法并非逐字翻译原文,而是根据语境解释原文,用符合目的语言习惯的言语来揭示原文信息。由于生活环境、社会发展过程的差异,一个民族中可能很重要的事物或风俗习惯在另一民族中不存在,因而在语言上表现出"词汇空缺"。由于这些词语带有强烈的民族特征,在译入语中无法找到替代,在翻译时只能通过释义法表达。释义法包括增译和解释。增译法先对原词进行字面翻译或音译,再加以解释性的补充内容。例如:

①Bill's new girlfriend is certainly a knockout

译文:比尔新结识的女朋友确实很迷人。(源于拳击比赛)

②Our team won the game, all right, but it was touch and go for while.(安玉青,李丽辉,2016:237)

译文:我们队赢了,但有一阵子险些输掉。(千钧一发的形势)

由于汉英语言之间的差距,不能够直接采用直译的方式来翻译文章中的文化要素,也很难去寻找对应的文化词语,因此在译作中,多采用释义的翻译方法,以保证读者的接受度,避免晦涩难懂,让外国读者不知所云。例如:

③上官吕氏怒道:"我问你呢,龇牙咧嘴干什么?碌碡压不出个屁来!"

译文:"I asked you a question!" She shouted angrily, "What do you gain by showing me those yellow teeth? I can't get a fart out of you, even with a stone roller."

此处的"龇牙咧嘴"译者巧妙地处理为 showing yellow teeth,而"满嘴黄牙"则是已经交代过的丈夫的外貌特征之一,应当继续进行承接,也使读者能够明白其中的意思。"碌碡"是中国的传统农具,其特征与石碾子类似,所以译者在此处没有直接将"碌碡"译出,而是采用了 stone roller 这个偏描述性的词语,stone 指碌碡的质地一般为石制,roller 则是它的工作方式,靠滚动来碾压谷物或场地。译者考虑到国外的文化差异,在此对"碌碡压不出个屁来!"中的"碌碡"做了进一步的解释说明,使读者不会因为这个文化词语而产生误解。又如:

④他们同居这些年,生活状态,若不配说像鸳鸯,便说像一对小家雀罢。(《春桃》,许地山)

译文：Their life together，while perhaps not as idyllic as that of the mandarin duck and drake，famed symbols of connubial bliss，was in any event as cheerful as the union of a pair of common sparrows.（沙博理译）

译文对原文中的"鸳鸯"和"小家雀"进行了解释。"鸳鸯"是夫妻恩爱、生活和谐美满的象征，因此译者添加了 as idyllic as、famed symbols of connubial bliss 等解释性文字，将"鸳鸯"的文化内涵展现出来。as cheerful as 点出了家雀的欢快，the union of 强调了家雀的和睦，common 既说明了家雀的平凡普通，与"鸳鸯"形成对比，同时也折射出主人公的社会身份——最普通的劳动者。

⑤已到了腊月二十九日了，各色齐备，两府中都换了门神，联对，挂牌，新油了桃符，焕然一新。（《红楼梦》，曹雪芹）

译文：In both mansions new door-gods had been pasted up on all the doors，the inscribed boards at the sides and over the tops of gateways had been repainted，and fresh "good luck" slips—auspicious couplets written in the best calligraphy on strips of scarlet paper—had been pasted up at the sides of all the entrances.（David Hawkes 译）

贴门神和对联是中国的习俗。"桃符"指木制的对联，《红楼梦》所描述的豪门之家，正房廊柱上的对联不少都是木质雕刻的。"门神、联对、挂牌和桃符"这几个词语如果简单译成相应的 door-gods，couplets，tablets and New-Year charm，恐怕英文读者难以理解。Hawkes 的译文释义部分描述准确，而且 repaint、good luck、auspicious、the best calligraphy、scarlet paper 等词烘托出了喜庆气氛，使译文读者对中国过年贴对联的风俗有了更具体的了解。

第七节　词类转译

词类转译指的是翻译时在保持原文内容不变的前提下，改变原文中某些词的词类，以求译文通顺自然，合乎译入语的表达习惯。（司显柱，2018：60）翻译过程中为了使译文符合目的语的表述方式、方法和习惯而对原句中的词类、句型和语态等进行转换。具体地说，就是在词性方面，把名词转换为代词、形容词、动词等，把动词转换成名词、形容词、副词、介词等，把形容词转换成副词和短语等。在句子成分方面，把主语变成状语、定语、宾语、表语等，把谓语变成主语、定语、表语等，把定语变成状语、主语等，把宾语变成主语或其他成分。在语态方面，可以把主动语态变为被动语态，也可以把被动语态转译为主动语态。（周婷，2017：35）例如：

① The growing awareness by millions of Africans of their extremely poor and backward living conditions has prompted them to take resolute measures and create new ones.

原译:数以百万计的非洲人对于他们非常贫穷落后的生活条件的日益觉醒促使他们采取坚决的措施,创造新的生活条件。

改译:数以百万计的非洲人已逐渐意识到,他们的生活状况异常贫穷落后,这就促使他们奋起,采取坚决的措施创造新的生活条件。

②He admires the President's stated decision to fight for the job.

译文:他对总统声明为工作而决心奋斗表示钦佩。

从上述两例可以看出,由于英汉两种语言表达方式的差异,在英译汉的过程中,有些句子可以逐词对译,有些句子却需要根据具体情况适时改变原文的词性,以符合译入语的表达习惯,使译文通达自然。

归纳起来,词类转译主要可以分为以下五种情况:动词词类的转译、名词词类的转译、形容词词类的转译、副词词类的转译、介词词类的转译。

（一）动词词类的转译

汉语动词丰富,句子简洁明了。汉译英时,汉语的动词常可转译为名词、形容词、介词或介词短语等。

1. 动词译成名词

③林则徐认为,要成功地制止鸦片买卖,就得首先把鸦片销毁。

译文:Lin Zexu believed that a successful ban of the trade in opium should be preceded by the destruction of the drug itself.

④Formality has always characterized their relationship.

译文:他们之间的关系,有一个特点,就是以礼相待。

⑤绝对不许违反这个原则。

译文:No violation of this principle can be tolerated.

⑥采用这种新装置可以大大降低废品率。

译文:The adoption of this new device will greatly cut down the percentage of defective products.

2. 动词译成形容词

和感官、情感及其他精神状态相关的动词可译成"be + adj."的结构。

⑦获悉贵国遭受海啸,我们极为关切。

译文:We are deeply concerned at the news that your country has been struck by a tsunami.

⑧他们怀疑他是否能负担得起。

译文:They are doubtful whether he can afford it.

⑨他们不满足于现有的成就。

译文：They are not content with their present achievements.

⑩我们相信，在两市的共同努力下，我们两市的合作必定进一步发展。

译文：We are convinced that with the joint efforts of our two cities，the friendly relation and cooperation between us will develop further.

3. 动词译成介词

和汉语相比，英语里介词更多。有些英语介词由动词转化而成，因此具有动词的某些特点。

⑪这台计算机具有很高的灵敏度。

译文：The computer is of high sensitivity.

⑫政府支持这个项目。

译文：The government is behind this project.

⑬我们全体赞成他的建议。

译文：We are all for/in favor of his suggestion.

（二）名词词类的转译

1. 名词译成动词

英语中具有动作意义的名词和由动词派生出来的名词以及某些表示身份特征或职业的名词，如 teacher、singer 等，在句中并不指身份或职业，而是含有较强的动作意味，英译汉时可将其译成动词。

⑭The sight and sound of our jet planes filled me with special longing.

译文：看到我们的喷气式飞机，听见隆隆的机声，我特别神往。

⑮An acquaintance of world history is helpful to the study of current affairs.

译文：读一点世界史，对学习时事是有帮助的。

⑯The operation of a machine needs some knowledge of its performance.

译文：操作机器时需要懂得机器的一些性能。

⑰Some of my classmates are good singers.

译文：我同班同学中有些人歌唱得很好。

另外，有动作意味的抽象名词及某些由动词转化来的抽象名词可以转译成动词，表意更清楚。例如：

⑱The sight and sound of our jet planes filled me with special longing.

看到我们的喷气式飞机，听见隆隆的声音，我特别神往。（原文中的 sight、sound 都是有动作意味的名词，翻译为汉语中的动词"看到"与"听见"）

2. 名词译成形容词

英语中某些由形容词转化来的抽象名词可以直接转译成形容词,比较符合汉语的表达习惯。

⑲Independent thinking is an absolute <u>necessity</u> in study.

译文:独立思考对学习来说是绝对必需的。

⑳The <u>security</u> and <u>warmth</u> of the destroyer's sickbay were wonderful.

译文:驱逐舰的病室很安全也很温暖,好极了。

㉑王尔德全家都是虔诚的<u>教徒</u>。

译文:The Wilde family were <u>religious</u>.

3. 名词译成副词

㉒It is our great pleasure to note that China has made great progress in economy.

译文:我们很高兴地看到,中国的经济已经有了很大发展。

㉓The new mayor earned some appreciation by the courtesy of coming to visit the city poor.

译文:新市长有礼貌地前来访问城市贫民,获得了他们的一些好感。

(三)形容词词类的转译

1. 形容词译成动词

英语中表示知觉、欲望等心理状态的形容词,在联系动词后作表语时,往往可译成动词。

㉔Scientists are confident that all matter is indestructible.

译文:科学家们深信,所有物质都是不灭的。

㉕Granny Li is very fond of children.

译文:李奶奶很喜欢孩子。

㉖If we were ignorant of the structure of the atom, it would be impossible for us to study nuclear physics.

译文:如果我们不知道原子的结构,我们就不可能研究核子物理学。

2. 形容词译成名词

㉗He was eloquent and elegant, but soft.

译文:他有口才,有风度,但很软弱。

㉘他对电子计算机的操作是陌生的。

译文:He is a stranger to the operation of the electronic computer.

㉙街中的一切逐渐消逝在灰暗的暮色里。

译文:Everything in the street was gradually disappearing into a pall of grey.

3. 形容词译成副词

名词译成动词时,修饰名词的形容词可相应地译作副词。

㉚Occasionally a drizzle came down, and the intermittent flashes of lightning made us turn apprehensive glances toward Zero.

译文:偶尔下一点毛毛雨,断断续续的闪电使得我们不时忧虑地朝着零区方向望去。

㉛他跟另一个地勤人员进行了例行的无线电联络。

译文:He routinely radioed another agent on the ground.

(四)副词词类的转译

1. 副词译成动词

㉜She opened the window to let fresh air in.

译文:她把窗子打开,让新鲜空气进来。

㉝Now, I must be away. The time is up.

译文:现在我该离开了,时间已经到了。

2. 副词译成形容词

㉞The film impressed me deeply.

译文:这部电影给我留下了深刻的印象。

㉟这完全是胡说。

译文:This is sheer nonsense.

㊱他显然属于少数。

译文:He was in a clear minority.

3. 副词译成名词

㊲He is physically weak but mentally sound.

译文:他身体虽弱,但智力正常。

㊳They have not done so well ideologically, however, as organizationally.

译文:但是,他们的思想工作没有他们的组织工作做得好。

(五)介词词类的转译

由于汉语偏动态,而英语倾向于使用名词、介词等,偏静态,所以英语中部分介词应根据语境译成动词。

㊴The President took the foreign guests around the campus.

译文:校长带着外宾参观校园。

㊵The government is waging a campaign against waste and extravagance.

译文:政府正在开展一场反对铺张浪费的运动。

㊶They kept on fighting in spite of all difficulties and setbacks.

译文:他们不顾一切困难、挫折,坚持战斗。

第八节 语序调整

语序是语言的重要组合手段之一,反映一定的逻辑事理以及语言使用者的语言习惯和思维模式。(李冬鹏,李梓铭,关琳,2018:114)中英文描述同一客观事实时有不同的语言表达顺序,因而语序调整是英汉互译中一个重要的翻译方法。

英语、汉语在定语和状语层面的词序不同,英语和汉语中的许多并列成分在词序方面也不尽相同,例如莎士比亚在其第105首十四行诗中写道"Fair, kind and true, is all my argument",而汉语中针对"Fair, kind and true"三个词的顺序则习惯是"真、善、美"。一般来说,英语中并列的词序按照逻辑上的轻重、前后、因果或从部分到整体的顺序安排,而汉语通常则将较大、较强、较突出或给人印象较深的成分前置。例如,iron and steel industry 翻译为"钢铁工业"。

在上面的例子中,将 iron 和 steel 译为汉语时,根据汉语表达习惯对其进行了词序调整。汉语由于词形没有屈折变化,词组和句子的意义很大程度上取决于词序。词序成了汉语的一种特殊的语法形式,甚至某些词的意义也取决于词序。(方梦之,2014:60)如表3-1所示:

表3-1 汉英词序对比

汉语	英语	汉语	英语
理论	theory *n.*	论理	reason *v.*
虚心	modest *adj.*	心虚	feel somewhat guilty *v.*
语言	language *n.*	言语	speech *n.*
青年	youth *n.*	年轻	young *adj.*
近亲	near relative *n.*	亲近	be on intimate *v.*

句子也是这样,以三个不同语序的句子为例:

我帮助姐姐。I help my sister.

姐姐帮助我。My sister helps me.

帮助我姐姐。Someone helps my sister.

上述汉语句子中"我"和"姐姐"的作用与地位不一样,句子的意义也就不一样。

英语是形合性语言,句子之间的关系主要由连接词决定;而汉语是意合性语言,句子之间的关系主要由先后顺序或内在的逻辑关系决定。因而,英汉互译时,我们主要从时间顺序、逻辑顺序、空间顺序、定语顺序、状语顺序与句间顺序等方面讨论句子之间语序调整的问题。

（一）时间顺序

时间有先后之分,同一件事发生的时机可以从前往后看,也可以从后往前看,这是时间视角转移的基础。时间概念在英汉两种语言中表达方式的差异,使得译者在翻译的过程中必须进行时间的转换,以符合译入语读者的阅读习惯。英语句子是树形结构的,句子成分可形成一个立体的空间构架,时间顺序一般不易一目了然。汉语句子是板块结构的,各分句疏散铺排,时间顺序一般比较清晰。例如：

①I put on my clothes by the light of a half-moon just setting, whose rays streamed through the narrow window near my crib.

原句包含三个分句：(a)I put on my clothes by the light of a half-moon；(b)A half-moon was just setting；(c)The moon rays streamed through the narrow window near my crib。这三个分句按照时间顺序应为(b)→(c)→(a)。因而译为汉语应为：

半轮晓月渐渐西沉,月光通过小床旁边一扇窄窄的窗子射进来,我趁着月光穿上衣服。

（二）逻辑顺序

英语句子之间的逻辑顺序是由连接词决定的,一般开门见山,先突出句子要表达的主要信息,再叙述次要信息;而汉语句子则往往按照逻辑顺序排列,特别是在没有连接词表示句子逻辑关系时,更是如此。

1. 表态与叙事

英语通常先评论或表态,然后再说明有关情况。汉语则正好相反,通常先叙事后表态。例如：

②It is not always easy to take these solutions and replicate them in other countries, though.

译文：然而,实施这些方案并且在其他国家如法炮制并不总是那么容易。

在英文句子中,it为形式主语,引导表态部分;不定式部分为真正的主语,是叙事部分。在汉译时根据汉语表达习惯应先叙事,再评论或表态。

2. 因和果

在因果关系上,英语通常开门见山直奔主题,然后再做解释。而汉语通常先说原因后说结果,特别是表示因果的关联词省略时更是如此。例如：

③They had to give up the program for lack of investment funds.

译文：因为缺乏投资资金,他们只好放弃了这项计划。

在上面的例子中,英语句子先叙述结果,再探讨原因,而汉语句子则完全相反。

3. 前景和背景

前景指句子中所表达的主要信息或强调的部分,背景指句子中一些交代如时间、地点、条件、原因等相对不重要的成分。英语中一般先说前景,再说背景,而汉语则往往相反。因此,在英译汉时,要厘清主要脉络,以及条件、因果、时间等的逻辑关系再进行语序调整。(李冬鹏,李梓铭,关琳,2018:114)例如:

④Insects would make it impossible for us to live in the world; they would devour all our crops and kill our flocks and herds, if it were not for the protection we get from insect-eating animals.

上面的英语句子中包含三个短句:(a)Insects would make it impossible for us to live in the world;(b)they would devour all our crops and kill our flocks and herds;(c)if it were not for the protection we get from insect-eating animals。

(a)句属于前景,表达句子的主要信息。(b)和(c)句为背景,交代前景发生的条件。按照汉语的逻辑顺序,应为(c)→(b)→(a)的顺序。译文如下:

假如没有那些以昆虫为食物的动物保护我们,昆虫将吞噬我们所有的庄稼,害死我们的牛羊家畜,使我们不能生存于世。

(三)空间顺序

空间有前后、内外、上下、高低、大小之分。英汉两种语言对空间的表达手法也不完全相同,因而翻译时有必要进行合理的转换,否则容易造成"翻译腔"。

⑤I am sitting in front of a bottle of beer.

译文1:我坐在一瓶啤酒前。

译文2:我面前放着一瓶啤酒。

译文1直接翻译,没有进行空间的转换,译文并不地道;译文2打破原文空间的表现手法,反着说,反而增强了可读性。

⑥Close the window and keep the rain out.

译文:关上窗,别让雨进来了。

⑦陕西省商洛市北新街10号商洛学院人文学院

译文:School of Humanities, Shangluo University, No. 10 Nouth Beixin Road, Shangluo City, Shaanxi Province

⑧中国共产党中央委员会委员、中国共产党中央政治局委员、中国共产党中央委员会政治局常务委员会委员、中华人民共和国国务院总理周恩来同志于1976年1月8日不幸逝世。

译文:January 8, 1976 saw the death of Zhou Enlai, premier of the State Council of PRC，member of the Standing Committee of the Political Bureau of the Central Committee of CPC，member of the Political Bureau of the Central Committee of CPC，member of the Central Committee of CPC.

（四）定语顺序

在汉译英时,定语位置的变换是一个相当复杂的问题。要不要变换,如何变换,应根据英语的语序习惯来决定,一般可归为以下四种情况。

1. 遵循英语定语语序习惯

汉语的定语,无论是单用还是几个连用,通常都放在所修饰的名词前面。英语则不然,单词作定语时,一般放在所修饰的名词之前,短语和从句作定语时则放在所修饰的名词之后。汉语的定语译成英语时,有的可能是单词,有的可能是短语,有的可能是从句。(仇桂珍,张娜,2017:107)

⑨英国是第一个承认中华人民共和国的西方大国。

译文:Britain was the first Western power to recognize People's Republic of China.

⑩去年豫东土豆的平均产量超过了历史最高水平。

译文:The average yield of potato last year in eastern Henan topped the highest level in history.

以上两例,都有两个以上的定语,但译文都将由单词构成的定语放在所修饰的名词之前,其余的不论是短语还是从句,均放在名词之后。做复合代词时,定语可后置。例如:

⑪她想找一个可靠的人帮她。

译文:She wanted to get someone reliable to help her.

2. 单词作定语后置

汉译英时,英语中单词作定语并不是毫无例外地全部放在所修饰的名词之前。在英语译文中,如果碰到以下特殊情况,单词作定语可以,甚至必须放在所修饰的名词之后。

（1）复合代词。英语译文中单词作定语所修饰的名词是由 some、any、every、no 等构成的复合代词时,定语可后置。

⑫今天报上有什么重要消息吗?

译文:Is there anything important in today's newspaper?

⑬咱们到一个安静的地方去。

译文:Let's go somewhere quiet.

（2）表语形容词。英语译文中形容词充当表语时,形容词语必须后置。

⑭她是当今最伟大的诗人之一。

译文：She is one of the greatest poets alive.

⑮到场的来宾中有一些外国新闻记者。

译文：The guests present included a few foreign journalists.

⑯仅这个委员会就有五名女委员。

译文：On this committee alone there are five women.

（3）某些以-ible或-able结尾的形容词。某些以-ible或-able结尾的形容词作定语，若与every、the only或形容词最高级连用，也常放在所修饰的名词之后。

⑰我们一定要用一切可能的办法来帮助他们。

译文：We should help them in every way possible (or in every possible way).

⑱这是这儿能找到的唯一一本参考书。

译文：It is the only reference book available here.

⑲工人们努力以尽可能快的速度提高产量。

译文：The workers are working to increase production at the highest speed.

⑳这是能想得出的最好解决办法。

译文：It is the best solution imaginable.

（4）某些分词。英语译文中某些分词用作定语时，也须后置。

㉑他收下了赠送的礼物，十分高兴。

译文：He was very glad to have accepted the presents offered.

㉒他要求有关人员都参加这项工作。

译文：He urged those concerned to participate in the work.

（5）表示位置、方向的副词。某些表示位置、方向的副词用作定语时，往往也放在所修饰的名词之后。

㉓这儿的书很有趣。

译文：The books here are very interesting.

㉔那边的那个工厂是我们公司办的。

译文：The factory there is run by our company.

㉕这是唯一的出路。

译文：It is the only way out.

㉖她去国外旅行了一趟，刚回来。

译文：She has just returned from her trip abroad.

3. 多个定语的排列顺序

英语有时把一系列作定语的单词放在所修饰的名词之前，但其顺序与汉语不尽相同，往往需要做适当的调整。在汉语中，几个定语连用时，常把最能表明事物本质的放在最前面，而把表示规模大小、力量强弱的放在后面。英语则往往相反，越是能表示事物基本性质的定语越要靠近它所修饰的名词。再者,往往根据定语和它所修饰的名词之间的关系来安排前后位置,定语和中心词关系愈密切,位置愈接近。如果关系远近难分,则按词的长短排列,短的在前,长的在后。所以,汉译英时,多个定语要按英语的习惯顺序仔细斟酌排列。

㉗中国将成为一个社会主义的现代化强国。

译文:China will be a modern powerful socialist country.

㉘各个国家正试图建立国际经济新秩序。

译文:Nations in the world are trying to set up a new international economic order.

㉙这是马克思主义认识论的不可动摇的基本原则。

译文:This is the unshakable fundamental Marxist epistemological principle.

4. 同位语作定语

此外,同位语在翻译中也可以当作一种定语来处理。同位语的位置在汉英两种语言中有同有异。英语中的同位语一般都跟在中心名词之后,汉语则比较复杂,有的加在中心名词之前,有的加在中心名词之后。

(1)保持原语序。汉语同位语加在作为中心词的代词后面,译成英语时一般都保持原语序。

㉚我们共产党人不畏艰险。

译文:We communists don't fear difficulties or risks.

㉛他们全体一致同意他对情况的分析。

译文:They all agree to his analysis of the situation.

㉜我们热烈欢迎你们,各条战线上的先进工作者,来参加这次大会。

译文:We warmly welcome you, advanced workers from various fronts, to the conference.

(2)移至中心名词之后。位于中心名词之前的同位语,译成英语时,语序大多都要发生变化,即将同位语移至中心名词之后。

㉝这是我们大学的校长刘先生。

译文:This is Mr. Liu, president of our university.

㉞陪同贵宾的有我们公司总经理王先生。

译文:The distinguished guests were accompanied by Mr. Wang, general manager of our corporation.

㉟老民兵李大叔走进司令部说:"我有情况要报告。"

译文:"I have something to report," said Uncle Li, an old militiaman, as he walked into the headquarters.

（五）状语顺序

汉译英时,状语位置的变换极为复杂。汉英两种语言的状语位置差别较大,且状语的位置并非十分固定,翻译时出于强调的程度、句子的平衡和上下文的关联等方面的考虑,状语的位置会发生变化。因此,在汉译英时首先要熟悉汉英两种语言状语位置的差异,然后按英语的习惯来调整安排。

1. 遵循英语状语语序习惯

汉语里,状语通常放在主语之后、谓语之前,但有时为了强调可放在主语之前。英语的状语位置则十分复杂。汉语句子里如有一系列状语,译成英语时,译文中的状语顺序必须依照英语语法和惯用法的排列习惯来安排。例如:

㊱她整天都工作。

译文:She works all day long.

英语中单个单词作状语通常放在它所修饰词的前面,这一点与汉语相同。英语中短语作状语时可前置可后置,而译成汉语时,大多数放在所修饰动词之前,而在少数情况下也可视表达习惯而放在后面。

2. 时间状语和地点状语

汉语句子中同时含有时间状语和地点状语时,时间状语一般放在地点状语之前。英语与此相反,通常把时间状语放在地点状语之后。

㊲我们得准点到达那里。

译文:We have to be there on time.

当一个句子中既有时间状语又有地点状语和方式状语时,英文中的习惯顺序是先方式状语,后地点状语,最后是时间状语;汉语则恰恰相反。此外,在时间状语和地点状语内部,汉语的时间顺序由大到小,即先说"年",再说"月",最后才说"日""时"等;地点上的顺序为国、省、市、县、乡、村等,而英语中的顺序一般由小及大。例如:

㊳IT industry has been developing rapidly in these years.

译文:近年IT业一直在迅速发展。

在上面的例子中,英文中的状语rapidly和in these years位于句尾,译为汉语时,根据汉语表达习惯,分别调到句首和主谓之间。

3. 方式状语

除了地点状语和时间状语外,如果还有方式状语,在汉语里的顺序通常是时间、地点、方式,而英语里一般是方式、地点、时间。

㊴他每天早晨在室外高声朗读。

译文:He reads aloud in the open every morning.

4. 状语前移

汉译英时,有时为了强调,把译文中的状语移至主语之前,即放在句首。例如:

㊵青年团在党的领导下,积极参加各方面的工作,做出了很大成绩。

译文:Under the Party's leadership, the Youth League has been active in every field of work and has a great deal to its credit.

㊶延安和陕甘宁边区,从1936年到1948年,曾经是中共中央的所在地,曾经是中国人民解放斗争的总后方。

译文:From 1936 to 1948 Yan'an and Shaanxi-Gansu-Ningxia border Region were the seat of the Central Committee of the Communist party of China and the general rear area of the Chinese People's struggle for liberation.

(六)句间顺序

在主从复合句中,英语和汉语的句间顺序不同。西方人习惯开门见山,先说明要点,或表明态度和观点,然后再叙事,阐述事情的原因或发生的条件。中国人习惯从侧面说出,先阐述外围的环境,最后点出话语的信息中心;通常表现为先摆明事情的来龙去脉,把事情或情况说清楚,再表明自己的态度和观点,给出一个简单的表态或评论。例如:

㊷Their booking could be canceled at the last minute if the weather is bad.

译文:但如果天气不好,他们的预订可能会在最后一刻被取消。

在上面的例子中,英文 if 所引导的状语从句位于句尾,而在汉语译文中根据逻辑顺序应该前置。

第九节　实述虚译与虚述实译

汉语重视形象思维,语言上更倾向于使用具体形象的词语来表达抽象的概念。英语重视抽象思维,倾向于使用抽象概念表达具体事物。从语义角度出发,汉语中有许多表示具体概念的词语往往有泛指意义或引申意义。翻译时用表示泛指意义的概括词语或表示引申意义的词语表达。(司显柱,赵海燕,2012:89)英汉翻译中的"虚"(abstract)与"实"(concrete)的转换主要涉及对英语抽象名词、副词和形容词的汉译。现代汉语的一些抽象词尾(如"性""化""度""品""主义"等)大多来自外语。例如,"××性"译自英语的"-ty""-ness""-ce"等(necessity译为"必要性"、correctness译为"正确性"、dependence译为"依赖性"),"××化"译自英语的"-ization""-tion"等(modernization译为"现代化"、abstraction译为"抽象化"),"××度"约等于英语的"-th"

"-ty"（1ength 译为"长度"、intensity 译为"强度"），"××主义"译自英语的"-ism""-ness"等（patriotism 译为"爱国主义"、slavishness 译为"奴隶主义"），"××品"则相当于英语的某些含义较广的名词（commodity 译为"商品"、narcotics 译为"毒品"、daily necessities 译为"日用品"）。

现代汉语虽然可以从外文中引进这类抽象的符号，但其应用的范围仍然有限，如Americanism 就不能译为"美国主义"，而应译为具体的词，如美国用语、美国发音、美国腔、美国习俗、美国方式等；realization 也不能译为"实现化"，而应译为具体的动词或名词，如"实现""认识""认清""了解""体会""领悟""变卖""换取"等。由于汉语缺乏像英语那样的虚化手段，常用较具体的方式来表达抽象的意义。汉语的一个重要特色是："实""明""直""显""形""象"的表达法，即措辞具体、含义明确、叙述直接，常常借助于比喻和形象，因而比较平易、朴实（down-to-earth style）。因此，本章所探讨的虚实转换是指把具体概念概括化，或抽象概念具体化。在汉英翻译中，通过虚实转换手段可以达到双语符号的语义对应。化虚为实在英译汉中能够"通行文，添文采，增加译文的可读性"，在汉译英中则能够"化症结，消梗滞，提高转换的可译性"，使译文生动、具体。

（一）实述虚译

英汉互译时，常常会遇到很难处理的词汇，从词典中找不到适当的对应表达，若按原文直译，会使译文晦涩难懂，不能准确表达原文的意思，使读者感到生硬别扭、莫名其妙。这时要从句子的语境或逻辑关系出发，对词义加以延伸或泛化，将从原文相对特定、具体的含义延伸为相对一般和抽象的概念，从而使译文流畅自然。例如：

①花园里面是人间乐园，有的是吃不了的大米白面，穿不完的绫罗绸缎，花不尽的金银钱财。

译文：The garden was a paradise on earth, with more food and clothes than could be consumed and more money than could be spent.

"大米白面"都是食物，"绫罗绸缎"全为衣物，"金银钱财"都指金钱，所以用 food、clothes 和 money 进行翻译。

②Alloy belongs to a half-way house between mixtures and compounds.

译文：合金是介于混合物和化合物之间的中间物质。

half-way 在词典中的释义为"半途的"或"中途的"。house 的意思是"房子"或"旅店"等，意义很具体。将"中途旅店"抽象化引申，译为"中间物质"，比较达意。

③那位老师异常了解孩子们的喜怒哀乐。

译文：The teacher had unusual insight into children's emotions.

"喜怒哀乐"生动具体地表达出了四种情感，但其实际指的是人类各种情感的总和，译成英语时根据译入语的表达习惯，只需 emotions 一词就能简洁明了地概括出汉语

"喜怒哀乐"四字所要传达的意义。

从上述例子可以看出,翻译过程中不应该盲目地把所有的成分都写实,有时候也需要适当虚化。也就是说,翻译者在翻译实践中如果遇到逻辑不通顺的地方,或者是遇到某些虽然看起来可以翻译但实际翻译后可读性很差的原文,不妨尝试从虚处着手,做两种翻译转换:一种是化具体形象的词为该形象所代表的属性的词,另一种是将带有特征性形象的词语引申为其所代表的概念的词。例如:

④I don't think you can have his ear.

译文:我看他不会听你的。

英文 ear(耳朵)的意义具体形象,而汉语译文用抽象词语"你的"表达"所说的话",意思更准确明朗,如果实述,反而就失去味道了。

⑤I had the muscle; they made money out of it.

译文:我有力气,而他们就利用我的力气赚钱。

英文 muscle(肌肉)较具体,但汉语译文不能照实对译,只能虚说为"力气",才能准确表达原意,否则,会让人误以为"卖肉赚钱"。

⑥At a first glance, people might think he looked a senator.

译文:乍一看,人们也许会认为他有元老风度。

senator 意为"参议员,(古罗马)元老院议员"。作者原意未必指此人像什么人,只是其风度有点像元老,所以不如虚化为"有元老风度",更显生动。

翻译中的实述虚化主要涉及对英语名词、副词和形容词三个方面的转化。

1. 对义聚合体词语的实述虚化

对义聚合体词语是指由同一上位词的各个子项构成的词语。对义聚合体可以由两项构成(如父母、兄弟等),也可由三项(如松竹梅、天地人等)、四项(如花鸟虫鱼等)或多项(如金木水火土、柴米油盐酱醋茶等)构成。对义聚合体要求结构整齐、音韵和谐。英语只有少数对义聚合体词语(如 Tom、Dick、Harry 是英美常见的人名,相当于汉语的"张三""李四",泛指普通人)。有些汉语聚合体词语虽然有相应的英语词语,如"兄弟(brother)、"姐妹"(sister)、"父母"(parents)等,但在翻译时不能简单地对号入座。比如"青年朋友我们手拉手,拉起手来就是姊妹兄弟……"(《祝福歌》)中,"姊妹兄弟"(sibling)并不具体指姐、妹、兄、弟,而是指所有的亲人(relatives);"兄弟"也是一样的,如"四海之内,皆兄弟也"。汉语对义聚合体词语表示泛指意义时,在翻译成英语的情况下,往往用概括性词语表达。例如:

⑦即使这九条大河游满了鱼虾螃蟹,河岸边的青蛙一起捉来下锅,恐怕也喂不饱这几十万张肚皮。

译文:Even if the place were endowed with nine rivers teemed with fish and shrimps, and even if all the frogs in the river were killed for food.

泛指鱼类时一般说"鱼鳖虾蟹",此例中的"鱼虾螃蟹"也是鱼的泛指,可译为fish。对于胜利了的人民,这(指政权)是如同布帛菽粟一样的不可以须臾离开的东西。

2. 形象词语的实述虚化

汉民族注重"观物取象",立象尽意,设象喻理,取象比类。比如,汉语中往往用形象可感的成语(如蚕食鲸吞、举棋不定、破釜沉舟、龙争虎斗等)来寓理。汉语用词倾向于具体,常常以具体的形象表达抽象的概念,以具体的形象表达抽象的内容。英语表达往往比较抽象,汉语则喜欢比较具体。例如:

⑧disintegration 土崩瓦解

⑨ardent loyalty 赤胆忠心

⑩total exhaustion 筋疲力尽

⑪far-sightedness 远见卓识

⑫careful consideration 深思熟虑

⑬perfect harmony 水乳交融

⑭feed on fancies 画饼充饥

⑮great eagerness 如饥似渴

⑯lack perseverance 三天打鱼,两天晒网

⑰await great anxiety 望穿秋水

⑱make little contribution 添砖加瓦

⑲destruction 危在旦夕

由上可知,形容词本身倾向于表达抽象的概念。在翻译时,含义需要引申才更容易理解。例如:

⑳Faults are thick where love is thin.

这句话表面意思为"爱情厚下去,错误薄下来",这种翻译不符合中文表达方式。这里thick包含隐含意义,所以译为:一朝情意薄,处处不顺眼。

需要特别注意的是,汉语中抽象词语虽缺乏,但有着丰富的形象表达方式,如习语、成语、谚语、歇后语、俗语和各种比喻等。

㉑Due to poor management, the venture is now at the end of its tether.

译文:那家企业因为管理不善,已到了山穷水尽的地步。

汉语中形象性的表达方式代替了原文中抽象概括性的词语,这使译文更地道。

英语中,有些语义概括的抽象词语通常可以和几个不同的词语搭配使用,而在汉语中这样的搭配通常是行不通的。例如:

㉒She had such a kindly, smiling, tender, gentle, generous heart of her own ...

译文:她心地厚道,性格温柔,气量又大,为人又乐观。

为了做到准确表达,我们要根据不同的搭配将其译为不同的具体化词语,这样才

更加符合译入语的表达习惯。

3. 副词的实述虚化

(1)副词转译为形容词后加名词。

㉓They have not done so well ideologically, however, as organically.

译文:但是,他们的思想工作没有他们的组织工作做得好。

(2)副词直接转译为名词。

㉔He is physically weak but mentally sound.

他身体虽弱,但精神矍铄。

(二)虚述实译

虚述是指汉语表达中对一些事物或人物特征进行高度抽象、概括。这种表述常渗入作者本人的情感、感受与观点,用词或绚丽华美,或诘屈聱牙,令人难以从目的语中找到相应的词汇。在这种情况下,译者就源语的信息内容入手进行实化处理,以保证译文的可读性。英语的名词化往往导致表达的抽象化。英语的抽象表达法(method of abstract diction)主要见于大量使用抽象词语的情况。这类名词含义概括,指称笼统,覆盖面广,往往有一种虚、泛、暗、曲、隐的魅力,因而便于用来表达复杂的思想和微妙的情绪。如:

㉕The signs of the times point to the necessity of the modification of the system of administration.

该句中的 necessity、modification 和 administration 均为抽象词语,在理解时应将之具体化,上句实际上可以改写为:

It is becoming clear that the administrative system must be modified.

改写之后再进行汉译,就简单很多:管理体制需要改革,这已经越来越清楚了。

英语和汉语中,都有用代表抽象概念或属性的词来表达一种具体事物的情况,翻译时一般可作具体化引申,把抽象表达转换为具体表达法,即把虚表达化为实表达。例如:

㉖ Fifty-four department stores in New York featured Rockefeller headquarters where literature was passed out to lady shoppers.

译文:纽约有54家百货公司起了洛克菲勒总部作用,因为他们向妇女顾客散发宣传作品。

抽象概念 literature(文学)在这里被实化为具体的宣传品,译文既顺畅又具有可读性。

㉗It is hard to get along with a man who blows hot and cold.

译文:同反复无常的人在一起是很难相处的。

英文中hot and cold原意是"冷、热",其概念虽然明确,但将其具体化为"反复无常"来描述人的性格,更能突出其形象,使读者认识到与原文表达相同的文化。

㉘It was Friday and soon they'd go out and get drunk.

译文:星期五发薪日到了,他们马上就会出去喝得酩酊大醉。

在英国每逢星期五发一次工资,称为周工资,这是英国人家喻户晓的事。可是中国人不一定都了解这情况,如果按原文的字面意义直译,泛指星期五,汉语读者就会纳闷为什么非要在这天出去喝醉。因此,不妨具体化处理,挑明星期五是发薪日,那么英语民族的习俗就被准确地表现出来了。

由上例可以看出,抽象名词在英语中的使用范围较广,但在用法上多是特指,往往在语境和搭配中实现其蕴含的具体语义,翻译时可由虚转实,以具体形象表达抽象内容,才能使译文通顺易懂。如果处理不当,译文就会晦涩难懂。因此,在进行英汉互译时,要抓住本质内容,对句子或词语进行妥善处理,使译文符合译入语的表达习惯。

因此,翻译之"实"主要指在翻译时要遵循忠实的原则,最大限度地传达原文所要表达的内容;而翻译之"虚"主要指打破原语言的结构束缚,摒弃翻译中同步转换的思想,增加译文的可读性。译者在进行外宣翻译时,必须首先确保对源文本信息的掌握,翻出的译文应尽可能符合目的语的表达习惯,使译入语读者能够准确理解译文,获得必要信息。

第十节　正反转换

虽然汉语和英语的表达方式以及句式结构不同,但这两种语言均有从正面或反面来表达一种概念的现象。例如标识语"Mind The Wet Paint"的正确译法应该是"小心油漆未干",如果从正面译为"小心湿油漆"就显得别扭了。再比如"Sorry No Vacancy"应恰当地译为"抱歉,客满",如果从反面译为"抱歉,没有空位",会让人感觉不自然。

正反、反正翻译法是翻译中最常见、最重要的技巧之一,也称"肯定和否定转换法"。英译汉时,大多数时候都是正说,而反说有时却更恰当,更符合译入语的表达习惯。如果原文从反面表达直译出来不合乎译入语习惯,就可考虑从正面表达,反之亦然。由于英汉两个民族思维方式以及认识事物的方法有别,所以经常出现两个民族的人从不同的侧面看待同一事物的现象,这样就使得英汉两种语言表达习惯上有不一致的情况,对同一概念出现从正面或反面来表达的情况。

英语中含有never、no、not、dis-、non-、un-、im-、in-、ir-、less-等表示否定的成分,汉语词句中含有"不""没""无""未""甭""孬""别""休""莫""非""毋""勿"等成分的为反说,不含这些成分的为正说。英文从正面表达,译文从反面表达。英语中,有些句子形式上或结构上是肯定的,但意义是否定的。汉译时,如找不到对应词语,则往往要翻译成否定说法。

（一）介词结构

介词 beyond、above 等结构,常可译为否定形式。例如:

①How the Vicar reconciled his answer with the strict notions he supposed himself to hold on these subjects it is <u>beyond</u> a layman's power to tell, though not to excuse.

译文:这位牧师对于这种事情既然有严格的观念,他对苔丝却又那样回答,观念与回答二者他怎样调和的,<u>简直不是</u>我们俗人所能明白的,不过他这种办法,我们倒可以原谅。

（二）形容词结构

形容词 far from、free from 等,一般译为否定结构。例如:

②All these pieces of furniture seemed to have been recently brought in, for an observer, had there been one, would have seen that all were <u>free from</u> dust, whereas everything else in the room was pretty thickly coated with it.

译文:这些家具好像都是新近购入的,因为一个观察者,如果有的话,就可以看得出来,这些家具上<u>一点灰尘也没有</u>,而房间里其他一切的东西都被厚厚的尘封着。

③Was he just a towny college as like Robert Garton, as <u>far from</u> understanding this girl?

译文:难道他跟罗伯特·加顿一样,不过是城里的一头大蠢驴,同样<u>不了解</u>这个姑娘吗?

④But it seemed that both his audacity and his respect were lost on Miss Daisy Miller.

译文:可是看来黛茜·密勒小姐对他的大胆和恭敬都<u>没大理会</u>。

（三）名词结构

有些名词或者名词短语,由于和别的词的搭配关系,产生了否定的意义,这时一般也译为否定结构。

⑤Herb may be dying somewhere, calling out for his mum and dad, and only <u>strangers</u> around him.

译文:赫伯也许正在什么地方快死了,嘴里喊着爹妈,而周围连<u>一个亲人也没有</u>。

⑥And there they sit reading and dreaming the dear God knows what, when they'd be better spending their time hunting and playing poker <u>as proper men should</u>.

译文:他们这才坐着读起来,做起梦来,连打猎也可以不去,扑克也可以不打,<u>简直</u>

不像男人。

（四）动词结构

⑦The claims mentioned above shall be regarded as being accepted if the Sellers fail to reply within 30 days after the Sellers received the Buyer's claim.

译文：若卖方收到上述索赔后30天内未予答复，则认为卖方已接受买方索赔。

⑧They are queer folk, and it's best that they keep their queerness to themselves.

译文：他们是一种怪人，所以最好是让他们独处，免得把这种怪气传到别人那里去。

（五）副词结构

副词短语 instead of、other than等，一般译为否定形式。有时，在最高级的结构中，为了达到和原文相同的修辞效果，有些副词也要进行肯定和否定的转换。

⑨In her distraction, instead of advancing further she walked up and down, beating the air with her fingers, pressing her brow, and sobbing brokenly to herself.

译文：她心烦意乱，不是向前走，而是来回徘徊，用手指拍击着空气，按着额头，断断续续地暗自抽泣起来。

⑩Eugenio's our courier. He doesn't like to stay with Randolph—he's the most fastidious man I ever saw.

译文：犹吉尼欧是我们的听差，他不喜欢和冉道尔夫作伴——我从来没见过他这样挑剔的人。

（六）半否定词

英语中的几个半否定词 scarcely、hardly、seldom、barely、rarely 一般译为否定形式或隐含否定意味的词语。例如：

⑪There is little the hotel management can do to help.

译文：店方帮不了多少忙。

原文中用了 little 这个词来表示否定的意义，但在形式上没有 not 这样的否定词。因此，在翻译时，译者应该把英文中的否定意义表达出来。

（七）英语从反面表达，译文从正面表达

英语中，有些句子在形式或结构上是否定的，但意义是肯定的。

⑫None but Jane could do this crossword puzzle.

译文：只有简才做得出这个填字游戏。

⑬The United Nations Organization has not, so far, justified the hopes which the people of the world set on it.

译文:到目前为止,联合国辜负了世界人民寄予的希望。

⑭Suddenly he heard a sound behind him, and realized he was <u>not alone</u> in the garage.

译文:他突然听见背后有声响,便<u>立刻</u>意识到车库里<u>还有别人</u>。

⑮The guard, the coachman, and the two other passengers eyed him <u>distrustfully</u>.

译文:护卫、车夫还有那另外两个旅客都满腹狐疑地看着他。

⑯Sorry, We <u>Cannot</u> Accept Personal Checks

译文:<u>谢绝</u>接受个人支票

⑰Under 19 <u>No</u> Tobacco

译文:19岁以下<u>谢绝</u>购烟

(八)英语从正面表达,译文从反面表达

英语中,有些句子在形式或结构上是肯定的,但意义是否定的。

⑱<u>Stand Clear</u> Automatic Sliding Door

译文:自动滑门 <u>请勿</u>停留

⑲Thank you for <u>keeping off</u> the grass!

译文:<u>请勿</u>践踏草坪!

⑳This hill <u>closed to public access</u> due to the tornado damage.

译文:由于龙卷风造成的破坏,此山<u>不对公众开放</u>。

㉑Authorized <u>Personnel Only</u>

译文:非公<u>莫入</u>

正反视角转换是一个很有用的翻译技巧,虽然说法变了,意思还是原来的。之所以要改变,主要是由于词语之间的关系、句式的变化、习惯表达等。"正话反说,反话正说"是提高译文水平的有效方法之一。(周婷,2017:80)

翻译旨在传达源语信息,包括语义信息、文化信息和文体信息。其中传达语义信息是翻译的基本要义。翻译实践告诉我们,如果语义信息、文化信息和文体信息不能兼顾,只好取语义信息而牺牲其他信息。传达语义信息必须从汉英语言的语义结构入手,切忌逐词逐句对译。由于汉英语言的文化和结构差异,翻译时不仅要进行语言结构调整,以求合乎译语规范,还要进行虚实转换,以求双语符号的语义对应。

资料

本章需要特别指出的是在翻译实践的过程中,大家可以借助以下线上词典:

1. 剑桥词典（Cambridge Dictionary）

网站地址：https://dictionary.cambridge.org/us/

剑桥词典是针对英语学习者的语料库词典，对正在准备剑桥英语考试和雅思考试的人是非常理想的查词工具。除了查单词，该词典还有翻译和语法的模块，讲解细致。与其他词典相比，剑桥词典的释义更加简洁准确。

同时，词典还设立了一个 Grammar 语法栏目，对一些易错语法知识点进行解释，非常实用！

2. 韦氏词典（Webster Dictionary）

网站地址：https://www.merriam-webster.com/dictionary/dictionary

韦氏词典是美国人最信赖的在线词典。该词典涵盖了英语词汇的含义和发音，其最大特色是详列了所查词汇的同义词、反义词，便于学习者比较、记忆。

韦氏词典为英语学习者和以英语为母语的人提供了从初级到高级的词汇及其用法。实际上，韦氏词典收录的例句非常丰富，但在其他词典上找不到。由于它是美系词典，因此比较全面地收录了很多美式英语用法。

3. 牛津高阶英语词典（Oxford Advanced Learner's Dictionary）

网站地址：https://www.oxfordlearnersdictionaries.com/

该词典是《牛津高阶英语词典》对应的在线版本。牛津词典对于大家来说都不陌生，词典释义准确简洁，例句丰富，准确性很高，适合初学者。

该词典设计了短语搭配以及文化背景知识的模块，有助于大家记忆单词，同时了解词汇的使用情境。

4. 麦克米伦词典（Macmillan Dictionary）

网站地址：https://www.macmillandictionary.com

麦克米伦词典是英国的老牌词典，包含丰富的短语及固定搭配，例句丰富，且全部来自真实语料，贴近生活，纯正地道。很多词典上查不到的短语它都有收录。

第四章　文体与翻译

任何语言都有不同的功能变体以满足不同场合的需要,而且从语言层面看,这些功能变体在相应场合下通常呈现出较为稳定的、自身的特征,这样的功能变体就是语言的文体。借助功能文体学的理论,大致将其分为两大类:一是普通文体,即日常交际生活中常用的语言变体,如商贸文体、新闻文体、科技文体等实用文体;另一类为文学文体,即人们用以进行艺术创作的文体,如诗歌、小说和戏剧等。

一、实用文体的概念及其翻译

(一)实用文体的概念

随着全球化、本地化的不断发展和翻译事业发展的需要,翻译工作逐渐由以文学名著、社科经典为主要翻译对象的文学翻译阶段,步入以实用文献为主要翻译对象的实用文献翻译阶段。区别于传达有较强情感意义或美学意义的文学翻译,实用翻译是以传达信息为目的的,涉及对外宣传、社会生活、生产领域、经济活动等方方面面。实用翻译,也称作应用翻译(applied translation,practical translation,pragmatic translation)。需要注意的是,英文 pragmatic translation 既可以指语用翻译方法,也可以指应用翻译。实用文体是人们在日常工作和社会生活中处理公私事务时常用的具有直接使用价值和某种固定程式的各种文章的总称,包括人们用来解决和处理日常工作、学习、生活中的实际事物和问题,有直接应用价值,有约定俗成的表达要求且行文简洁的各类文章。实用文体是一种用途非常广泛的文体,从语言较随意的便条、简明的电报等到极其规范的公函、合同、协议等,都属于实用文体的范畴。

从语言翻译服务来看,实用文体的应用领域非常广泛。按服务内容来看,包括科学技术、文学艺术、军事科学、民族语文、社会科学、对外传播、外事翻译、翻译理论与翻译教学、翻译服务等九个,具体涵盖录取通知书、学位证书、毕业证、成绩单、身份证、驾驶执照、护照、营业执照、单身证明、公证书、结婚证、离婚证、邀请函、居住证、预防接种证、商业信函、传真电传、企划计划、科研报告、财务分析、审计报告、销售手册、公司章程、合同协议、备忘录、公司简介、产品目录、新闻发布、行业标准、技术标准、产品说明、目录手册、安装手册、使用说明、标书文件、法律法规、管理规定、公告通知、行业管理规定、公司管理规定、著作剧本、影视对白、信息产业、应用软件、游戏软件、学习软件、网站网页、原版带翻译等。

对实用文体而言,要适应行文的语体风格,如告知性的文章应简明,请示性的文章应恳切,商洽性的文章要委婉;要分清与行文对象之间的关系;要注意使用雅语敬语等,掌握好分寸;要注意运用相关的专用语。

实用文体最基本的特点是"用",对象明确,时效性强,格式固定,文字简约,这决定了实用文体有如下特点:

(1)文体的实用性,指该类文体在处理公共事务和私人事务中具有实际应用的价值(包括内容的现实性和时效性)。

(2)内容的真实性,指该类文章的内容必须是以事实为依据,不得虚构和杜撰,文中所涉及的事实和数据材料等都要真实、准确,不得有任何的艺术加工,否则将承担因不真实带来的法律或者行为后果责任。

(3)体例的规范性,指该类文体因目的的不同而需要选用不同的文种和适应不同的格式要求。应用文体的规范性主要表现在两个方面,一是文种的规范,二是格式的规范。

(4)语言的简明性,指为了节约时间,提高办事效率,该类文章以言明事实、解决问题为主旨,在语言上力求简洁、明确。

(二)实用文体的翻译

翻译的目的是用译入语再现原文的文体特征,强调译文的得体性。应用文翻译的本质是"信息"的传达,侧重于事实性信息,其美学和文化信息处于次要地位。

应用文翻译的信息所形成的社会效应取决于受众的民族语言文化、思维方式、期待心理认知能力、关系等制约参数,只有在满足这些因素的前提下才能达到信息传递的最佳效度。故信息传递是一种系统内动态的、可调节的传递过程,并非一个简单的"忠实"原则所能说明。

本章结合大量的不同类型的应用文本的翻译实例,如科技翻译、商业广告翻译、外宣文本翻译以及公示语翻译等,深入探讨不同文本的翻译策略和方法。文本功能不同,翻译方法各异,因而应用翻译应从文本的类型和功能角度出发,结合翻译目的,采取行之有效的翻译策略和方法。

为便于讨论,本章将采用宏观分类法,以功能、目的为标准,将文体大致归为应用文体和文学文体,并就两大类别中的小类进行详细论述。集中讨论科技、新闻、旅游、广告、商务、法律、医学等七类应用文体和以小说为代表的文学文体的翻译。首先需要指出的是,应用文体虽以信息传递或思想交流为主要目的,某些类型却也具有一定的表情功能,以广告文体为例,其中就不乏鼓动、激励、劝说等成分。尽管如此,我们仍不拟将其归入文学文体之列,其原因是,广告与讲演文体以信息传递为核心功能,情感功能不过是用来强化信息传递的辅助手段,整体上并不能改变这些文体的根本属性与特征。

二、文学文体的概念及其翻译

(一)文学文体的概念

文学又称为"语言艺术",文学文体是用语言文字的形式将地区的文化记录下来,是作者通过想象创造、虚构的供欣赏的语言变体,它是社会意识形态的具体体现。(王俊忠,2018:10)文学文体是语言寄情功能最典型和最充分的运用,它不像科技文体那样以客观的陈述和抽象的议论传播信息,而是借助形象思维和主观抒发来激发读者的感情。典型的文学语言可以具有强烈的感情色彩和丰富的隐含意义,还追求结构布局的形式美和音韵节奏的音乐美。文学文体的一个基本特点是它可以通过各种语言技巧、修饰手段和文学手法的运用,在字面表层意义以下取得丰富深邃的含义。(董晓波,2013:224)

(二)文学文体的翻译

"四分法"是目前对于文学翻译较为标准的一种分法,即为散文翻译、小说翻译、诗歌翻译和戏剧翻译四类。诗歌是作者以抒发强烈情感为中心,通过丰富、新奇的想象和富有节奏、韵律的语言,集中、精练地反映社会生活的一种文学体裁。小说是作者在文学写作过程中以塑造人物为中心,通过描述特定的故事情节和具体的生活环境,深刻地、多方位地反映社会生活的文学文体。散文最初的界限并不明显,人们把那种以创造情境为中心,通过广泛灵活的选材和情文并茂的构思,用短小精悍的真实性语言来反映社会生活的文章称为散文。戏剧是为戏剧表演而创作的剧本,同时具有文学性与舞台性。(吕兴玉,2017:180)文学文体的翻译不仅仅是语言外形变异的过程,而且是语言艺术的再创造过程。

第一节　科技文体翻译

从1978年左右起,我国学者以介绍"科技英语"(EST)为契机打开了研究ESP的大门。(龚苗,2016:1)从英语的角度看,专门用途英语(English for Specific Purposes,ESP)以学习者交际功能的实际需要为标准将实用文体分为三大类:科技英语(EST)、商业经济英语(EBE)和社会科学英语(ESS)。每大类又分为学术英语(EAP)和职业英语(EOP)两部分。

科技文章有时会使用视觉表现手段(visual presentation),这也是其文体的一个重要特征。科技文本中常用的视觉表现手段包括各种图表,如曲线图、设备图、照片图和一览表等。图表具有效果直观、便于记忆和节省篇幅等优点。如同语言的其他功能变体一样,科技文体并没有独立的词汇系统。除了专业术语和准专业术语之外,科技文章也使用大量的普通词汇,包括一般的实义词和用来组织句子结构的语法功能词(如介词、冠词、连接词等)。只是由于科技文体具有特殊的交际功能和交际范围,人们才逐渐认识到这种语言变体的重要性。

一、科技文体的主要特征

现代英语科技文体在文体风格及语言要素方面与现代汉语科技文体有许多相同之处,具有以下几个主要特征。

(一)文体正式

作为严肃的书面文体,科技文章用词准确,语气正式,语言规范,避免口语化的用词,不用或少用I、we、our和you等第一、二人称的代词,行文严谨简练。例如:

①The burning of coal is very wasteful of energy. This can be realized when we remember that one pound of coal burned in the furnace of a power station will raise enough steam to drive a generator that will produce enough current to light a one-bar electric fire for three hours. On the other hand, if all the energy in the atoms of a pound of coal could be released there should be enough energy to drive all the machinery in all the factories in Britain for a month.

译文:燃煤是一种能源浪费。我们知道,一个电站的燃炉中燃烧1磅煤产生的蒸汽,可驱动1台发电机产生可供一支电炉丝工作3小时的电流。另一方面,1磅煤的原子中全部能量释放出来,可产生足以使英国所有工厂的所有机器工作1个月的能量。

(二)高度的专业性

众所周知,科技文章(科普文章除外)均有专业范围。一般来说,其读者是"本专业"的科技人员,至少说文章不是为"不专业"的读者而写的。因此科技文章使用的专业术语比较多。专业术语是构成科技理论的语言基础,其语义具有严谨性和单一性,采用专业术语写作能使文章更加准确、简洁。

②It is possible to prove that as the number of tosses of a coin is increased indefinitely, or "to infinity," so the binomial distribution becomes identical with the normal distribution for each kind of random event there is an underlying distribution. The normal or Gaussian distribution is very important because it arises very often in practice and also because it is very important in theory. Many distributions like binomial tend to become more and more like the normal as the numbers of events or the size of the sample increases.

译文:可以证明,当掷币次数无限增加或"趋于无穷多"时,二项分布将趋于正态分布。对于每个随机事件来说,它们都有一个基础分布。正态分布或称"高斯分布"它非常重要,因为它经常发生在实践当中,并且在理论上也十分重要。许多分布,如二项分布,随事件数或样本大小的增加而愈来愈趋于正态分布。

（三）陈述客观、准确

科技文章是反映客观事物的,文章中不能掺杂作者个人的主观意识,对客观事物的陈述必须客观、准确。例如:

③Aptly tiled, this text concentrates on the physical metallurgy of heat treatment, whereas most physically metallurgy texts are not directed specific ally at heat treatment phenomena, even in part, this complete text is devoted solely to the topic. The industrialist will be disappointed that many aspects of heat treatment, such as atmosphere production and control, and properties of quenching are missing. Indeed, gas carbonize is dismissed in less than 2 pages, but principles of annealing, hardening and tempering, and age-hardening are adequately covered. In view of the low price, this text may well be worth acquiring by those closely concerned with industrial heat treatment, practice who lack an adequate physical metallurgy textbook. The omissions and to a lesser extent, the obvious problems involved in translating from Russian should be borne in mind.

译文:这本教科书书名贴切,集中介绍了热处理物理冶金学。大多数物理冶金学教材未专门阐述热处理现象,甚至连部分阐述也没有,而这不完整的教科书却专门论述了这一课题。企业家们会感到失望的是,热处理中的许多方面,例如大气压的产生和控制,以及淬火剂的性能等均未被列入。气体渗碳也的确不到两页的篇幅,但是,对退火、淬火和回火以及时效硬化等方面的原理都做了充分的讨论。由于此书价格低廉,很值得那些与工业热处理技术密切相关而又缺少合适的物理冶金学教科书的人员购买。对于缺漏的内容以及次要一些的俄文翻译过程中出现的明显问题敬请见谅。

这是一则简短的科技教科书的书评。书评虽短,内容却很充实,具有科学性。原文与译文都做到了客观地陈述和反映事物,尤其是,译文对原文中出现的有关冶金学方面的词汇,按专业要求准确地译成汉语术语,如将physically metallurgy of heat treatment译成"热处理物理冶金学",将 annealing, hardening and tempering and age-hardening 译成"退火、淬火和回火、时效硬化",这些都是汉语中标准的冶金专业词汇。

一种特定的语言文体往往服务于一种特定领域的经验或行为,而这种语言可以说有自己的语法与词汇特征。毫无疑问,科技文章也有其语法与词汇特征,为了写好这类文章,作者有必要了解和熟悉这些特征。

二、科技文体中词汇翻译策略

科技文献在英译汉的翻译实践中有一些常用的策略和技巧,现介绍如下。

(一)直译

所谓"直译",就是直接译出词的指示意义。直译的具体方法有3种。

1. 移植(transplant)

移植就是按词典所给出的意义将词的各个词素的意义依次翻译出来,这种方法多用于派生词和复合词。例如:

④microfilm 微缩胶片

⑤supercomputer 超级电脑

⑥antiballistic missile 反弹道导弹

⑦database 数据库

⑧key-click filter 电键声滤除器

⑨microwave 微波

移植可能遇到的最大问题是,对于同一个词或词素,词典可能给出多个对等的词或字。要想使译文通顺,就要根据题材(即所涉及的专业)和词语的搭配来确定这个词的词义,选择最符合所译专业的术语规范来表示。例如英语中的后缀-er、-or,一般意义是"做……的人",但在不同的题材或专业中,它可以译成"……器""……机""……盘""……装置""……源"等。例如:

⑩compressor 压缩机(机械)

⑪programmer 程序设计装置(计算机)

⑫projector 辐射源(光学)、放映机(机械)

⑬capacitor 电容器(电)

⑭distributor 配电盘(电)、燃料分配器(机械)

2. 音译(transliteration)

音译是翻译专有名词如人名、地名等时采用的一种方法。除此之外,有些用来表示新材料、新产品、新概念、新理论的词,或是一些用来表示药名、商标名称、机械设备

名称的词,以及一些缩略名词,也可以借助音译。请读下例:

⑮penicillin 盘尼西林(青霉素)

⑯vaseline 凡士林(石油冻)

⑰Cherokee 切诺基(吉普车)

⑱watt 瓦特(功率单位)

⑲farad 法拉(电容单位)

⑳bit 比特(二进制信息单位)

㉑radar(radio detection and ranging)雷达

㉒sonal(sound navigation and ranging)声呐

一般说来,音译按照译音表译出即可。但是,有些词若仅仅音译,其意思很不清楚,此时有必要加上一些词来表明所指事物的用途或属性。例如:

㉓rifle 来复枪

㉔tank 坦克

㉕card 卡片

㉖AIDS 艾滋病

3. 象/形译(pictographic translation)

英文中常用字母或词描述某种事物的外形,汉译时也可以通过具体形象来表达原义,这称为"象译"。请看下例:

㉗I-shaped 工字形

㉘cross-road 十字路口

㉙Y-connection Y形连接

㉚T-quadripole T形四端网络

㉛zigzag wave 锯齿形波

㉜U-shaped magnet 马蹄形磁铁

科技文献中涉及的型号、牌号、商标名称及代表某种概念的字母,可以不必译出,直接抄下即可,称为"形译"。例如:

㉝Q band Q波段(指8毫米波段,频率为36~46千兆赫兹)

㉞p-n-p junction p-n-p结(指空穴导电型—电子导电型—空穴导电型的结)

㉟TO-5 package TO-5型封装(指集成电路的一种方式,即圆筒形封装)

(二)意译

所谓"意译",则是译出词的隐含意义。随着科学技术的不断进步,新概念、新工艺层出不穷。科技工作者为了使自己的观点或技术容易为大众所接受,将很多的生活词汇、神话传说引入科技词汇。由于英汉两种文化间的差异,有时候需要意译,使用的具体方法有推演（deduction）、引申（extension）和解释（explanation）等。

1. 推演

推演是指不能简单地照搬词典，或者将词拆开为词素后逐个译出。它要求译者根据词典所给的意义和原文具体的语境推断出某个词的词义。译文要包含的不仅仅是原文单词的指示意义，还包含它的隐含意义。例如，space shuttle 的字面意思是"太空穿梭机"，但是此处的 space 指的是"航天"，而 shuttle 则是指往返太空与地球之间，形似飞机的交通工具，因此译成"航天飞机"。这种译法就是通过原文的指示意义和隐含意义推演而来的。

2. 引申

引申指的是在一个词所具有的基本词义的基础上，进一步引申，选择比较恰当的汉语来表达。如 brain 的基本词义是"大脑"，引申意义是"智力"，因此 brain trust 就可以引申为"智囊团"，brain drain 就可引申为"人才流失"。再如 heavy 的基本词义是"重"，heavy crop 可引申为"大丰收"，heavy current 可引申为"强电流"，heavy traffic 可引申为"交通拥挤"。必须指出，引申词义不能超出基本词义所允许的范围。

3. 解释

解释是一种辅助性的翻译手段，主要用来解决通过上述方法不能解决的问题。如 hood heal，借助解释的方法，将其译成"（人体）血液正常温度"。这一方法大多用于个别初次出现而意义又比较抽象，且含义比较深刻的名词或专业术语。但是，在找到这些词更为恰当的译法后，应该立即使用新译法。

总之，词的翻译方法很多，如从修辞的角度进行概括的替代法（substitution），从语法角度进行说明的转换法（conversion），从形式上进行分析的增词法（amplification）、减词法（omission），等等。

三、科技文体中语句的翻译

句子的翻译与词的翻译一样，也分为直译与意译。虽然科技翻译比较注重直译，但意译仍是重要手段。意译要求摆脱原文表层结构的束缚，用译文恰当的表层结构再现原文的深层结构及其思想。下面根据科技英语的句法特征，介绍具体的翻译方法。

（一）名词结构的译法

1. 将名词词组扩展成句子

㊱The slightly porous nature of the surface of the oxide film allows it to be colored with either organic or inorganic dyes.

译文：氧化膜表面具有轻微的渗透性，因而可以用有机或无机染料着色。

㊲This position was completely reversed by Haber's development of the utilization of nitrogen from the air.

译文:哈普发明了利用空气中的氮气的方法,这种局面就完全改变了。

2. 将名词词组转换成动宾结构

㊳Two-eyed, present-day man has no need of such microscopic delicacy in his vision.

译文:普通的现代人看物体时不需要这种显微镜般的精密程度。

㊴The testing of machines by this method entails some loss of power.

译文:用这种方法测试机器会损失一些功率。

3. 将作定语的名词词组转换成状语

㊵A great deal of success in cheapening the process has been achieved in the last few years.

译文:过去几年里,在降低此过程成本方面已经取得了巨大的成功。

4. 将定语从句转换成并列句子、状语从句等

㊶This is an electrical method which is most promising when the water is brackish.

译文:这是一种电学方法,它最有希望用于略含盐分的水。(并列句子)

㊷Nowadays it is understood that a diet which contains nothing harmful may result in serious disease if certain important elements are missing.

译文:现在,人们懂得,如果食物中缺少了某些重要成分,即使其中不含有任何有害物质,也会引起严重的疾病。(状语从句)

复合名词词组的译法很多,但离不开语义关系和语言习惯。例如,the flow water 直译为"水的流动",意译为"水流"、"流水"或"流动的水",这都符合语义要求和汉语习惯。

（二）被动语态的译法

科技英语多使用被动语态,大量的及物动词可以用被动式,不少相当于及物动词的短语也可以用被动式。汉语则不然,被动式使用较少,叙述行为时多用主动式。因此,在英汉互译过程中,能否正确处理好语态转换问题尤为关键。英语的被动语态在译成汉语时有2种可以借鉴的表层结构:正规被动句、当然被动句。

1. 正规被动句

正规被动句通常是由介词"被""叫""让受""为"等引起的被动结构。

㊸In the 16 months since the first graft, the ersatz skin has not been rejected by any of the patients。

译文:第一次植皮后的16个月内,人造皮肤在每一个病人身上都没有受到排斥。

2. 当然被动句

汉语动词的语态在很大程度上取决于句子的深层结构,而不在于表层结构。表层结构的主谓关系,可以表达深层结构中的动作—受事关系。换言之,将英语的被动句译成汉语的主动句。例如:

㊸A new device was put in the chimney and so no harmful dirty smoke spread out.

译文:一种新的装置装入了烟囱,从而有害的烟便不再冒出来。

(三)动词的转译

汉语是较为动态的语言,动词的使用频率高,而科技英语中抽象名词的使用更多,动词的使用频率更低,所以,翻译时需将汉语科技文本中的大量动词适当转译为名词、介词、形容词等。

1. 动词转译为名词

一般说来,英语句子的主语和宾语都是名词,如果汉语句子中的主语或宾语是动词短语的话,需要通过转译把动词转换为名词,以符合英语句子的语法要求。

㊺暴露于强光下会缩短储存期。

译文:Exposure to bright light may shorten storage life.(主语转译)

㊻皮脂腺的发育和分泌受到雄性激素的调控。

译文:The growth and secretion of sebaceous glands are controlled by testosterone.(主语转译)

㊼质量部门应对工艺过程实施必要监控,以确保符合工艺规范。

译文:The Quality Department shall monitor the process as necessary to ensure the compliance with the process specification.(动词宾语转译)

㊽动物体色的差异是其适应生存环境的结果,也是长期演化的结果。

译文:The different body colors of animals result from their adaptation to the living environment and from the long-term evolution.(介词宾语转译)

㊾生病的重要原因是阴阳两方面失去平衡。

译文:The major cause of sickness is the loss of harmony between yin and yang.(表语转译)

汉语的动词短语要转换为英语名词短语,一般是把主要动词转译为抽象名词,动宾结构"V+O"转变为名词化结构"the+N+of+O"(其中 N 是 V 的派生名词)。当然,也有把宾语放在派生名词之前构成短语的情况。另外,如果动词短语带有施动者,是"S+V+O"结构,一般是把动词转译为抽象名词,"S+V+O"转变为名词化结构"S's+N+of+O"(其中 N 是 V 的派生名词)。例如:

㊿通过电线传输电能是电力系统中的一大问题。

译文：The transmission of electric energy through wires poses a problem in the power system.

汉语动词量较大，在动词迭出的情况下，将一些动词转化为名词，可以使信息较为密集地连接在单个英语句子中。

(51)裂纹形成表明零件失效。

译文：The emergence of crack indicates part failure.

(52)如果采用金属管连接，则各连接件必须由相同金属制成。

译文：If metal pipe connections are employed, they shall ali be of the same metal.

2. 主语转译为谓语

如果英语原文中的主语是由含有动作意义的名词充当的，而且这个名词在译文中也具有谓语动词的意义，适宜充当谓语成分，那就可以考虑将它译成谓语。

(53)The protection of the ear to reduce sound pressure on it is necessary if the ear is to be subjected to noise at a sound pressure level more than 85 decibels continuously.

译文：如果耳朵要连续承受85分贝以上的噪音，则必须保护耳朵以降低它所承受的声压。

(54)Care must be taken at all times to protect the instrument from dust and damp.

译文：应当始终注意保护仪器，使其不沾染灰尘和受潮。

英语句子中作谓语的动词在英译汉时有时候要转译成名词才符合汉语的表达习惯，并在句子中充当主语成分。例如：

(55)Neutrons act differently from protons.

译文：中子的作用不同于质子。

对于科技文中大量的名词化结构，在翻译的时候需要根据中文习惯尽量简化。比如“Archimedes first discovered the principle of displacement of water by solid water.”，其中of displacement of water by solid water是名词化结构，翻译的时候可以简化为“固体排水”。（马娟，2013：79）

总之，科技文献是按一定规律和习惯组织起来的一种特殊文体，其翻译既有专业性，又有一定难度。译者除了要精通外语、广泛实践之外，还需掌握大量的专业知识，准确运用专业词汇，熟悉科技文献的表达方式和翻译技巧，这样在从事科技英语的翻译工作时才会得心应手，事半功倍。

第二节 新闻文体翻译

一、新闻文体翻译的定义与分类

新闻文体的翻译主要包括新闻标题的翻译、导语的翻译、新闻报道的翻译、新闻特写的翻译和新闻评论的翻译。新闻翻译是把用一种文字写成的新闻（源语新闻，news in language A）用另一种语言（译语语言，language B）表达出来，经过再次传播，使译语读者（Language B readers）不仅获得源语新闻记者所报道的信息，而且还能得到与源语新闻读者（Language A readers）大致相同的教育或启迪，获得与源语新闻读者大致相同的信息享受或文学享受。

按照事件的性质，新闻可分为硬新闻（hard news）和软新闻（soft news）两大类。硬新闻也就是纯新闻消息报道，指题材严肃，具有一定时效性的客观事实报道；软新闻是指情感味浓，写作方法诙谐、轻松幽默的社会新闻，不注重时效性。

新闻按地域分有：国际新闻、国内新闻、本地新闻。

按内容分有：科技新闻、政治新闻、财经新闻、法律新闻、军事新闻、文教新闻、体育新闻、娱乐新闻、卫生新闻等。

按事件发生的状态分有：突发性新闻、持续性新闻、周期性新闻。

按事件发生与报道的时间间隔分有：事件性新闻和非事件性新闻。

按新闻事实的意义分有：典型新闻、综合新闻、系列新闻。

按传播渠道和信息载体分有：文字新闻、图片新闻、音像新闻等。

按体裁和形式分有：消息报道、快讯、调查报告、特写、社论、评论等。新闻体裁的多样性决定了新闻翻译要根据不同的内容和体裁选择不同的语言表达手段，做到文体适切。

二、新闻标题的句法构成与翻译技巧

（一）新闻标题的句法构成

英语新闻标题可以使用完整的句子（包括各类从句、祈使句、疑问句），也可以使用名词、名词短语、单词的首字母、缩略语、介词短语等；谓语动词多使用一般现在时代替过去时，动词不定时代替将来时；非谓语动词多用动名词、动词不定式、分词等。英文标题少用或不用新闻英语一般遵循的"ABC"原则，即报道内容准确（accuracy），语言文字简洁(brevity)和结构条理清晰(clarity);标题中很少掺用形容词或副词,以求准确、简洁与客观。而中文标题多出现形容词或副词。如在报道某个会议开幕或结束时,中文标题常用"隆重召开"或"圆满结束"等词,而英文标题则直接用opens或closes,如果译成 successfully convened 或 fruitfully concluded,反而画蛇添足。

新闻标题的句法构成有如下几种类型。

1. 完整句子作标题

完整句子包括简单句、各类从句、祈使句、疑问句,这些都可作新闻的标题,翻译时最好译成汉语的词或词语形式,而不是一句话,句末不用标点符号,体现标题的特点。例如:

①World Eyes Mid-East Peace Talks (eyes 相当于 watches、observes)

译文:世界关注中东和平谈判

2. 名词、名词短语、介词短语作标题

标题可以是一个名词、名词的缩略语,或由前置定语或后置定语修饰的名词词组,也可以是一个介词短语。翻译时应注意标题中的省略部分,能直译的直译,不能直译的要按照新闻的中心要点进行意译加工。例如:

②A Road to the Cosmos

译文:通向宇宙之路

3. 有非谓语动词的标题

标题中常用动名词(短语)作主语,不定式表示将来式,"名词+现在分词(短语)"的结构表示将来或正在进行的动作,"名词+过去分词(短语)"的结构表示被动意义。

③Six Black Countries to Hold Summit

译文:非洲六国将举行首脑会议

④Japanese Rocket Launch Delayed

译文:日本政府决定推迟火箭发射日期

4. 有标点符号的标题

用标点符号把标题中的中心词与修饰说明性词隔开,以突出中心词,或表示为同位结构,引起读者注意,翻译时可灵活处理。例如:

⑤The Oceans—Man's Last Resources

海洋——人类最后的巨大资源

(二)新闻标题的翻译技巧

1. 直译

英语标题的含义清楚,译成汉语后读者不至于产生理解上的困难,可考虑采用直译。

⑥Putin Faces Harsh Press Criticism Over Terror

译文:普京因恐怖事件受媒体严厉批评

⑦Olympics Begin in Style；Swimmer Takes 1st Gold

译文:奥运盛装开幕,泳将喜夺首金

⑧UK Oldest Person Dies at 115

译文:英国第一寿星谢世,享年115岁

2. 翻译中添加注释性词语

⑨For Beslans Children, A Legacy of Nightmares

译文:俄罗斯:劫后相逢,别城孩童仍似噩梦中

这是一篇新闻特写的标题,这篇特写对2004年9月初发生在俄罗斯别斯兰市的学生人质遇难事件做了后续报道。报道记录了孩子们在悲剧之后重返校园,发现许多好朋友都不见了,一个30人的教室里只坐着5位小朋友。抚今追昔,孩童们悲恐之情油然而生。这则标题的译文里添加了"俄罗斯"一词,主要是因为别斯兰市不像莫斯科那样出名,读者可能一下子不明白别斯兰市位于何处。

3. 尽量再现原文修辞特点

⑩To Save or Not to Save

译文:救还是不救?

这个标题显然借用了莎士比亚《哈姆雷特》中的名句"To be or not to be",如果读者没领会到这层含义,就不会体会到作者用典(allusion)的巧妙。

⑪After the Booms Everything Is Gloom

译文:繁荣不再,萧条即来

英文中的boom和gloom构成尾韵(rhyme),而汉语译文通过"再"和"来",也达到了押韵的效果,读来朗朗上口。

4. 增加词语使意义完整

就揭示新闻内容而言,英语标题倾向于"重点化"(accentuation),所以标题一般比较精练简短。而汉语新闻标题侧重"全面性"(totalism),加上汉语是一词一意,所以汉语标题用词相对较多。鉴于此,在标题翻译时,可结合各自新闻标题的特点,适当增减一些词语,使标题更加地道。

⑫Older，Wiser，Calmer

译文:人愈老,智愈高,心愈平

若按照原文逐字翻译成"更老,更明智,更冷静",是一个可以接受的译文,而如果根据中国读者的阅读习惯,增加个"人"字,意义更加明确,句式也更齐整。

5. 省略法

省略法是新闻报道中的惯用手法,即将语法成分或词语省略。新闻标题的省略大

致有以下几种情形。

（1）冠词的省略。

⑬37 Killed in (an) Italian Plane Crash

译文：一架意大利飞机失事，37人丧生

（2）联系动词的省略。

⑭Courses on Practical Sile (Remain) Popular with Students

译文：实用技能课仍受学生欢迎

（3）助动词的省略。

助动词的省略指构成各种时态或语态的助动词被省略。例如：

⑮Moscow's Food Prices (Are) Soaring

译文：莫斯科食品价格猛涨

⑯Japan：Skilled Hands Needed (needed 表示 are needed)

译文：日本需要大量技工

（4）代词的省略。

⑰Anne and (her) Baby Are Well

译文：安娜和婴儿母子平安

（5）介词的省略。

介词的省略通常指将介词短语中的词省略，而将介词宾语提前，变成名词定语形式。例如：

⑱ Anhui Accelerates Coal Mine Building (Anhui Accelerate the Building of Coalmine)

译文：安徽省加速煤矿建设

新闻标题在译成英语时，不能照搬原文的结构和词语，而应该高度精练，既概括全文中心内容，又简洁醒目，常删去次要词语，只保留最主要的核心词语。（朱徽，2015：227）

⑲李克强总理将出访亚洲四国并出席亚太经济组织会议

译文：Premier Plans Asia Trip

⑳为方便台湾记者来祖国大陆采访，国务院台办颁布新规定

译文：Journalists from Taiwan to Benefit from New Rules

三、新闻导语的分类与翻译技巧

新闻导语指新闻报道的开头第一段或前几段，其以简练生动的文字表述新闻事件中最重要的内容，类似"内容提要"。导语决定读者是否能从开头抓住新闻的核心内

容,从而判断是否继续阅读。新闻导语的翻译不能仅仅局限于文字和概念的翻译,只有跨越文化之间的差异,才能达到沟通的目的。

（一）新闻导语的分类

关于新闻导语的分类和写法有很多精辟的论述。按照导语的写作方法,中英文新闻导语可以分为概括性导语(部分要素导语)和其他类型导语。(王海,2011:33)

所谓概括性导语,即新闻中包含 When、Where、Who、What、Why,有时也包含 How。其他类型的导语主要有以故事或人物经历开头的,以生动的场景描写开头的,借助名人、名作品效应开头的,以生动有力的对比开头的,以恰当的引语开头的,等等。

（二）新闻导语的翻译技巧

新闻导语往往以最简练的语言把新闻中最关键的内容概括出来,是新闻报道的精华所在,它使读者在读完这段文字后就知道新闻的主要内容。因此,新闻导语翻译涉及两个最基本的问题:一是源语和译语的表达差异问题,二是信息要素的对等问题。两者相比,后者更为重要,其核心就是正确理解原文和创造性地用另一种语言再现原文的过程,这也是处理新闻导语翻译的重要理论依据。那么,如何在导语翻译中实现动态对等呢? 我们举例说明:

1. 概括性导语翻译

㉑ Hans Blix, the former director general of the International Atomic Energy Agency in Vienna, yesterday was the unanimous choice of the UN Security Council to head the new arms inspection commission for Iraq, ending weeks of wrangling.

这是一个典型的概括性导语,对时间、地点、人物、事件四个最重要的信息要素做了介绍。该导语简洁明了,让读者对事件的重要信息有大致的了解。如果只追求形式对等,那么可能产生如下的译文:

汉斯·布利克斯,维也纳国际原子能机构的前任主席,昨天成为联合国安理会伊拉克武器核查委员会新的负责人的一致选择,结束了几周来围绕此事出现的争论。

该译文完全重现了原文的四个重要信息,表达方式也与原文相近,但是读起来生硬、晦涩,不符合中文的行文习惯。一般情况下,中文时间状语放在句首,职位一般放在人名前面,多用动词。自然动态对等的译文如下:

昨天,曾任维也纳国际原子能机构主席的汉斯·布利克斯,经联合国安理会一致通过,被任命为新的伊拉克武器核查委员会负责人,从而结束了几周来围绕此事出现的争论。

2. 以故事或人物经历开头的导语

㉒ Microsoft founder Bill Gates and his wife Melinda donated US $300 million more to charitable causes in the past year than did the US government. In moves aimed at reversing the health crisis among the world's poor, Gates targeted global health threats such as AIDS, malaria and tuberculosis.

该导语先提出了盖茨夫妇捐款的背景,为后面真正的导语做铺垫。在背景和真正的导语之间,主语缺省。形式对等的翻译如下:

微软公司创建人比尔·盖茨和他的妻子梅琳达在过去的一年里给慈善事业的捐款比美国政府多3亿美元。在扭转世界上贫穷人口健康危机的行动中,盖茨把主要的目标定位在全球性的健康威胁上,如艾滋病、疟疾和肺结核。

为强调原因和方式,可以将英语导语中的原因和方式放在句首,把主语放在后面;而在汉语表达中,一般把人或事放在首位。所以应该将真正的主语——比尔·盖茨,先提出来,与前面的背景信息自然地衔接起来。动态对等译文如下:

在过去的一年里,微软公司创建人比尔·盖茨和他的妻子梅琳达给慈善事业的捐款比美国政府多3亿美元。比尔·盖茨正在努力扭转世界上贫穷人口的健康危机,他把主要的目标定位在全球性的健康威胁上,如艾滋病、疟疾和肺结核。

3. 以生动的场景描写开头的导语

㉓Under the brilliant, mellow early November sun shine, multi-colored chrysanthemums of over 500 varieties rioted in color and beauty at Shanghai's annual floral opened at the People's Park today.

此导语前半部分生动地描写了菊花展的美景,后半部分点出了新闻事件,即一年一度的上海菊展今天在人民公园开幕。此导语是一个简单句,生动的描绘作为附属成分由介词短语、形容词短语、过去分词作定语构成,如果译成汉语也以附属成分出现,效果就会大打折扣。形式对等的翻译如下:

在11月初明媚温柔的太阳下,500多种五颜六色的菊花在上海一年一度的人民公园菊展中争相斗艳。

这样的译文在汉语读者眼里,客观性过多,美感过少。汉语在景色描写时,多用句子,少用短语结构,注重渲染气氛。动态对等译文如下:

11月初的太阳明媚温柔,500多种绚丽多姿的菊花在阳光下争相斗艳,一年一度的上海菊展今天在人民公园开幕。

4. 借助名人和名作品效应开头的导语

㉔World heavyweight champion Lennox Lewis will consider retiring after one more fight against Mike Tyson. The Briton told BBC Radio 5: "I want one fight. Once I get Mike Tyson out of the way then I will probably think about retirement." He thought it "very likely", he would fight the American in 2001. "The public demands it."

这类导语的翻译要译出名人的特点。这条导语里面有拳坛王者的狂言,要把其中傲慢、不可一世的语气翻译出来,特别要注意对 the public demands it 的处理,动态对等试译如下：

世界重量级冠军雷诺克斯·刘易斯考虑再战一场——对付迈克·泰森后退役。这位英国人在BBC-5电台上说："我要再打一仗，只有当我把迈克·泰森赶走，才有可能退役。"他认为"极有可能"在2001年与这个美国人交战。"大伙要求的嘛。"

5. 以生动有力的对比开头的导语

㉕ At first glance, the half-dozen cars could pass for a wedding procession. But look again, a hand-lettered message on the back of a green sport utility vehicle reads: "Just married to the pump." Four empty gas cans dangle from the rear bumper, and yellow police tape serves as streamers. On the door, the words "SUV + GAS" are encircled with a heart.

例文的对比体现在 at first glance 和 but look again 上。读完导语之后，读者便会明白如此描写的目的是介绍这种新型体育工具车，以强化读者的印象。因此译文也要体现这种明显的反差效果。动态对等译文如下：

译文：乍一看，这六辆小车可称得上一列婚庆队伍了。再一看，却是一辆绿色体育工具车，背后写着："水泵新婚。"后缓冲器上拖着四个摇摆不定的空气罐，而黄色的警用带则被用来做装饰彩带，一边的车门上画着一颗心，心中间写着"SUV+GAS"。

6. 以恰当的引语开头的导语

㉖ "Youth gangs are a serious threat to absolutely everyone in Chicago, " says Police Lt. Thomas Hughes, "mainly because they are heavily armed and capable of committing any type of crimes." He estimated there are about 140 youth gangs, in this city, with a total of 3,000 to 5,000 members. Last year they were responsible for 33 killings and many other crimes.

这类导语引用事件中主要人物的关键性或有针对性、有代表性或有新意的谈话，以增强事件的真实性、可信度。这段引语是一位警官的总结，说这话时表情严肃，没有语气词，没有俏皮话，翻译的时候就应该保持这种风格。译文如下：

"青少年流氓集团对每个芝加哥人来说，是一个严重威胁，"警察中尉托马斯·休斯说，"这主要是因为这些集团拥有大量武器，他们会干出各种各样的罪恶勾当来。"据这位警官估计，芝加哥市内大约有140个青少年流氓集团，成员总数达3000～5000人。去年他们犯了33起人命案和许多其他罪行。

四、新闻正文的特点与翻译技巧

（一）新闻正文特点

新闻报道涉及社会的政治生活、经济活动、军事冲突、科技发展、外交斗争、文化体育动态，以及宗教、法律、刑事、家庭等各个方面，可以说凡属人类的物质世界、精神世界以及自然界所发生的一切事件，无一不在新闻报道的视野之中。因此，新闻文体的题材十分广泛。按照新闻内容，新闻可以分为法律新闻、体育新闻、政治新闻、经济新闻、科教新闻、卫生新闻、社会新闻等。

新闻正文的主要特点如下：

1. 句式多样弹性化

报刊文字中的句式富于变化，在新闻报道中有倒装句、省略句，有借助副词、动词变化的句式。例如：

㉗Says Dary Reading of Gowrie："It makes you mad. We are good at what we do, but we still can't make a living."

高瑞的达里雷丁说："这使你发疯。我们有本领干好我们的工作，但仍不能谋生。"

句中的谓语 says 位于句首，这种句式是新闻报道文章所特有的。

2. 时态呼应灵活

新闻报道中动词时态简化。英美报刊文章中常用一般现在时代替一般过去时、一般将来时、现在进行时、现在完成时等。新闻英语中有时可不受传统语法规则的限制，时态有较大的灵活性。

㉘I leave for Beijing tomorrow. (=I am leaving for Beijing.)

译文：我明天动身去北京。

㉙But Carter told reporters, the United Stares will continue the restraints it imposed on Iran when the hostages were taken 150 days ago ... He made it clear, however, that the freezing of Iranian assets and monitoring of Iranian students in this country would continue. "We will continue to monitor the situation very closely," Carter said.

句中既有按传统语法规则呼应的 made ... would continue，也有从实际出发灵活运用的 told ... will continue。

3. 被动语态频繁

新闻报道中读者所关心的往往是动作的执行者。比如有关灾难、战争、事故骚乱等的报道中，读者更关心的是伤亡人员与人数。因此，被动语态在新闻文体中的使用多于其他文体。英语新闻报道中的被动语态在译文中可做灵活处理，除非有必要突出

动作的接受者,否则不用译成被动语态。例如:

㉚ More than 50 million acres of farmland have been submerged and grain store damaged. Thousands of peasants have been shown on television trying to save their grain by loading sacks into boats or trying to move them to higher ground.

译文:5000多万亩粮田被淹,很多粮仓被毁。电视屏幕上,成千上万的农民在设法抢救粮食。他们或把麻袋装的粮食运到船上,或者把它们转移到高处。

句中"thousands of peasants have been shown ..."在翻译时译成主动语态更符合汉语的表达习惯。

4. 讲究修辞效果

新闻文体除了注重事实真实,表达清晰,还讲究语言的美感和韵味。因此,常常借助于比喻、夸张、双关语、成语、典故、押韵等修辞手法来增加新闻的可读性和吸引力。如:

㉛ climbers hold summit talks

译文:登山运动员会师峰顶

文中 summit talks 原意是"首脑会议",而在报道有关中国、日本、尼泊尔三国登山运动员登上珠穆朗玛峰的情况的新闻中使用 summit talks,一语双关,增加了趣味性。

各种修辞手段的运用反映了新闻语言的文学特征,在翻译时不仅要传达原意,而且应尽可能保持原文的风格。

(1)比喻性词语的使用。

新闻报告中常会采用一些比喻性词语,尤其是与战争、暴力、性爱相关的比喻表达法,来增强新闻的趣味性,力求引起读者的注意。例如:muscle flexing 相当于 the show of force。

(2)习语的使用。

习语通俗易懂,生动形象,可使行文更加生动活泼,简练贴切,容易引起读者的兴趣。例如"Tyson bites more than he can chew."中使用了习语"Bite more than one can chew.",意为"贪多嚼不烂",这可影射两层含义:一讽泰森1997年拳击赛咬掉对手霍利菲尔德耳朵的丑闻;二讽泰森虽想东山再起,但已力不从心。

(3)借代的频繁使用。

英语新闻中使用借代这一手法可节省篇幅,突出被报道对象的特征,同时更引人联想,增加可读性。例如,好莱坞电影中的 Ivan 指"俄罗斯人",Motor City 指"汽车城"底特律。

5. 借用各类词汇

新闻业与社会各个领域息息相关,有时为了增强文章的趣味性,英语新闻作品在行文中常借用军事、经济、体育、艺术、科技等领域的词汇。例如:

㉜U.S. airlines accused SIA of selling below-cost air tickets in attempt to strengthen its footholds in the Pacific service.

译文:美国航空公司指责新加坡航空公司出售低于成本价格的机票来稳固其在太平洋航线的地位。

原文中 foothold 是军事用语,意为"据点",用在这里既生动形象,又准确传达了信息。

6. 派生新词的使用

用派生法构成的新词一方面可以补足原有英语词汇中缺少的词义,另一方面又能使文笔简洁有力。新闻文体中派生词的使用频率远远超出其他文体,其中一些词的构成比较随意,在翻译时应通过分析词缀来推断词义。例如:

㉝ Anti-corruption and keeping a clean government remain a major task in the coming years, the Premier stressed.

译文:总理强调说,反腐倡廉是今后几年的一项主要任务。

anti-corruption 此处译为"反腐倡廉"。

7. 缩略词的使用

英语缩略词有两种。第一种是首字母缩略词,即把几个单词的首字母连成一个词。这种缩略词主要用于表达组织机构和人们熟悉的事物,如 UN Inspectors Find Evidence of Sarin(《金融时报》2013年9月17日)中,UN 即 United Nations 的缩写,这句可译为"联合国调查员发现叙利亚使用化学武器的证据"。再如 NEET Generation(《卫报》2004年11月2日)中的 NEET 指的是"not education, employment or training",即"不上学,不工作,也不参加培训的年轻人",可译为"啃老一族"。第二种是缩写词,即将一个长词缩短形成的一种简单的拼写。其构成方式不尽相同,包括截头法、去尾法、截头去尾法、保留头尾法,还有一些不规则的裁剪词。

(二)新闻正文的翻译技巧

新闻报道涉及社会政治生活、金融商业活动、军事冲突、科技发展、外交斗争、文化体育动态以及宗教、法律、刑事、家庭等各个方面,因此新闻报道用词广泛,新词语层出不穷,如吃货(foodie)、拜金女(material girl)、情侣装(his-and-hers clothes)、百年老店(century-old shop)、拜年(pay a New Year's visit)、班车(shuttle bus)、逼上梁山(be driven to do something)、便衣警察(police in plain clothes)等。

鉴于新闻文体的信息型文本特点,新闻翻译的首要任务是精准传递源语文本的意义,新闻译者须针对不同的预期受众,适切地采取"变通"的翻译策略,以便更好地实现对外传播的预期效果。具体而言,就是在对外新闻的翻译过程中适切地采取增译法、删减法、调整法等翻译策略。

1. 增译法

增译法是指为了便于受众准确、完整地理解源语文本的信息而采取的"增译补充"与"译释结合"的翻译策略。新闻翻译中的增译补充是在原文含有特殊的文化意义却无法通过直译完全传递时所采用的补偿手段,以明示原文词汇的文化内涵,或者向读者提供理解原文词汇所必需的相关信息。(张健,2013:21)针对对外报道翻译中的信息空缺问题,张健教授认为,外宣翻译中酌情增加背景知识等相关信息,把一些隐含的信息交代清楚的释疑处理确实是译者行之有效的处理方式。(张健,2013:22)对外新闻传播中难免会出现一些地方性、民族性或含有文化特色的词汇,甚至其中某些词汇不用说是对外国受众,哪怕是对国内其他地方的受众来说都是陌生的。因此,将这些具有地方特色的事物翻译成英文时,增译补充的方法十分适用,有效填补了国外受众由于文化差异所形成的认知空白。例如:

㉞7月13日,记者从第三届广西园博会承办指挥部组织工作推进会上获悉,经审议,确定了园博园景观桥等命名方案。其中,备受关注的南宁展园主建筑为仿古建筑,命名为"弘仁阁",取自古邕八景"弘仁晚钟"。园内两艘画舫命名为五象1号、五象2号。取名为"五象",具有南宁特色,反映五象新区是南宁发展的一个重点区域,也是南宁未来的一个象征。

译文:It is reported from the promotion meeting of the organizer headquarter that names of the main showplaces for the 3rd Guangxi Garden and Horticulture Exhibition were unveiled on July 13. Among all the names given, Hongren Pavilion, the name for the main exhibition building, which is an archaized style architecture, is most impressive. The naming takes the inspiration from the name of one of the famous ancient Nanning's Eight Sceneries-Hongren Evening Bell. The organizer is quoted as saying that <u>Hongren was selected as the name for the Pavilion for it means carrying forward friendship and benevolence</u>. In addition, two painted - pleasure boats in the Garden were named as Wuxiang No.1 and Wuxiang No. 2 respectively. As Nanning has long been known as Elephant City, taking Wuxiang (<u>five elephants</u>) as the name for these showplaces does not only carries city's historical trace, but also symbolizes Wuxiang new districts important role in city's development.

例子来自南宁市政府门户网站的一个新闻语段。原文中的"弘仁晚钟"与"五象"都为当地市民所熟知。遵循汉语地名多采用音译的习惯,笔者对"弘仁"和"五象"都采用了音译的手段,将之分别翻译为Hongren和Wuxiang,后补上具体的事物,如将"晚钟"译为evening bell,而将"画舫"译为painted pleasure boat。然而,评审委员会最终采用"弘仁"为展园主建筑命名不仅是因为其有"弘仁晚钟"的历史出处,更重要的是取其"弘扬友爱、友善的仁义"之意。一般中国受众基本能理解"弘仁"的这一含义,然而简单音译无法把这层文化含义传递给国外受众。因此,笔者在翻译中采取了增译补偿的方法,增加了画线部分的译文,使国外受众明白"弘仁"的深刻文化含义。而南宁素有"象城"之称,此称呼来自古时五头神象下凡保护南宁的传说。因而南宁许多标志雕塑的设计和地面的命名皆来源于此。正是基于这一考虑,笔者在翻译"五象"一词时特意增加了相应的英文介绍(five elephants)。这样更有助于传递"象城南宁"的负载文化信息。(袁卓喜,2017:137)。

2. 删减法

删减法指的是为了减轻受众对新闻信息的阅读负担,在翻译时将原文中一些对读者而言不甚重要的信息进行删减的处理手段。针对外宣翻译中的"减负"问题,张健教授认为:"在外宣翻译中,不光存在翻译好坏的问题,还有一个要不要翻译、是照译不误还是合理瘦身的问题。"(2013:23)如果说增译法是为了更好地实现对外新闻翻译的信息功能(知之)的话,那么删减法则是为了更好地适应国外受众的阅读期待和接受心理,构建国外受众所愿意阅读、乐意接受的地方对外新闻。例如:

㉟这些节目,既有古典诗词,也有新创作的诗词。它们风格迥异,有的凄婉哀戚,真挚感人;有的豪迈奔放,震撼人心;有的清新怡人,发人深省。演员们的精彩诵读,彰显了中华语言与文化魅力,将传统文化的气韵与精髓带给了每位观众。

上述语段选自题为"武鸣区举行'中华经典诵读'大赛迎中秋"的新闻。原文画线部分语言抒情细腻,非常符合中国读者的审美期待。但对于英语受众而言,这些过于抒情的语言不仅与新闻报道的风格不协调,而且过于花哨。基于这一考量,在翻译过程中应做相应的删减,使用 in different styles and themes 做相应的报道,侧重新闻报道客观事实的语言特点。试译:

At the poetry recitation competition, contestants read and sung poems of modern and ancient poets in different styles and themes. From their interpretation of the poems in form of recitation, the audiences present were deeply guided by the unique charm of the Chinese language and culture.

3. 调整法

调整法就是改变源语文本的内容和结构乃至风格,以方便目的语读者接受,使目的语文本更通顺、更清楚、更直接、更好地实现交际目的。(张健,2013:20)"方便目的语读者接受"是实现新闻翻译对外传播效果的一个重要前提。新闻翻译本质上也是跨文化交际活动,其成功与否的一个重要前提就是能否保证交际渠道的畅通。由于汉英语言在语言表达、布局谋篇等方面存在差异,在翻译中如果只是一味地机械直译,可能会产生生硬、翻译腔浓厚的对外新闻文本,难以引起国外受众的阅读兴趣。由于对外新闻传播承载着国家对外宣传的任务,所以地方对外新闻翻译要发挥其对外宣传、劝说的功能。鉴于对内新闻与对外新闻的预设受众不同,内宣新闻与外宣新闻在措辞等诸多方面存在一定的差异。这就需要对外新闻翻译工作者在翻译中主动介入,对对外新闻译本中的语词做出适切的调整,以便更好地达到对外宣传与说服的预期目的。

㊱西安-东盟经济开发区召开征地拆迁大会战动员会

译文:Xi'an-ASEAN Economic Development Zone takes greater effort to promote land acquisition and household relocation work

㊲在西乡塘区石埠镇,由于公建配套尚未到位,田园路附近居民买菜不便,流动摊贩就打"游击迂回战"。城管部门因势利导在田园路开辟"马路临时菜场",规定时间内允许设摊,既方便居民买菜,又有效解决了乱设摊的问题。

译文:To make up for the lack of supporting public amenities, Shibu Township of Xixiangtang District set up a makeshift vegetable market for local residents in the vicinity of Tianyuan Road as a countermeasure against fly pitchers.

汉语新闻常常使用一些与战争相关的词汇,如"大会战""攻坚战""首战告捷""游击战"等,以形容工作任务之艰巨等情况。这些词汇在汉语语境下十分自然,也很生动形象,而在新闻翻译中如果不加变通地直译,很容易给西方受众一个错误的印象——"中国人好战",不利于树立国家良好的国际形象。而且在上述对外新闻翻译稿中,当把这类词语与某些话题,如"征地拆迁""土地回收""城管执法"等联系起来时,就很容易让那些存在偏见的西方受众产生负面联想和解读。因此,译者在遇到此类语言措辞方面的问题时,应当自觉遵守外宣翻译的"忠诚"与"求效"原则:一方面,翻译要忠诚于委托人即党和国家的外宣目的,自觉维护党和国家的形象和利益;另一方面,采取灵活变通的办法,在译文的语词上做贴切的调整,使译文既准确地传递源语文本信息,又易为国外受众所接受,实现地方对外新闻传播的劝说功能。

五、新闻特写的文体特征与翻译技巧

(一)新闻特写的文体特征

新闻特写,简称"特写",英语通称为 features,是"再现"新闻事件、人物或场景的形象化的报道形式。特写也称作软新闻,与硬新闻相对。特写是一种既具有创造性又带有主观性的文章,旨在给读者以精神享受,并使他们对某件事、某种情况或对生活中的某个侧面有所了解。(李良荣,1997:150)由此可见,特写这种新闻体裁有别于上文论及的新闻报道。与新闻报道注重报道的全面性和完整性不同,新闻特写往往侧重某个典型或精彩的片段。新闻报道力图全景式地再现新闻事实,而新闻特写则追求聚焦近影。如果说新闻报道旨在为读者提供事实,使其了解事件、获知真相的话,那么特写则是为了激发读者的好奇心,增加他们的兴趣。因此,就报道题材而言,新闻报道关注的是比较严肃、具有一定时效性的客观事实；而新闻特写则不受时效性的限制，通常没有截稿的压力，只要题材具有趣味性，引人入胜，就可"新"可"旧"，可远可近。

在表现手法上，新闻特写不像新闻报道那样平铺直叙、开门见山、简洁质朴，而是迂回曲折、起伏跌宕，措辞传神达意，精彩纷呈，以便拨动读者的心弦，使其产生共鸣。正因为如此，特写的形式相对灵活多样，具有很大的发挥空间。以导语为例，有的特写文章常以一个概括性的引言开头，只交代部分事实；有的则从生动的情节、场面、引语或逸闻趣事入手，而不透露过多的细节，把真正最重要、最精彩的素材延缓到最后，刻意制造悬念，以激发读者的阅读兴趣。在内容上，新闻特写涉及的范围很广，主要包括人物特写、事件特写、旅游特写和亲身经历特写等，其中人物特写和事件特写尤为常见。人物特写也称作人物专访，可以说是当今大众传播媒介中最常见的特写之一。（张健，2007：91）

在篇幅上，新闻特写根据题材的不同可长可短。篇幅短小精悍的新闻特写有时只有几百字，而长的则可达数千字，甚至上万字，新闻特写可以对新闻事件进行细腻的剖析和深入的挖掘，从而增强感染力。新闻特写的上述特点决定了对此类新闻体裁的翻译会与新闻报道的翻译有所不同，我们将通过翻译实例进行分析和阐述。

（二）新闻特写的翻译技巧

在讲解新闻特写的翻译技巧前，请先看句㊳：

Yemenis and Saudis Love Across the Line: The Geopolitics of Illicit Love

FOR days Yemen has been abuzz with talk of Huda and Arafat. Huda al-Niran, a 22-year-old Saudi woman, fell in love with Arafat Muhammad, a Yemeni, while he was working in Saudi Arabia. In October the couple fled to Yemen after her parents refused to let them marry, but Ms. Niran was arrested for entering the country illegally. She seemed set for a quick trial and deportation. Then their love story became a cause celebre for young Yemenis, who view it as aversion of Romeo and Juliet in the south-west of the Arabian peninsula. On November 26th Ms. Niran was freed into the custody of the UN for a period of three months, allowing her to seek refugee status.

Yemenis have been gripped by the saga for several reasons. The country's deep-rooted conservative traditions are slowly changing. Young middle-class men and women have grown increasingly willing to challenge their families' expectations, with many now bidding to choose their own spouse rather than submit to an arranged marriage. But more often than not, unlike Mr.

Muhammad and Ms. Niran, they end up putting their adolescent relationships aside and fulfilling their parents' wishes.

Yemeni interest in the star-crossed lovers touches on geopolitics, too. The case has presented an opportunity for Yemenis to score a point against the Saudis, who want the Yemeni authorities to return Ms. Niran. Many Yemenis resent their richer and more powerful neighbors interference in their country's affairs. Moreover, the kingdom recently deported tens of thousands of Yemen workers after deciding to cut down on foreign labour.

Many of the Yemeni campaigners who spearheaded the protests that led to the ousting of President Ali Abdullah Saleh two years ago have enthusiastically taken up the cause of Ms. Niran and Mr. Muhammad, organizing street protests to press the government to drop the charges against Ms. Niran and grant her refugee status. They describe their temporary shift in focus from agitating for political change as ensuring the "victory of love."

Some Yemenis whisper that public opinion might have been different if the nationalities had been reversed. "Let's face it," says a young Yemeni, "If Huda were a Yemeni who ran across the Saudi border with her Saudi boyfriend, we'd be cursing the Saudis and demanding that they send her back."
(《经济学人》,2015-07-21)

译文:

也门人与沙特人之间的跨国恋:不合法之恋的地缘政治

近几天,也门人一直在喋喋不休地谈论胡达和阿拉法特之间的故事。胡达是一名22岁的沙特女子,她与一名曾在沙特阿拉伯工作的也门男子阿拉法特·穆罕默德相爱了。在其父母不同意他们的结婚请求后,他们于10月逃往了也门。但是胡达却因非法入境被捕了。她似乎要被速判速决,驱逐出境。胡达和阿拉法特之间的爱情故事在也门的年轻人中引起了轰动,他们认为这两人的爱情就是阿拉伯半岛西南部版的罗密欧与朱丽叶。11月26日,胡达被移交给联合国监护,以寻求难民身份,时间长达3个月。也门人之所以为这个爱情传奇所深深吸引,原因有多种。

也门根深蒂固的保守传统正在渐渐发生改变。中产阶级的青年男女变得越来越愿意去挑战家庭对他们的期望,其中许多人现在试图自己选择配偶,而不是服从媒妁之约,父母之命。但多半都不会像穆罕默德和胡达那样做,而是会放弃他们的青春爱情而成就父母的意愿。

也门人对这对跨越边界而成为明星的恋人感兴趣也触及了地缘政治问题。胡达事件使也门有机会占据沙特的上风,因为沙特想要也门当局将胡达送回国。许多也门人对更富裕、更强大的邻国干涉其国内事务感到不满。再者,沙特王国决定削减外国务工人员,随后将成千上万的也门工人驱逐出境。

两年前,也门总统竞选者们带头游行示威,导致总统萨利赫下台。他们中有许多人也积极投身于胡达和穆罕默德事件之中,组织街头游行示威,迫使政府撤销对胡达的控告,承认其难民身份。他们把暂时将工作重心从鼓动政治变革转移说转为了确保"真爱的胜利"。

一些也门人私下说,倘若两个恋人的国籍调换一下,那么公众舆论就可能会有所不同。一位也门年轻人说道:"我们正视问题吧! 如果胡达是一名也门姑娘,与她的沙特男友逃到沙特的话,那么我们就会诅咒沙特人,要求他们把她送回国。"(《经济学人》,2015-07-21。译文笔者有改动)

原文是一篇新闻特写,它是围绕一名沙特女子因与一名也门男子相爱而非法入境也门被捕后受到起诉这一新闻事件而采写的。在这篇新闻特写中,作者没有像新闻报道那样全面完整地再现整个事件的全过程,而是截取该事件在也门引起轰动、受人关注这一侧面,对出现这种现象的原因进行深入细致的分析。作者将两名年轻人跨越国界的恋爱而引人注目的原因置于也门旧的传统发生改变和也门与沙特两国之间的地缘政治这个大背景下,据此确定细节的轻重主次及其之间的逻辑关系,整篇特写脉络清晰,详略得当。与新闻报道客观、平铺直叙的方式不同,这篇特写语言轻快、生动形象、不乏幽默,文中诸如 has been abuzz、a cause celebre、a version of Romeo and Juliet、have been gripped by the saga、star-crossed lovers、score a point、victory of love 等选词表明,新闻特写的作者会收起冷峻的面孔,适度流露情感色彩,以打动读者,增强语篇的感染力。相信读者阅读这篇新闻特写之后,一定会思考传统变化对人们尤其是年轻人产生的影响,以及地缘政治关乎人的命运等问题。

该译文较好地体现了上述特点。虽然新闻特写有别于新闻报道,但是它也是基于新闻事实之上的。因此,翻译新闻特写时对文中新闻事实的叙述要忠实,不能夸大或缩小,或随意增添内容。上面的译文使原文中有关事件的客观描述在目的语中得到了忠实的再现。译者仔细揣摩原文语言风格,并用目的语中贴切的词语加以表述,力求与原文风格接近,如将 has been abuzz 译为"喋喋不休",将 a cause celebre 译为"引起了轰动",将 score a point 译为"占据上风"等。原文除了"many of the Yemeni campaigners who spearheaded the protests that led to the ousting of President Ali Abdullah Saleh ... to press the government to drop the charges against Ms. Niran and grant her refugee status"

这个语句句式较长、结构复杂外,大多数句子都较为简短,不难理解。译者在翻译该句时,根据汉英语言不同的表达习惯,首先将 the Yemeni campaigners 后的定语从句译为一个独立的主谓句"两年前,也门总统竞选者们带头游行示威,导致总统萨利赫下台",然后按照逻辑顺序将其他部分翻译成若干小句,句式简短,体现了汉语重意合的竹节式语言特点。

简而言之,在翻译英文新闻特写时,译者要忠实于原文中的新闻事实,不因夸大或缩小而歪曲事实。此外,译者要仔细阅读原文,认真分析其语言特点,从宏观上把握原文基调,以便在译文中尽可能地保留原文的风格,对原文中与汉语语言表达习惯不同的语句要进行变通调整,以减少目的语读者的阅读障碍。

六、新闻评论的翻译

(一)新闻评论的文体特征

新闻评论是集新闻与评论于一身的一种新闻体裁,它既有客观的新闻事实和事件,又有评论者的主观判断,二者兼而有之,缺一不可。新闻评论是新闻媒体发表言论和观点的平台,对时下人们关注的社会重大事件或焦点问题发表看法,表达自己的立场和观点。英语报刊上登载的新闻评论,其作用在于帮助读者在纷繁复杂的事件报道中理清头绪,为其提供可资借鉴的认识问题和思考问题的方法。此外,对于无数新闻报道,读者只是被动地接受其中表述的事实;而新闻评论可以促使读者进一步思考,逐渐形成自己对新闻事件的看法,对舆论产生潜移默化的影响。

当代英语报刊中,新闻评论主要包括社论(editorials)、述评(reviews or commentaries)和专栏评论(columns)等。社论代表报纸的意见,是代表报社编辑部就某一重大问题发表的权威性的言论。英文报刊社论版多数一分为二,一边刊登代表正面意见的评论,另一边则刊登与之观点对立的评论。刊登对立观点的评论的版面被称为"社论对页版"(opposite editorial page),取与社论版相对、分庭抗礼之意。

述评,亦称新闻述评、新闻分析或记者述评,常常与新闻报道配合,着眼于事件或问题的某个侧面展开论述,深入挖掘、催人深思、给人启发,一般篇幅都比较简短。

专栏评论则指在固定栏目中发表的带有个人署名的新闻言论。现代英语报刊在言论版面特别开辟专栏,聘请资历深、声望高的记者担任专栏作家,定期刊登他们的评论性文章。由于专栏作家新闻工作经验丰富、知识渊博、专业素养深厚、洞察力敏锐、语言驾驭能力高超,因此他们所发表的评论往往具有独到的见解,对读者来说颇具吸引力。

新闻评论通常由标题、引论、论证和结论四个部分构成。新闻评论的标题是其内容的浓缩和概括,一般力求文字简短、生动醒目,以吸引读者的眼球。引论是正文的开端,为文章奠定基调。新闻评论者往往在引论中寻找一个合适的切入点进入评论过程。英文新闻评论一般以开宗明义居多,开篇句有的是新闻线索,有的是待评问题。新闻评论的表现方式与报道和新闻消息不同,不是单一的叙述,而是叙述与评论相结合,重在评论。(方兴,2016:13)

(二)新闻评论的翻译技巧

短篇新闻评论容易翻译,对篇幅很长的新闻评论一般采用编译或摘译,聚焦于原文的主题句、关键词、重要的观点、论证、论据以及结论。对摘译出的部分也可进行重新组合,另设标题,但一定要注明原文的标题、作者、出处和时间,不能随意更改。例如㊴:

㊴ Before we replace angst about housing, mortgages and credit markets with anxiety about rising oil prices, consider what we've learned in the past several months. We had a housing bubble; that's now obvious. But how did it happen? Why was its bursting so painful? Without answers, we cant hope to reduce chances of a repeat.

Boil it down to the three R's: rocket scientists, regulators, and ratings agencies.

译文:在我们把对房市、抵押贷款和信贷市场的不安情绪转向一路上涨的油价之前,还是先总结一下在过去几个月里都学到了些什么吧。房市出现了泡沫,这一点现在看来已是毋庸置疑了。不过房市泡沫又是如何产生的呢?为什么泡沫破裂让我们如此痛苦不堪?如果没有找到这些问题的答案,我们就不能指望今后不会重蹈覆辙。

产生房市泡沫的根源有三:金融专家、监管机构和评级机构。

这是一篇有关房产泡沫的新闻评论。作为官方观点,新闻评论的翻译不仅要译出作者的语言风格,还要译出作者的语气,准确地表现作者的态度。原文作者揭示了泡沫产生的深层原因,批评有理有据。译者抓住了核心内容,将泡沫产生的三大根源准确传达出来。在词语翻译方面,译者根据上下文以及新闻语言的特点,做了一定的增补和调整。

综上所述,新闻文体的翻译一定要准确、简明、通俗、生动。所谓准确就是"靠事实说话",反映事物的实质,这是新闻语言的核心,译者对所报道的事物要有透彻的认识了解,才能做到语言的清晰、准确,力避遣词造句含糊不清、逻辑混乱、概念不清、推理不正确的译文。(王述文,2008:303)

第三节　旅游文体翻译

"旅游英语"属于专门用途英语(English for Specific Purposes,ESP),即用于旅游

行业、为旅游提供服务的英语,满足旅游推介者的宣传目的和潜在游览者获取信息的目的。

一、旅游翻译的定义

旅游翻译是指有关旅游业和旅游活动的上述旅游文本之间的英汉互译,既要传达出旅游文本的信息,又要传达出原文的"呼唤语气",属于应用翻译,具有实用性、目的性、专业性、匿名性(即作者的名字与地位不重要)等特点。它包括旅游景点介绍、旅游宣传广告、旅游景点告示标牌、古迹楹联解说等,旅游文本往往包含自然景观和人文景观等丰富的信息。旅游翻译根据媒介可划分为笔译和口译,本书主要探讨旅游文本的笔头翻译。

根据源文本的处理方式,旅游翻译可分为全译、摘译、编译;按题材划分,可分为专业翻译、一般性翻译与文学翻译;按旅游翻译者分类,分为机构翻译、旅行社职业翻译、自由翻译者;按内容划分,可分为旅游公司宣传资料的翻译、景点介绍翻译、美食翻译、文化典故翻译、公示语翻译;按工作区域或业务范围分类,可分为地方导译与全程导译等。无论是何种内容的翻译,采用何种方法进行翻译,译者都要注意旅游文本本身的文体特点,包括用词、语法、句式结构、修辞、语气等,还要注意两种语言背后的文化在旅游材料中的体现以及翻译中的处理策略,同时要针对不同的情况,采取不同的翻译方法。

全球化视域下的旅游翻译基于整合营销传播理论的指导,其关注的重点由个别语句、语篇,转为实现旅游信息服务、共同的营销这一目标,以及不同功能的动态旅游信息和静态旅游信息系统及其内部的各个语篇的功能与具体目的间接关联。旅游业的促销或者信息服务系统动态信息与静态信息系统主要涉及以下几方面:

(1)动态旅游信息(口译):导游、谈判、解说、咨询、导购、会议口译(交传、同传)、演出、人员推销、旅游顾问、乘务、电话、专题活动、形象代言、驾驶员等;

(2)静态旅游信息(笔译):导游图、交通图、旅游指南、景点介绍、画册、产品目录、活动宣传品、广告、新闻、菜单、招贴海报、纪念品、交通工具、公示语、城市导向、商场导购、国情、音带、录像带、影片、幻灯片、网络、会展、节事/专题、电子邮件、直邮、BBS、博客、手机短信、专栏专刊、杂志、电子导游、电子显示(屏)、光盘、游客中心等。旅游信息服务系统内部类别的细分遵循这样一个原则,即以服务对象旅游者为核心。旅游者作为一个特定的消费群体,其构成具有多元性,需求具有多样性,基于此,旅游信息的题材和体裁形式差不多包含翻译实践者接触的绝大部分形式。因此,在采用翻译策略与方法时,不能单单局限在某一种,或者某几种方法。

旅游文本的英译文,主要以异国游客为阅读对象,正因如此,在进行翻译的过程中,译者应该将交流与效果放在首位,而且不仅仅局限于原文的表达方式,还要对文本的预期功能和目的进行分析,进而灵活采用翻译策略,借助恰当的表现形式对信息进行传达,从而使译文在准确表达原文信息的基础上,做到通俗易懂,进而"说服"读者进行旅游文化交流。

二、旅游文体翻译技巧

（一）直译

"直译"就是忠实地传达原文的信息,除原文结构根据中英文的差异会发生改变外,其他无须做变通。一般说来,如果原旅游文本包含的均是实质性信息而且没有太多特殊的文化内容,直译不会引起读者的误解,反而会让读者感到信息很充足,这种情况下就应选用"直译"这一策略。例如:

①On the southern slope of Goms, at the entrance to the Binn Valley, lays the mountain village of Emen. A neat little village, with the parish church visible from afar, in fact awarded a prize for its particularly well-preserved village image. Here, since more than 25 years, annual concerts and master classes with renowned names in classical music have taken place in the "Music Village" Ernen.

译文:小山村厄嫩位于戈姆斯南坡上,位于比恩山谷的入口处,在很远的地方就能看到小村的教区教堂。实际上,这座整洁的小山村因为其保存特别完好的村庄形象而获得过大奖。这里的年度音乐会和大师班已举办超过25届,众多古典音乐界的著名人物都曾出现在"音乐村"厄嫩。

（二）直译加注释

直译加注释就是在括号内对译文添加一些简单的注释内容,尤其是对一些音译的人名、地名或事件名等进行意思上的解释,从而使读者更好地了解其中涉及的人物、地方或事件等,激发读者的兴趣并丰富读者的知识结构。从某种意义上来说,注释是增词法的一种表现形式,但一般仅对前面的词进行解释。例如:

②Friedrich Nietzsche, Richard Wagner, Hermann Hesse, Thomas Mann, Arturo Toscanini, Richard Strauss, Herbert von Karajan and many other famous personalities from the worlds of the arts and culture have contributed to the myth and nimbus of this valley. "Schlittedsa Chalandamarz", an own architectural style (the "Engadine house"), and the famous Engadine nut tart are also a part of it all.

译文:弗里德里希·尼采(哲学家)、理查德·瓦格纳(音乐家)、赫尔曼·黑塞(作家,曾获诺贝尔文学奖)、托马斯·曼(作家,曾获诺贝尔文学奖)、阿尔图洛·托斯卡尼尼(指挥家)、理查·施特劳斯(作曲家)、赫伯特·冯·卡拉扬(指挥家)以及其他众多著名的艺术和文化名人为这一山谷增添了神秘和灵气。Schlittedas-Chalandamarz这一独特的建筑风格(恩嘎丁之屋)以及著名的恩嘎丁坚果甜饼也是其文化的一部分。

一般说来,英语旅游材料译成汉语时添加注释的情况不是很多,因为大部分英语旅游材料中除名人以外,很少涉及其他难懂的信息,所以一般不需要添加注释。直译加注释更多地适用于汉译英。(彭萍,2016:31)例如:

③霍元甲故居建于清同治初年,1997年进行了重新修茸。故居内陈列了与霍元甲相关的文物及其生前用过的遗物。西屋霍元甲书房墙上高挂着孙中山为精武体育会馆做的题词"尚武精神"。

译文:The former residence of Huo Yuanjia, built during the early years of the Tongzhi Period of the Qing Dynasty, was renovated in 1997. It displays cultural relics and daily belongings related to Huo Yuanjia. On the wall in the west study of Huo Yuanjia hangs the inscription "shangwu jingshen"(which means martial spirit) written by Sun Yat-sen for the Chinwoo Athletic Association.

(三)增译

增译就是出于表达、语法、语境、语义、意义、修辞、文化等方面的需要,且使译文忠实地表达原文的意思与风格,合乎表达习惯,在译文中添加一些原文没有的字眼。一般说来,这种情况适用于汉译英,因为汉语旅游材料中许多名胜古迹均与一定的历史事件、典故和人物等联系在一起。除上文所述的对名称的解释外,有时还需添加一些原文所没有的背景信息,以利于英语读者阅读。英译汉,由于英文背后的思维结构和审美心理不同于汉语,英文更注重信息和写实,汉语更注重艺术和渲染,所以一些英文旅游材料在译成中文时往往添加一些渲染的词汇,以迎合中文读者的审美预期和思维方式。

④琼岛东北部有"琼岛春荫"碑,于1751年建立,附近风光秀丽,过去是燕京八景之一。

译文:In the northeast of Qiongdao Island, there is a stone tablet, erected in 1751, with "QiongDao Chun Yin"(Spring Shade on the Qiongdao Island) engraved on it. It is said the inscription was written by Emperor Qianlong (with his reign from 1736 to 1796). This area, noted for its beautiful scenery, was counted as one of the eight outstanding views of Beijing.

例④的英译文中除对"琼岛春荫"四个汉字进行了注释外,还添加了"It is said the inscription was written by Emperor Qianlong (with his reign from 1736 to 1796)."这一信息,这有助于读者了解所介绍景点的历史意义。中国具有悠久的历史,在对风景名胜、历史古迹进行介绍的时候通常会涉及重大历史事件、历史典故以及中国传统佳节等。中国人对相关的文化背景比较熟悉,所以在旅游资料当中点到即可,但是外国游客可能并不了解其中所涉及的历史背景知识,这在一定程度上会降低他们对相关旅游景点的游览需求。正因如此,翻译工作者应该注意在译文中补充相关文化背景知识,进而帮助外国游客更好地了解景点以及其背后蕴含的文化,对中国文化起到宣传作用。

⑤每年七月初七,清代帝后要于御花园祭拜牛郎织女星。八月十五中秋夜晚,则要到此祭拜月亮。九月初九重阳节,要在此登高望远。

译文:According to the lunar calendar, the emperor and empress would come to the Imperial Garden and offer Altair and Viga on the every 7th day of the 7th lunar month. Also, during the <u>Mid-Autumn Festival</u> and the <u>Double Ninth Festival</u>, they would climb the hill to enjoy the scenery with the royal family and offer sacrifice to the moon.

例⑤中所提到的节日,"七夕节""中秋节""重阳节"等都是中国的传统佳节,家喻户晓,因而中文资料中未对它们做更详细的介绍,这并不影响中国人对相关旅游景点的了解,但外国游客对此可能并不了解。对上述译文中的画线部分进行适当的补充,有助于外国读者理解原文。

(四)省译

省译也叫"删减"翻译,即在翻译的过程中省掉原文中的一些词,在译文中不译出来,因为译文虽无其词但已有其义,或者在译文中不言而喻。例如:

⑥这儿的峡谷又是另一番景象:谷中急水奔流,穿峡而过,两岸树木葱茏,鲜花繁茂,碧草萋萋,活脱脱一幅生机盎然的天然风景画。各种奇峰异岭,令人感受各异,遐想万千。

译文:It is another gorge through which a rapid stream flows. Trees, flowers and grass, a picture of natural vitality, thrive on both banks. The weird peaks arouse disparate thoughts.(*Beifing Review*)

原文使用了大量四字词和平行对偶结构,读来朗朗上口,音韵俱佳(特别是第一句中的"葱茏""繁茂""萋萋"三词)。但若照搬到译文中,定会臃肿堆砌,反而达不到原文所要体现的意境。译文采用省译的手法,行文直观简洁,vitality、thrive二词可谓画龙点睛,disparate thoughts也恰到好处地表达了原义。

在旅游文本翻译中,"省译"一般适用于汉译英。中文的旅游文本在描述事物时,多引经据典,以博得读者的审美认同感,其文字工整对偶、节奏铿锵,夸张渲染的手法可以让读者产生一种意境美。而西方传统哲学强调抽象理性思维,体现在语言表达形式上,就出现了英语句式构架严整,表达思维缜密,行文注重逻辑理性,用词强调简洁自然的风格,忌重复累赘,追求自然流畅之美。他们更愿意看到一些实质性信息,所以

如果直译,效果会适得其反。可见,在旅游文本的汉译英过程中对上述情况采取"省译"的策略是必要的。例如:

⑦江岸上彩楼林立,彩灯高悬,旌旗飘摇,呈现出一派喜气洋洋的节日场面。千姿百态的各式彩龙在江面游弋,舒展着优美的身姿:有的摇头摆尾,风采奕奕;有的喷火吐水,威风八面。

译文:High-rise buildings, ornamented with coloured lanterns and bright banners, stand along the river banks. On the river itself, decorated loong-shaped boats await their challenge, displaying their individual charms. Some wag their heads and tails and others spray fire and water.

从以上例子可以看出,中文旅游文本中的描写符合中国读者的审美习惯和思维方式,但如果直译,对更注重逻辑、信息的英语读者来说会显得冗余,反而起不到旅游宣传的目的。因此,在翻译时省去一些非实质性信息的描写和渲染,保留具体客观的信息。这种译法既能保证译文符合英语读者的审美预期,又能保证旅游宣传目的,可谓一举两得。有时一些引用的诗句也可采取省译。

⑧这些山峰,连同山上的绿竹翠柳,岸边的村民农舍,时而化入水中,时而化入天际,真是"果然佳胜在兴坪"。

译文:The hills, the green bamboo and willows, and the farmhouses merge with their reflections in the river and lead visitors to a dreamy land.

⑨在我国最早的典籍中,即有有关这条河的记载。《尚书·禹贡》中的"漆沮既从,沣水攸同",说明沣水在远古就是一条著名的河流。

译文:Records about this river can be found even in the earliest Chinese classics, which prove that the Fenghe River has been well-known since ancient times.

⑩景山之所以有名,在很大程度上,就是因为这个亡国之君曾在此自缢身亡。清嘉庆年间有人作诗云"巍巍万岁山,密密接烟树,中有望帝魂,悲啼不知处",用以悼念这位末世君主。

译文:The fame of the mountain owes much to the suicide of the emperor. People in the reign of Jiaqing of Qing Dynasty wrote poems to mourn the emperor. It said that trees abounded on the Green mountain where the soul of the emperor cried sadly.

句⑧中的"果然佳胜在兴坪"、句⑨中的"漆沮既从,沣水攸同"及句⑩借用的古诗,都渲染了景点的神秘色彩,在汉译英的时候,没有必要对这些诗词进行直译,概括表达即可。

上述翻译方法,在对类似的翻译资料进行处理的时候,能够保证传递的原文信息的一致性。此外,译文应简洁明了、易于理解,这样有助于跨文化交际目的的实现。有些内容如果译出,定会给英语读者的阅读造成一定的困难,那么翻译就起不到很好的宣传作用,所以省略不译,从而使译文明白晓畅,达到功能对等。上述各例中汉语连珠四字句和对偶结构极富文采。而对英语来说,这些表达在很大程度上都有同义重复之嫌,所以未在译文中全部译出,而是根据它们的深层含义,用适切的译文予以表达。这就给我们一个启示:在某些情境下,汉语中不少惯用的华丽辞藻若出于讲究声韵对仗、渲染情感气氛或顺应汉语行文习惯等方面的考虑,翻译时可大胆予以删改,化"虚"为"实"。

（五）释义

从翻译的角度讲,释义就是用译者自己的话把原文的意思表达出来,即在译文中解释原文。在旅游文本翻译中,这种策略可用于原文引用比较难懂的诗句或典故,但直译加注释又没有必要的时候。此种策略一般适用于汉译英。例如:

⑪风和日丽时举目远望,佘山、金山、崇明岛隐隐可见,真有"登泰山而小天下"之感。

译文:Standing at this altitude on sunny days, one has the feeling that the world below is suddenly belittled. (When one looks out from such an altitude on sunny days, the world before him seems to be suddenly belittled.)

⑫舟的前方驾着一柄长舵,形如关云长的青龙偃月刀。

译文:In front of the boat is a long helm, which is shaped like the knife on the westerners' dinner table.

句⑪原文中"登泰山而小天下"这句话只译出了其中的意思,没有直译;句⑫的"关云长的青龙偃月刀"如果直译,还需注释说明"关云长"、"青龙"和"偃月刀",这样显得烦琐,而且即使解释出来,外国读者也不一定完全明白其中的文化内涵,因此翻译时仅对这些信息进行解释即可。"青龙偃月刀"与西餐餐具联系在一起,使英语读者感到亲切生动,没有陌生感,巧妙地找到了最佳关联点。这一译文关照了外国游客心境,获得了"诱导"的效果,可以使译文读者在自己文化的基础上理解异国文化内涵,有助于文化的交流与理解。

（六）重复译法

为了使语言简练,避免行文单调,英语经常在同一句子中省略重复使用的动词,有时一个动词会接几个宾语(或几个表语)或大量使用代词以避免相同名词的重复。在汉语中,为了凸显某个意思或增强感情的表达,会较多地使用同义词或反复出现同一个词语,从而给读者留下深刻的印象。在翻译中为了体现风格的对等,应采用重复译法处理这一表达上的差异。

⑬This waterside town is old but not living in the past.

译文:这座水城是古老的,但它并未沉醉于古老的过去。

⑭金窝银窝,不如自家的草窝。

译文:Gold home or silver home, the sweetest is one's own home.

(七)拆分译法

由于英汉两种语言在词汇、句型结构上的差异,两者不可能在句式上完全对应,所以必须从词汇搭配、结构上对原文进行相应处理。在翻译中,英译汉时多用拆分法。拆分法就是将英文逻辑严谨的立体复合结构按汉语的行文方式拆开来译,一句变多句,按汉语事理顺序并行铺排。例如:

⑮**The fanciful names** at Arches National Park like Fiery Furnace, Three Gossips, Marching Men, Dark Angels, etc. **do justice** to the otherworldly rock formations they denote.

原文仅有一句话(句中黑体部分为句子主干),结构紧凑,主次分明,汉语却不可能用一句话译出:

石拱门国家公园内那些极富想象力的景物名称如"火炉烈焰""三个长舌妇""行进者""黑天使"等与超凡脱俗的山石形象极其相称且名副其实。

这样的译文既不符合汉语习惯,原文词语内涵(黑体部分)也未得到恰当引申(增译)。所以翻译时必须拆开来译,以保证译文准确通达:

石拱门国家公园内各景点的名称可谓五花八门、极富创意:"火炉烈焰""三个女人一台戏""行进者""黑天使"等。这些名称用来形容那满山造型怪异的山石群像可谓名副其实、惟妙惟肖。

译文的句式明显一分为二,原文的内涵意义也被恰当引申,显得更有感染力。

(八)合并译法

合并译法指在认真分析汉语多个分句逻辑内涵的基础上,找出各分句间逻辑语义上的主次关系,再用英语中相应的词汇、语法手段在译文中按逻辑主次分门别类进行"空间搭架"式的有机组合。(杨贤玉,乔传代,2014:81)例如:

⑯太白山为秦岭主峰,位于陕西省眉县南部,兼跨太白县、周至县部分地区。顶峰冰冻期长,除盛夏外,积雪不消。由关中平原南望,山顶银光闪闪,故名。

从原文三个句子中各分句间的逻辑内涵来看,可按英语的主次关系将其合并为两个主从复合句:前句讲地理位置("位于"为 SV 主干),后句讲山体形貌("积雪不消"为 SV 主干)。其他分句是伴随状语,在译文中可处理为同位语或方式状语,分别按逻辑关系依附于这两个 SV 主干上:

Mount Taibai, the summit of the Qinling mountain range, stretches across the south of Meixian County and parts of Taibai and Zhouzhi Counties in Shaanxi Province. The top of the mountain is snow-covered all year round with a long freezing period except in summer season, shining as silver when viewed in distance from the Central Shaanxi Plain-hence the origin of the mountain name "Taibai"(always white). (*Beijing Review*)

（九）换序译法

换序译法指翻译时对词序做必要的改变,以符合译入语表达习惯。换序并不只是纯粹的颠倒词序或倒装。英汉词语和句子组成及排列顺序千差万别,因此英译汉时对原句中的成分顺序做些调整,是一种极为常见的翻译技巧。根据对英汉思维方式的比较,中国人思维上整体优先,从整体到部分的思维方法反映到语言上就是在时间和空间概念上从大到小的排列顺序。而英美人思考问题的程序是从小到大。这里就包含着两种文化和思维方式的差异,这是两个民族在各自文化氛围中形成的具有各自特色的考虑问题和认识事物的习惯方式,反映到语言上就是表达顺序和词语顺序的不同。

⑰Miniature landscape gardeners are all artists in a way.

译文:从某种意义上来说,搞盆景的人都是艺术家。

原句中in a way位于句尾,但是在译成汉语的时候,为了符合汉语的表达习惯把它提到了句首。

⑱中国那些富有诗意的人乐于沉浸于此的一种境界——宁静美。

译文:Serene beauty—that's a state that poetic-minded people in China will be happy to lose themselves in.

汉语的表达习惯是把重要信息放在句子后面,但是英语的表达习惯却是把重要信息放在句首。因此,句⑱在英译时,把"宁静美"提到了句首。

（十）重构译法

重构译法指的是由于汉英叙述方法存在差异——中国人经常先叙述原因,再说结果,而西方人习惯于先说结果,然后用连接词将其与原因连接。在进行旅游文本翻译时,可以采用重构译法。

⑲Beautiful and serene, Malacca is perfect for tourists seeking rest and relaxation in a tropical paradise.

译文:对于在热带天堂中寻找休息和放松的旅游者来说,美丽宁静的马六甲可谓完美无瑕。

译文根据汉语的行文需要,调整了原文的句式结构,将for tourists seeking rest and relaxation in a tropical paradise先行译出,让beautiful和serene作定语修饰Malacca。这样的译文更加通顺流畅,符合汉语的表达习惯。

⑳Cape Breton Highlands National Park stretches across the northern part of Nova Scotia's Cape Breton Island, embracing the best the island has to offer Flanked on the east by the Atlantic Ocean and on the west by the Gulf of St Lawrence, this magnificent preserve of highland plateau offers steep headlands, rich bogs, and windblown barrens (home to rare arctic and alpine plants), crystalline lakes and swift running streams, sandy beaches, Acadian forests, and deep canyons. Made of some of the oldest visible rock on the planet, this rugged land was shaped by uplift, erosion, and glaciers, beginning between one billion and 345 million years ago. (*National Geographic*)

译文:布雷顿角高地国家公园位于新斯科舍省布雷顿角岛北端,东大西洋,西邻圣劳伦斯海湾,拥有该岛最佳的风景。保护区内景色壮观,一派山地高原风光:陡峭的海岬,肥沃的湿地,明净的湖水,湍急的溪流,多沙的海滨,幽深的峡谷和阿卡迪亚森林。还有那山风肆虐的荒原是稀有的北极高山植物的家园。该岛由地球上仅存的最古老的岩石构成,10亿万年前到3.45亿万年前经地壳隆起、自然风化和冰川的作用,形成了岛上巨岩叠嶂的崎岖山地风貌。

在调整了原文的句式结构后,译文先讲地理位置,再总括景物,然后分述,并且根据汉语行文的需要,调整原文语序,确保译文节奏流畅、行文通顺。

(十一)篇章整合与改写

在对一些中国所特有的表达方式或者汉语当中特有的语言结构进行翻译的时候,假如按照字面意思直译成英语,那么对中国文化背景不是很了解的外国游客来说,理解起来就会很困难。正因如此,出于更好地实现预期译文功能的目的,可以依据具体情况基于译入语处理同类语篇的习惯加以改写。例如:

㉑在四川西部,有一美妙去处。它背依岷山主峰雪宝顶,树木苍翠,花香袭人,鸟声婉转,流水潺潺。它就是松潘县的黄龙。

译文:One of Sichuan's fine spots is Huanglong, which lies in Songpan County just beneath Xuebao, the main peak of the Minshan Mountain. It has lush green forests filled with fragrant flowers, bubbling streams and songbirds.

译文采用了篇章整合的形式,句序重新布局,段尾句子提前和首句合译成一句,开门见山,并把"树木苍翠,花香袭人,鸟声婉转,流水潺潺"等四字结构遵循英语习惯进行简译,使得原文的结构和语义更加紧凑,更加符合英语叙事直观、质朴的语言特征,进而突出其信息功能。就功能翻译理论而言,这篇译文更加注重译文的交际效果,并且强调了翻译策略要变通的理念。

在翻译的过程当中,译者可以借助汉英文本信息量的差异性来选择恰当的翻译方法,要将目的语读者作为中心,对其认知环境与心理期待进行充分的考量,对原文信息进行调整,进而对译文文本当中蕴含的"呼唤"与信息功能进行彰显。因此,在旅游翻译的具体实践当中,译者除了在汉英双语表达方面需要具备扎实的基本功,还需要对中外文化有深刻的理解。

第四节　广告文体翻译

　　广告体就是指各种商业广告,其风格为语言简洁凝练,避免使用专业术语,其功能为介绍、鼓动或游说。(董兵,2017:148)广告具备信息功能、美学功能、感召功能、说服功能等。广告种类很多,按照不同的语体,可分为口语广告和书面广告;若按照其内容来分类,又可划分为商业广告、工业广告、招聘广告、公益广告等。商业广告一般细分为两大类,即"硬卖"类和"软卖"类。前者在文体风格上接近于具有信息功能的新闻文体和科技文体,语言准确明细、朴实客观,语气平稳冷静;而后者在文体风格上接近于文学体裁,语言较丰富,形象生动,语气夸张,诱惑力强。但无论何种类型的广告,其目的和主要功能都决定了广告文体的特殊风格,即词汇丰富,特别是形象生动、富有新意的词语;句子简洁有力,少用长句、复杂句,大量使用省略句、祈使句;惯用比喻、夸张等修辞手段以达到吸引、愉悦读者的目的。(张肖鹏,吴萍,2017:125)

　　广告英语作为一种应用语言,因其所具有的特殊效用,在用词、造句、修辞方面也颇具特色,因此,翻译时必须注意广告英语的语言特色。

一、广告文体的用词特点

广告极其广泛的运用,使得广告英语已经成为英语中的一种特殊变体。

(一)用词简单,具有口语化倾向

广告一般选用简单的常用词汇。不管媒介是广播、电视、电影,还是招贴、传单、报纸杂志等,广告英语一般以口语为基础,以便于人们理解和记忆。

①My Goodness! My Guinness!

这是一则啤酒广告,Guinness是啤酒的名称。在这一警句式的广告口号里,口语化特点十分明显。My Goodness为口语中表示惊讶的说法,Goodness与Guinness尾韵和头韵相同,读起来朗朗上口,生动地刻画出人们在饮用该啤酒时赞不绝口的情景。

②"I couldn't believe it, until I tried it!"

　　I'm impressed, I'm really impressed

　　You've gotta try it!

　　"I love it!"

这是一则微波炉的广告,用词极为简单,极为口语化。使用的gotta在美式英语中相当于got to。这就使得该广告极像一个使用过该微波炉的人的经验之谈,极富亲切感,更容易使人们相信该产品的实用性。

当然,并不是所有的英语广告都以口语为基础,英语广告的受众不同,所使用的语言也应有所区别。巧克力、饮料、大众食品等日常用品的消费者不分男女老幼,社会的每一个成员都有可能成为该类广告的读者。因此,该类广告所使用的语言必须大众化,通俗易读。名贵的酒类、豪华的汽车、高级化妆品等都以富裕的、受过高层次教育的人为对象,这类广告的语言就要求高雅、富有文学色彩,以适合该层次消费者的口味。同时,优雅的广告用词还可以烘托出商品的华丽,以显示出消费者的社会地位。(崔刚,1993:28)例如:

③Wherever you fly, to over 80 destinations across 5 continents, we'll welcome you the moment you step on boards, as you would be honored guests in your own home, sharing with you a world of enchantment that is Malaysia. Whether in the luxury of First Class or the comfort of Golden Club, you'll find that the pleasure of flying never ends, on the international airline with a growing modern fleet that includes the latest 747-400s.

这是一则航空公司的广告,使用了许多正式、书面的广告词,如 genuine warmth、honored、enchantment、luxury等,显示出消费者的社会地位。

(二)模拟生造词

创造新词可以使消费者不自觉地联想到产品的独创性。根据英语的构词规则,造一个独创的、易为读者理解的词,可以大大增强广告的新鲜感,以增加广告的吸引力。例如:

④We Know Eggsactly How To Sell Eggs.

此句中eggsactly是exactly的谐音拼法变体,与后面的eggs相呼应,这种类似"构词游戏"的做法别具一格,强化了广告的宣传效果。

(三)使用缩略语

现代广告的费用极其昂贵,使用缩略语可以节省篇幅,降低广告的成本。例如:

⑤TO LET OR FOR SALE

Furnished Edinburgh Court, 426 Argyle St, 2nd floor, 1630 sq. Ft., 4 bedrooms with dining and living room, private at garage. Sale at $30,000. Monthly rent at 1,400. Tel. 38954 or 823784 office time.

这是一则房屋出租或出售的广告,大意为:Argyle街426号Edinburgh公园大厦3楼全层,面积1500平方英尺,四间卧室并带有客厅及饭厅,附自备车房。售价:30000美元,月租价1400美元。请于办公时间拨打电话38954或823784。

（四）使用英语形容词及形容词的比较级和最高级

广告的作用在于宣传产品，描写产品的性质及品质，因此，形容词的使用在广告英语中起着举足轻重的作用。广告英语中所使用的形容词很多，使用频率较高的形容词有：new、crisp、good/better/best、fine、free、big、fresh、great、delicious、real、full、sure、easy、bright、clean、extra、safe、special、rich 等。

new 是广告英语中使用最多的形容词之一，它的修饰能力极强，可以用来修饰产品的大小、形状、外观、颜色、构成等。它既可以同 contest、competition、ideas 等抽象名词搭配，也可以同 booklet、bottle、car、shampoo、soap、TV 等具体名词搭配。例如：

⑥What's on the best-seller list?

In IBM Personal Computer Software?

英语形容词的比较级和最高级在广告英语中也经常使用。比较级可以显示出与其他商品相比的长处，而最高级则可以表示该商品的最佳品质。例如：

⑦The hottest news hits, your favourite artists.

在这则推销录音带的广告中，hottest、favourite 用得恰到好处，"最热门的影片"和"观众最喜欢的演员"容易在读者中引起共情。

（五）使用动词讲究又数量有限

广告的最终目的是使消费者购买其商品。然而，在广告英语中 buy 一词用得极为谨慎，因为 buy 的含意为 to obtain something by giving money，容易让人产生"把钱花出去"的不愉快的联想。因此，广告设计者总是尽量避免使用该词，而选用其他的词，把广告的用意表现得淋漓尽致。最常见的动词有：be、make、get、take、try、come、go、have、need、see、use、give、discover、introduce、remember、serve、choose、look for、let、send for、call、come on。

这些动词都是日常口语中常见的，绝大多数属于基本词汇。其中单音节词大大超过多音节词。这些简单易懂的词汇能使广告产生更大的社会效应。

（六）复合词的使用

在广告英语中使用最多的是复合形容词，其构成方式主要有以下几种类型：形容词+名词，例如，these twenty top-quality bulbs；名词+形容词，例如，the farmhouse-fresh taste、feather-light flake；动词-ing+形容词，例如，shining-clean pans、your paintwork comes up sparkling-clean；名词+动词-ed，例如，honey-coated sugar puffs；副词+动词-ed，例如，perfectly-textured cakes；名词+动-ing，例如，the unbreakable hand-fitting container；形容词+动词-ing，例如，the best-looking small car in the world；副词+动词-ing，例如，the best-selling soft toilet tissue。

二、广告文体的句法特点

虽然英语广告纷繁复杂,各种各样,但由于广告的共同目的,其所用的句式有共同之处,概括起来有以下几点。

(一)简单句多,口语性强

正如其词汇特点一样,为了适应广大消费者的需求,广告英语常采用那些简单、口语性强的句式。为了减少广告费用,需尽量减少篇幅,这就要求广告必须用最少的版面,最精练的语言,传递出最多的信息,最有效地激发读者或观众的购买欲望。为打开产品销路,广告英语必须精练。因此,简单句多、口语性强成为广告英语的重要特点之一。例如:

⑧Coke adds life.

⑨What it's like to be small but good.

不论是报刊广告,还是电视广告,都可以借助画面以渲染效果,句子更要简洁精练。当然,有时在广告英语中也可以使用比较长的句子,在大都使用短句的环境中,使用长句可以达到意想不到的效果。但是,广告的最终目的在于推动消费者去购买商品,而短句节奏急促,跳跃性强,更容易刺激消费者。从另一方面来看,短句容易记忆,因此,产品的名称一般放在短句之中。

(二)多用并列结构,较少使用主从结构

英语中,连串的并列结构比"节外生枝式"的复合句更容易理解。广告英语为求得简洁易懂,常倾向于使用并列结构,而相对来说较少使用复合结构。这概括了广告英语在句法结构方面的另一个重要特点。例如:

⑩To laugh；To love. To understand each other.(《娱乐世界》广告)

有时并列结构可以形成排比的气势,给人留下极为深刻的印象。

(三)尽量避免使用被动结构,多用主动结构

人们在口语中多用主动形式,因此,在广告英语中,主动结构用得很多,而常被作为书面语特征之一的被动结构用得就很少了。这可能与消费者的心理有关,多采用被动结构往往会使消费者产生处于被动地位的感觉,而主动结构则可以使他们认为自己处于主动的地位,会主动地、欣然地购买该商品。例如,百事可乐的广告:For next generation(新一代的选择)。

(四)少用否定句式

广告具有传播信息的功能,可用于向消费者介绍某种商品的优点,以期望消费者

产生购买的欲望,随之采取行动。这样就需要多从肯定的意义出发,因此,否定结构在广告英语中并不多见,否定句一旦出现,一般是否定其他的商品,以凸显自身。例如:

⑪You won't find a quicker, easier, neater way to enhance your beauty.(化妆品广告)

（五）多用祈使句

广告的目的在于实现其引导功能,而祈使结构可以较好地达到这一目的。因此,祈使结构经常出现在广告英语中。例如:

⑫Stop in a store near you; Take a look.

⑬Go ahead, compare.

⑭See for yourself.

⑮So step in and take a look.

⑯Visit an authorized IBM personal computer dealer.

这是一些典型的使用祈使句的广告实例,也是极为成功的广告。通过使用这些祈使句,广告能很好地起到劝说和敦促消费者采取行动的目的。

（六）多用现在时

现在时可以表示经常性或习惯性的动作、现有的特征和状态以及普遍真理。在时态上,广告英语多采用一般现在时,以表示商品属性的持久性和永恒性。

（七）省略句出现频繁

广告语言必须具有瞬时效果,即能很快地说服受众,这样才能使其所宣传的商品在与同类商品的竞争中取胜。为达到这一目的,广告设计者往往会使用最精练的语言来突出所设计广告的要点及内容,使受众一目了然,难以忘怀。使用省略句可以节省广告的篇幅,传递尽可能多的信息。另外,将次要的句子成分简化或省略,可以凸显关键的词语。所以,省略句或以省略形式出现的句子也就成为广告英语中最引人注意、最具代表性的句型,并且是广告英语中极为突出的特征之一。

三、广告文体翻译技巧

汉语和英语分属不同的语系,虽然有不少共性元素,但很难做到形式上的对等。所以,将汉语广告翻译成英语时,要考虑受众的语言、文化等的差异,使译文更符合英语广告的特征,刺激受众的购买欲望。

1. 直译

直译是指把原来语言的语法结构转换为译文语言中最近似的对应结构,词汇一一对译,不考虑上下文。它主要用来处理一些意义较明确,句法结构较简单、完整,按字面意思直接翻译便能表达句子的表层意思和深层意思的广告口号或标题。对于以陈述句形式构成的广告,翻译时尽量不要改变原文的风格与句式。例如:

⑰We're siemens. We can do that. 西门子,我们能办到。(西门子)

⑱Take Toshiba, take the world. 拥有东芝,拥有世界。(东芝电子)

2. 意译

意译通常指取原文内容而舍弃其形式,是一种经过消化的"语内翻译",容许译者有一定的创造性,但原文的基本信息应该保存。意译较为自由、灵活,翻译过程中通常考虑到译文读者因文化而产生的阅读和理解上的差异,所以这类译文从读者角度看比较地道,可读性较强。有时出于表达习惯的需要,会对原文进行意义的挖掘、引申或扩展,也会使用对仗工整的句式,使之朗朗上口且意义深刻。如:

⑲Intelligence everywhere.智慧演绎,无处不在。(摩托罗拉手机)

从上述例子可以看出,意译很恰当地表明了产品的特性,虽然没有在词义上与原文一一对应,句子的结构形式更是荡然无存,但原广告词的精髓和深层意思得以很好地保留。

3. 直译、意译结合法

直译、意译结合指翻译时部分直译,部分意译。例如世界大牌饮料 Seven-Up,如果直译为"七上",我们不免会联想到汉语里的一个词语"七上八下",所以我们保留"七",而 up 指 come up with,有"活泼向上,使人欣喜"的意思,译为"喜",两部分合在一起译为"七喜"。

除了上述翻译技巧外,翻译时还需要注意文化差异和语言转换作用,以汉语为母语和以英语为母语的人在民族心理、思维和推理模式方面存在显著的差异。不同文化背景的人在使用对方语言交际时,文化差异因素必然会制约语言的使用。所以翻译广告英译时一定要重视译入语所属文化的差异。例如,"白象牌"电池一度畅销全国,出口时翻译成 white elephant,而 white elephant 在英语中意为"无用而累赘的东西",这个广告译文在英美市场将会带来的后果就可想而知了。

为向译文读者忠实地转达原文的信息,有时需要做适当的文化转换。如下面一则食品的广告词:

⑳本品即购即食,食用方便。

原译文:Opening and eating immediately.

"即购即食,食用方便"是食品食用方面的说明文字。immediately 对应广告中的"即"不妥,因为国外消费者读到 immediately 后,所产生的联想是"不吃掉,食品马上就会坏掉",这势必有损产品的形象。而把"即购即食,食用方使"译为 ready to serve,才能达到广告双语转换中产品形象的等值效果。

因此广告翻译不是表象文字上的吻合,而是信息和语言内涵上的紧密结合。只有当广告原文语言在读者心中引起的反应与译文语言在译文读者心中产生的反应在效果上相似时,翻译才算达到等效。总之,商品广告具有其特殊的功能和目的,与其他文体的创作和翻译有很大的区别。它的唯一目的是尽快地把更多的商品推销出去,在翻译过程中必须重视东西方文化的差异,这对满足消费者的心理需求是至关重要的,毕竟决定权掌握在消费者手中。

第五节　商务文体翻译

商务翻译(business translation),也称经贸翻译(economy and trade translation),其内容包括国际贸易和国际投资等,涉及的领域包括跨文化交流、国际营销、国际金融、国际会计、国际审计、国际税收、国际结算、国际物流、人力资源管理、知识产权、电子商务和贸易法律等。国际商务不仅包括国际贸易和国际投资,涉及的行业还有银行、运输、旅游、广告、建筑、零售、批发、保险、电信、航空、海运、咨询、会计、法律服务等。就文本样式而言,有商务书信、合同书、说明书、外贸运输单证、保险单、专利说明书、标准、广告等。凡与上述有关的翻译均可称为商务翻译。(方梦之,2013:264)可见,商务翻译范围广,形式多,文体跨度大。

一、商务文体类型

商务英语文本涉及面广,类型多样。以下从文本特点出发,把商务文本分为固定格式型、传递信息型和劝说诱导型。

1. 固定格式型

固定格式型文本包括:合同(contract)、信用证(L/C)、汇票(draft)、提单(B/L)、产地证(certificate of origin)、商检证(inspection certificate)、商业发票(commercial invoice)、装运通知(shipping advice)、保险单(policy of insurance)、报关单(customs declaration)等。这些文本的措辞严谨,多用术语,逻辑性强,结构严密,多长句难句,语体格式化且行文规范。汉语文本格式与英语大同小异。

2. 传递信息型

传递信息型文本有:询盘(enquiry letter)、报盘(offer)、还盘(counter offer)、订货单(indent)、电报/传(cable/telex)、传真(fax)、电邮(e-mail)等。这类文本大多具有语气委婉、常用套语、语言简洁、语法简明等特点。再如市场报告(market report)、销售报告(sales report)、备忘录(memorandum)、会议记录(minutes)等,其特点是语体非正式,强调信息传递,语言清晰易懂。

3. 劝说诱导型

劝说诱导型文本有:推销信(sales letter)、产品广告(product ads)、商标(trade mark)、产品说明书(Instruction)、索赔函(claim letter)、催款函(collection letter)等。其特点是充分发挥语言的诱导功能,措辞严谨,修辞多变,语气委婉,以劝说读者为目的。

二、商务英语的文体特点

(一)专业知识

从事商务翻译时,译者要有强烈的商务语境意识和对所翻译的文本的专业意识。商务英语翻译不同于普通英语翻译,它是高度专业化的翻译,不仅要求译者具备扎实的英汉双语功底,还必须具有国际商务专业知识。比如包括银行、保险、证券市场等在内的金融行业相关专题的翻译,译者如果没有专业知识背景,仅用普通领域的知识去理解原文并翻译,会遇到意想不到的困难,这样译文的质量就不能保证。下面举几个例子来说明商务专业知识在翻译中的重要性。

①通知行为

这一短语若在普通文本中出现,对它的断句很自然是"通知+行为",而在商务英语文本如合同或信用证中出现,译者应首先想到的是"通知行+为",译为 the advising bank is,而不是 the advising of,也不是 the act of advising。"通知行"是信用证的当事人之一。

②the Insurance Policy

在普通英语中将此短语理解为"保险政策"是很正常的,而在商务英语翻译中就必须区分它所使用的语境,作为国际贸易中的常用单据之一,它是指"保险单"。

③Free Carrier

它不是字面的"自由承运人",而是一个贸易术语"货交承运人",简称FCA,指卖方必须在合同规定的交货期内在指定地或地点将经出口清关的货物交给买方指定的承运人监管,并承担直至货物被交由承运人监管为止的一切费用和货物灭失或损坏的风险。本术语适用于各种运输方式。(张炳达,2015:55)

④本合同规定美元的价值由议付日中国银行公布的美元对德国马克、法国法郎的平均买卖汇率的比率来确定。

这句话专业性强,若不熟悉商务英语合同付款的表达法,译者必然无从下笔,仅"本合同规定"、"议付日"和"美元对德国马克"中的"对"字在商务英语中的表达就需要注意。试译如下:

The value of us dollars under this contract is determined by the ratio of the mean buying and selling rates of US Dollars against Deutsche Marks and French Francs published by the Bank of China on the date of negotiation.

不了解商务英语合同付款表达法的译者也许想不到用 under this contract 来译"本合同规定",更想不到"美元对德国马克"中的"对"字该用 against,而不是 to。

以上翻译例证说明商务翻译工作不仅依赖译者的英语水平,而且需要译者具备国际商务知识,还必须掌握商务汉英互译的原则、技巧和特点,以及常用商务性文章的翻译方法。可见,商务翻译内容具有特殊性,要求译文从文体、词语、句子结构、语篇到格式及语言规范等都要符合行业表达习惯,译文需最大限度地再现源语所要表达的内容,使译语读者的感受与源语读者的感受最大限度地接近或一致。商务英语是专门用途英语的主要分支之一。了解并掌握商务文体特点,懂得英汉两种语言在表达方式上的差异,是做好商务翻译的前提。

(二)贸易术语

固定格式型文本措辞严谨,常用贸易术语。信息型文本措辞正式,常用套语。劝导型文本则措辞委婉,语气礼貌。商务英语信函中的正式词汇多于非正式口语词汇和基本词汇,这充分体现了规范正式的特点。在翻译时,译者经常以意义相同或相近的书面词语代替非正式口语词汇和基本词汇,如以 inform 或 advise 代替 tell(通知、告知);以介词短语代替简单的介词和连词,如以 so far、in respect to 等代替 about,等等。如果商务英语信函涉及货物的价格、重量等,相关数字必须准确严谨。时间概念在国际商务英语信函中必须准确具体,例如,8 月份有 31 天,因此"下旬"要用 the last 11 days 来表达;再如,介词短语 by Monday 和 before Monday 在国际商务英语信函中是被严格区分开的,前者包括 Monday,而后者则不包括 Monday 这一天,即截止日为 Monday 前的一天。

使用贸易术语可增强文本的权威性、严肃性和语义的确切性。《2000 年国际贸易术语解释通则》(INCOTERMS 2000)经常使用的贸易术语有:

C 组术语(主要运费已付):CIF(到岸价)、CFR、CPT、CIP 等。采用这组术语卖方需订立运输合同,但不承担从装运地启运后所发生的货物损坏或灭失的风险及额外费用。

D 组术语(运抵)有:DAF(边境交货)、DES(目的港船上交货)、DEQ(目的港码头交货)、DDU(未完税交货)、DDP(完税后交货)。按本组术语交货,卖方必须承担将货物运往指定的进口国交货地点的一切风险、责任和费用。

E 组术语(启运)——EXW(工厂交货价),即在工厂交货。

F 组术语(主要运费未付)——FOB(离岸价)、FAS(装运港船边交货)、FCA(货交承运人)。按这组术语交货,卖方须将货物交给买方指定的承运人,从交货地至目的地的运费由买方负担。

其他贸易术语如 CWO(订货付款)、COD(货到付款)。保险术语如 WPA(水渍险,指海上事故导致的货失货损险)。

因此,商务英语文体的涉外性决定了其专业术语或缩略语必须约定俗成、国际通用,且这些专业术语意思明确、内涵特定,在商务活动中频繁出现。因此,译者在翻译的过程中不能望文生义,要根据商务英语词汇的特定内涵,结合语境来翻译。

(三)古体词的使用

古体词常见于经贸合同及法律文本。最具特色的是由 where、there、here 与 in、by、with、after 等构成的复合词。这类词汇的特点是明晰古朴。尽管 thereinafter 的意义与 in that part which follows 相等,但前者简洁明了,而后者却累赘冗长。常见的此类古体词有:therein(in that/in that particular context/in that respect,在那里;在那点上,在那方面)、thereafter (after that,其后,从那以后)、hereinafter(later in the same contract,以下,在下文。一般与 to be referred to as、referred to as、called 等连用,以避免重复)、thereby (因此,在那方面)、thereof(of that/of it,它的,在其中)、hereby(by means of/by reason of this,特此,因此,兹。常用于法律文件、合同、协议)、just and due(合理与正当的)、sole and absolute(完全的)。

上述叠用词并非可有可无,在合同中它们可使表达更精确严谨。根据词性分类,它们可以有名词叠用(power and authority)、动词叠用(alter and change)、形容词叠用(sole and exclusive)、连词叠用(when and as)以及介词叠用(before and on、over and above、from and after)等。

同义词叠用是为了表意明确,避免出现歧义。翻译时,只需取其中一个词的含义翻译即可。例如,null and void 意为"无效",terms and conditions 意为"条款",provisions and stipulations 意为"规定",等等。

(四)多义词的使用

多义包括不同语境下的一词多义和多词一义两种情况。同样一个词在不同的专业背景下意思可能不一样,现以 current 一词为例:current assets 意为"流动资产",current liability 意为"流动负债",current cost accounting 意为"现时成本会计",current account 意为"往来账户,活期账户"。

又如:

⑤Buyers or their chartering agent shall advise the Seller by fax 10 days prior to the arrival of the carrying vessel at the port of shipment of the contract number, name of the carrying vessel, *approximate loading capacity*, lay days and port of loading.

上文中 chartering agent 一般称作"船代",全称"租船代理人/商/行",与其对应的词语为 freight agent（货代）；carrying vessel 为"承运船"，而非"载货轮"；approximate loading capacity 指船舶的"近似载重量"；lay days 指规定的船舶在港装卸货天数（时间），如果超过了这个时就要付"滞期费"；demurrage 也称"搁港费"。根据以上所述，试译为：

在承运船抵达装货港10天前，买方或其船代须将合同号、承运船名、船舶的近似载重量、船舶在港时间和装货港以传真的方式告知卖方。

⑥The credit which evidences shipment of 2,000 tons of steels may be <u>used</u> against presentation of the <u>shipping documents</u>.

译文：本信用证证明2000吨钢材已装船，凭装运单证议付。

在商务语境下，译者将 use 译为"议付"，shipping documents 译成"装运单证"。

⑦Business is a combination of all these activities：production，distribution and sale，through which <u>profit or economic surplus</u> will be created.

译文：商务是指生产、配送、销售并创造利润的所有关联活动。

在 profit or economic surplus 中，economic surplus 是对 profit 的解释说明，并非两个概念，可以看作同义词叠用。a combination of all these activities 如译成"一切活动的组合"，则不符合商务文献的表达规范，可译为"所有关联活动"。

一义多词是另一种词汇现象，如"支付"可有以下不同表达：reimburse、honour、cover、levy、collect、charge、be borne by、for account of、be payable、at one's expense 等。

⑧This draft is **payable** on the 19th of November.

译文：本汇票11月19日到期支付。

⑨Your expenses will be **reimbursed** in full.

译文：贵方的开支将得到全部付还。

⑩This letter of credit will be **honoured** only if the seller submits a letter or telex from AAA Company certifying that all terms and requirements under L/C No. 83658 have been complied with.

译文：本信用证将被承兑，只要卖方提交一份AAA公司发出的信函或电传证明编号为83658的信用证上所有的条款和要求已得到履行。

⑪The fee will always have **to be borne** by the beneficiary.

译文：该费用总是由受益人支付。

（五）近义词的使用

较多近义词的使用，展示出在商务英语信函中多元且灵活的语言风格。同时，近义词的具体用法及其区别展示出商务英语信函在遣词造句方面的精准性。利用两个或两个以上的近义词来限定词汇的意义，能避免意义模糊，从而确保内容的准确性。

如 cost and change（成本与费用）、power and authority（权限）、loss or damage（丢失或损失）等。这类表达在商务合同以及标书中使用较多，且已形成约定俗成的表达法。

（六）缩略语的使用

商务缩略语具有言简意明、方便快捷的特点，被广泛应用于国际贸易、国际金融、国际经济技术合作等领域。商务交际中大量缩略语的使用可使信息交流更加便利快捷。

1. 商务缩略语的构成方式及特点

缩略语可定义为由一个单词或词组的一部分构成的代表整个单词或词组的词语。在重视效率的现代贸易往来中，简洁明了的语言能节省大量交易时间，提高工作效率。缩略语易写、易读、易记的特点使其在商务英语中得到了广泛的应用。商务缩略语的简化方式多样，常用大写或小写，有时也会大小写并用，主要有以下五种构成方式。（廖国强，吴春容，2014：107）

（1）截词缩略法。

截词缩略法是通过截略原词的一部分构成缩略语的方式，是缩略语最常用的构词方法，可细分为以下十一种情况：

第一种，取短语中各实词（有时包括虚词）的首字母。这种缩写法多用大写字母，字母之间可用或不用缩写号，多用于组织名称、票据名称、价格术语等专有名词的缩写。如：WTO（World Trade Organization，世界贸易组织）、CEO（Chief Executive Officer，首席执行官）、L/C（Letter of Credit，信用证）等。

第二种，取一个词的前一部分，省去后一部分。如：Co.（Company，公司）、info.（information，信息）、doc.（document，文件）等。

第三种，取一个词的前一部分和后一部分，即留两头，去中间。如：BK（bank，银行）、WT（weight，重量）、QTY（quantity，数量）等。

第四种，取第一个词的首部和第二个词的尾部。如：motel（motor hotel，汽车旅馆）、dispirit（dissolvable aspirin，止痛片商标）、escalator（escalading elevator，自动扶梯商标）等。

第五种，取合成词的两部分中的主要字母。如：gr.wt.（gross weight，毛重）、telex（teleprinter exchange，电传）等。

第六种，取合成词的前部。如：mobile（mobile phone，移动电话）、cable（cable television，有线电视）等。

第七种，取辅音字母，去元音字母。这类缩略语常用来表示单位。如：Kg（kilogram，千克）、Pct（percent，百分比）、SZ（size，尺码）、MGR（manager，经理）、SMPL（SAMPLE，样品）等。

第八种,第一个单词缩写加第二个整词。如:e-mail(electronic mail,电子邮件)、QUINK(quick-drying ink,快干油墨)等。

第九种,第一个单词加后面单词的缩略形式。如:in/c(in charge,负责)、coins(co-insurance,共同保险)、Revolving L/C(Revolving Letter of Credit,循环信用证)等。

第十种,前几个单词缩写加最后一个整词。如:EFTA Countries(European Free Trade Association Countries,欧洲自由贸易协会国家)、EOQ Model(Economic Order Quantity Model,经济订购量模式)、GA Clause(General Average Clause,共同海损条款)等。

第十一种,首字母缩写字母加数字或数字加字母等。如:G8(Group of Eight,八国集团)、S&P 500(Standard & Poor 500 stock index,标准普尔500指数)等。

(2)谐音缩略法。

谐音缩略法是指用一个或多个同音或近音字母代替原词。这种缩写法常用于单音节词和少数双音节词,一般可按拼音或字母音拼读。如:BIZ(business,商业)、U(you,你)、V(we,我们)、OFA(offer,报盘)、OZ(ounce,盎司)等。

(3)符号缩略法。

符号缩略法是指用符号来代替相应单词的方式。这种方法形象简洁、一目了然,运用也十分广泛。这类缩略语通常表示单位,如:货币单位$(dollar,美元)、£(pound,英镑)、¥(RMB,人民币)等。有些介词、连词、数字也可用符号替代,如:&(and,和)、%(percent,百分比)、‰(permillage,千分比)等。

(4)变字母缩略法。

变字母缩略法是指词在缩写的过程中,其组成字母根据原词发音做了一定改动。这类缩略语往往难以识读。如:bike(bicycle,自行车)、CHOKKY(chocolate,巧克力)、fax(facsimile,传真)等。

(5)代号缩略法。

代号缩略法是用代号代替原词的方法。如:C(medium narrow,中号窄幅——男鞋宽度)、S(Edinburgh,爱丁堡——英国车辆注册地)、Z(Greenwich Mean Time,格林尼治标准时间)等。

2. 商务缩略语的翻译技巧

一般来说,商务英语缩略语的翻译可以从以下几个方面入手。

(1)意译。

此处的意译是指将商务缩略语根据其原来的意思进行翻译的方法。它的优点是能译出原词的含义,容易记忆。多数商务缩略语在翻译时采用此法。如:IMF(International Monetary Fund,国际货币基金组织)、CPI(Consumer Price Index,消费者物价指数)、CEO(Chief Executive Officer,首席执行官)、APEC(Asian Pacific Economic

Cooperation,亚太经合组织)等。

（2）音译。

音译即根据缩略语的发音来翻译。与意译相比,音译虽然不是缩略词翻译的首选,但当意译出来的意思太长、过于烦琐、令人费解时,一般采用音译。如:AIDS（Acquired Immune Deficiency Syndrome,艾滋病）、OPEC（Organization of Petroleum Exporting Countries,欧佩克）等。

（3）音译加意译。

有些商务缩略语比较适合音译加意译的方法。如:Internet（Interactive Network,因特网）、DJIA（Dow Jones Industrial Average,道琼斯工业平均指数）、Basic（Beginners All-Purpose Symbolic Instruction Code,贝赛克语言）等。

以上是商务缩略语翻译的常用方法。此外,有些术语、商标、牌号代号等在汉语中暂无恰当的表达方式,可以不译。如:P&G（美国宝洁公司）、CB（美国纽约）。

（七）套语的使用

信息型文本中常用套语,语义明了,语气委婉,可避免过于亲密。经贸英语信函类文本在国际交往中形成了一套通用的、公式化的套语句型,翻译时应尽量选用汉语经贸信函中相应的套语句型。如:

⑫As stated below ...

译文:如下列所述……

⑬We offer you ...

译文:兹报盘……

⑭In reply to your letter of ..., we ...

译文:兹复贵方……来函,我方……

⑮Thank you in advance for ...

译文:承蒙……谨先致谢。

⑯Always with pleasure at your service.

译文:竭诚为您效劳。

⑰Notice is hereby given that ...

译文:特此函告……

⑱We are pleased to inform you ...

译文:特此奉告……

⑲We should be glad to have your confirmation that ...

译文:欣盼贵方确认……

⑳We acknowledge receipt of your letter ...

译文:贵函敬悉。

㉑Your kind reply will greatly oblige us.

译文:如蒙答复,当不胜感激。

㉒Have the kindness to ...

译文:惠请……

㉓Enclosed we hand ...

译文:同函奉上……

㉔We are sorry for the inconvenience that may have caused you.

译文:对给贵方造成的不便,我方深表歉意。

㉕We shall appreciate your prompt attention to the adjustment of these errors.

译文:望即修正这些差错,不胜感激。

(八)措辞委婉

商务信函措辞委婉,情真意切。

㉖Enclosed please find a copy of our price list.

译文:随信寄上我方的价目表一份,请查收。

㉗However, up to the present writing, we have not had the pleasure of hearing from you.

译文:然而,迄今为止未见贵方赐复。

㉘We should be much obliged if you could give us a firm offer for 100 tons.

译文:如能报给我方一个100吨的实盘,我方将不胜感谢。

句㉖以倒装祈使句的形式使得表达委婉,如用"Please find a copy of our price list."或"We enclosed a copy of our price list.",虽意思相近,但语句贫乏单调。句㉗中的pleasure将指责对方未复信一事的不愉快之感化为乌有,使得该句既说出问题又不冒犯对方。句㉘中的oblige的委婉程度和正式程度都较please更强。

三、商务文体翻译技巧

商务文体的翻译需要特别注意商务术语的翻译、商务类文本(如信用证)的格式外,还应该注意商务类文本中否定句、定语从句、数量词、四字格等的翻译。

(一)术语的翻译技巧

最常见的是关于"公司"的术语表述,除了company(公司,商号)、business(企业,商行,等等)、corporate(公司的,法人的)之外,还有concern(公司,商行,企业)、exchange(交易所,公司)、subsidiary(子公司)、trust(托拉斯,指为减少竞争等而联合的企业组织)、

以及一些缩略词,如 Inc.(或 inc.,完整形式为 incorporated,置于公司名称之后)。例如:

㉙ A "person" includes any individual, company, corporation, firm, partnership, joint venture, association, organization, trust, state or agency of a state.

译文:"法人",包括任何个人、公司、社团、商行、合伙企业、合资企业、协会、组织、托拉斯、国家或国家机构。

国际贸易中还有许多关于询价方面的术语,例如:询盘/询价(inquiry)、发盘/报价(offer)、实盘/确盘(firm offer)、虚盘(indefinite offer)、还盘/还价(counter-offer)、承诺/接受(accept 或 acceptance)等。

(二)否定句的翻译技巧

英文文本中一般用 no、not、never、none、nothing、nowhere、nobody 等加上被修饰的成分表示全部否定。例如:

㉚ Unusual occurrences in exporting are not uncommon.

双重否定译法译为:不寻常的事件在出口的情况并不少见。

肯定译法译为:在出口贸易中不寻常的事情也是常见的。

英文中有些句子在形式上是肯定句,但包含一些含有否定意义的词,此时在译文中需要译出原文的否定含义,并且根据不同情况可以选择保留原句被否定部分或转译被否定的部分。例如:

㉛ In some cases shipments may be delivered directly to the retail store bypassing the distribution center.

译文:有时货物可以直接运给零售商,不经过配送中心。

(三)定语从句的翻译技巧

英文中的定语从句可以译为定语,也可以根据不同情况转译为谓语、状语等,或者译为另外一个单句。

㉜ LVMH, the French luxury goods group,(which owns a string of prestige, brand names ranging from Louis Vuitton luggage to Hennessy cognac,) saw net profits rise by 7% to FFr. 29 bn($239 m) from FFr. 1.21 bn in the first half of the year in spite of the downturn in the luxury products industry.

译文:路易威登是家法国奢侈品集团公司,(它)拥有从路易威登箱包到轩尼诗干邑的一系列名牌产品。尽管奢侈品行业有下降趋势,但今年上半年该集团净利增长7%,从 12.1 亿法郎升至 12.9 亿法郎(相当于 2.39 亿美元)。

原文较长,译文采用了分译,将 which 引导的定语从句分译为一个单独的补充说明的句子,并将原文谓语"saw net profits rise ... in spite of ..."译成具有自身完整主谓宾的句子。

㉝Wines and spirits, <u>which have borne the brunt of the economic slowdown</u>, suffered a fall in sales to FFr. 4.44 bn from FFr. 4.76 bn while operating profits slipped to FFr. 1.26 bn from 1.51 bn.

译文：葡萄酒和烈酒<u>受到经济衰退的直接冲击</u>，销售额从47.6亿法郎下降到44.4法郎，营业利润也从15.1亿法郎下滑到12.6亿法郎。

原文中which引导的定语从句变成了译文中第一个短句中主语后面的谓语陈述部分。

（四）数量词的翻译技巧

商务类文本中，数词、量词常常与其源语货币、度量衡单位联系在一起，无论是英译汉还是汉译英都必须准确翻译。即使原文只在第一处数字旁标明货币符号，而后面的数字并未都标上货币符号，译者翻译成译入语时，也得在与原作者求证后或依据上下文给每个数字都加上货币符号。（唐根金，温年芳，吴锦帆，2016：140）

㉞Luggage and leather products were also affected by Japan's instability, but managed to increase operating profits to FFr. 890 million from <u>827 m</u> on sales up to FFr. 2.33 bn from <u>2.15 bn</u>.

译文：日本经济的不稳定也影响到行李箱包和皮革制品的销售，但这些产品的营业利润还是从8.27亿法郎上升到8.9亿法郎，销售额从21.5亿法郎上升到23.3亿法郎。

原文中，用画线标示的两个数字只有表示百万的million的缩写字母m和表示十亿的billion的缩写字母bn，但没有货币单位，但从上下文可以判断出是法郎（FFr.）。但译文并不会直译为"从8.27亿法郎上升到8.9亿"和"从21.5亿法郎上升到23.3亿"，而是给每个数字都明确地加上货币单位，译为"从8.27亿法郎上升到8.9亿法郎"和"从21.5亿法郎上升到23.3亿法郎"。

当涉及度量单位时，汉译英的译文中可以将其适当转换为译入语的通用度量单位及换算后的数字来表达，不需要过度转换。例如，将中文的"2斤"表达为英文的1 kilogram即可，不需要换算成ounce或pound；将中文的"10里"表达为5 kilometers即可，不需要换算成miles。英译汉时，有时可以直译保留原文度量单位，例如5 ounces可以就译为"5盎司"，既简洁明了又避免出错。当原文只是一种约数表达或习惯说法时，此时原文表达中的数量词未必需要一一译出。例如，a half baked idea是"不成熟的想法"。又如：

㉟A：Can you come down a little?

B：Sorry, its one price for all.

译文：A：你能便宜一点卖吗？

B：对不起，不二价。

one price或one price only在商业、贸易用语中一般译为"不二价"，指固定价格或单一价格。

（五）四字格的翻译技巧

四字格通常指汉语中由四个字（有些不止四个字）构成的成语、词组或短语，四字格的表述形式在各种商务文本如企业介绍、产品描述、行情报告、商业信函、合同协议中比较常见。例如：

㊱prompt shipment 迅速装船

㊲a flow of orders 大量订单

㊳an initial order 首次订货

㊴Citibank National Association 花旗银行

㊵China Merchants Bank 招商银行

需要说明的是，四字格是汉语行文的一大特色，英译汉时，可以在译文中适当采用四字格的润色处理方法。汉译英时则不能一概而论，需根据实际情况，将直译和意译结合起来，译出原文信息而不过分拘泥于原文格式。如在一些景区告示的翻译中，考虑到译入语景区文化及译入语读者的期待视野，一些汉语原文中的四字词组并不需要原原本本地直译成英语。例如，某景区告示中承诺：

㊶（a）牢固树立"以人为本"的服务理念，信守"游客至上"的服务宗旨，尽一切所能落实游客提出的合理化建议，（b）工作人员服务规范，持证上岗，坚持微笑服务，文明待客，尽一切所能让游客感受到宾至如归的温馨。

如果直译的话，可能译文会采取类似以下的处理方法：

（a）With the "human-centered" philosophy as our service concept and the belief that "customer satisfaction is the top priority" as our principle, we will make every effort to implement tourists' proper suggestions. （b）The trained staff with certificates will welcome you with smiles, standard services and hospitality, hoping it will make you feel warm and at home.

上海外国语大学高级翻译学院的姚锦清教授建议译为："we promise to provide you with the best possible services and appreciate your comments and suggestions for improvement"与"we promise that our staff will act according to professional codes of conduct and ensure you are served with hospitality"。"以人为本"原本用于政务宣传，一般在国家领导人讲话中出现，但在国内各种语境中被过度使用，景区告示不需如此"泛政治化"。姚教授并未直译"以人为本""游客至上"，而是意译出汉语原文的深层内涵provide you with the best possible services（为游客提供尽可能好的服务）。在（b）中，姚教授也并未直译"服务规范""持证上岗""微笑服务"等，而是采取意译的方法。话说回来，如果这些四字短语直译成英语（如serve with smiles等），则会显得突兀。

（六）加词译法

加词译法是指翻译时可以根据语法、修辞、意义、表达及社会文化背景等方面的需要，在译文中增加必要的词语来更加忠实、通顺表达原文的思想内容。运用加词译法时须注意：加词要有依据，所增加的词语应该是原文中虽无其词而有其意的这些词，切忌随意加词。英语重形合，动词的时态靠动词的形态变化或加助动词实现；汉语重意合，其自身没有英语动词的形态变化和助动词，表达时态要靠词汇手段。比如，汉语往往用"曾经""已经""过""了"等词语表示完成时，用"正""在""正在""着"等词语表示进行时，用"一直在"表示完成进行时，用"将""就""会""便"等词语表示将来时。另外汉语中的"起来"用在动词后表示动作的开始，"下去"用在动词后表示动作的继续。

英汉翻译中，有些英语原文中的时态具有"强调"或"对比"的特殊含义，在汉语译文中必须通过加词的方法体现出来。（王晓红，毛莉，2008：274）

㊷ They have been discussing a number of controversial trade issues between the two countries since 8 o'clock in the morning.

译文：他们从早上8点到现在，一直在讨论两国间有争议的贸易问题。

汉语译文通过增加词语"一直在"来体现英语原文中现在完成进行时的强调含义。

㊸ We have taken steps to prevent any repetition of such mistakes.

译文：我方已经采取措施避免发生类似错误。

译文中增加词语"已经"来表达原文现在完成时的强调含义。

㊹ Be assured that we are watching this matter carefully, in order to protect your interests.

译文：请放心，我方正认真关注此事以便保护你方利益。

译文中增加词语"正"来表达原文现在进行时的强调含义。

总而言之，商务文体所要表达的信息是商务理论和商务实践等方面的内容，在汉英商务翻译中，译者应认真分析原文，确定原文中各成分之间的关系，从而选择正确的翻译策略。

资料

为了做好商务文体翻译，本节特别推荐与商务英语相关的教材与工具：

商务文体类教材：

《汉英翻译高级教程》，李美，田小勇等，华东理工大学出版社，2016。

《实用商务英语翻译》，段云礼主编，对外经济贸易大学出版社，2013。

《实用国际商务翻译教程：英汉双向》，戴光荣，清华大学出版社，北京交通大学出版社,2013。

《商务英语翻译》,苑春鸣,姜丽,外语教学与研究出版社,2013。

《新编商务英语翻译教程》(第二版),梅德明主编,高等教育出版社,2012。

《实用商务文体翻译:英汉双向》,彭萍,中央编译出版社,2008。

工具书:

《国际组织手册》,中国对外翻译出版公司。

《外国地名译名手册》,中国地名委员会编,商务印书馆。

《英语姓名译名手册》(修订本),辛华编,商务印书馆。

《英汉经济综合词典》,中国对外翻译出版公司。

《英汉大词典》,陆谷孙主编,上海译文出版社。

《汉英大辞典》,吴光华主编,上海交通大学出版社。

第六节　法律文体的翻译

法律文体包括宪法、法律、合同、契约等,功能上属于典型的信息文本类型。根据古罗马以来的法律传统,法律从性质上可以分为公法(public law)和私法(private law)两大类型。(陈秋劲,2013:1)法律英语大致可以分为以下四类:法律文本语言(以条文为主要形式的法律文本);法律文献语言(如立法调研报告、法律草案的说明);法律活动语言(如庭审活动语言、裁决书);法律教育研究语言。

法律文体具有独特的信息功能:严格规定双方须承担的义务、应享受的权益以及无法承兑或履行义务时理应受到的处罚或惩罚。鉴于其特定的信息功能,法律文献起草人在语言表述上必须做到准确无误。换言之,由于法律文献所及多为重大司法问题或当事人利害关系,法律语言在行文时必须用词精确,逻辑严密,不容许发生任何歧义或复义现象,所有这些既取决于法律文献本身的社会职能,也是法律文体区别于其他文本类型的标志。正因如此,苛求语义准确无误就成了法律语言集复杂性与保守性为一体的行文特征。同科技文体一样,英汉法律语言既有类似之处,更不乏差异。

法律英语是指法律界通用的书面英语,包括法律、法规、条例、规章、协定、裁判以及法律文件(合同、章程、协议等),法律体裁的交际目的是准确而正式地规定权利和义务。法律英语主要是指普通法国家的律师、法官、法学工作者所用的习惯用语和专业语言(customary language),它包括某些词汇、短语,或特定的一些表达方式。(陈庆柏,1994)法律英语也被称为法律语言(legal language/the language for law),属于特殊用途英语的范畴,是以普通英语为基础,在立法和司法过程中逐渐形成的,具有规约性的语言变体,其内容包括规范性法律文件用语以及法律工作者在执法过程中使用的一整套规范性的法律公务用语。

一、法律词汇特点

法律用词精确、严密、无歧义。法律词语分为法律术语、司法惯用语、文言词语和普通词语四类。（潘庆云,2004:302）这四类基本可分为单义词和多义词。所谓单义词,就是不随着语境变化,始终依附词汇,可以与语句分离的词语,如"仲裁""寻衅滋事罪"等。多义词指的是与语境相关,随语境变化而产生多种含义的词语。这类词在各个领域尤其法律领域运用最为广泛。法律文件慎用代词,以避免误解和歧义,只有在被指代词为中性词且不用代词会造成累赘的前提下,才可以使用代词。除代词问题外,法律英语文本中名词使用频率最高,在汉语文本中动词的使用频率最高。

词语层次上,常使用 declare、state、issue、authorize、announce 等正式、庄重的动词,以及 make a declaration、make an announcement、make an agreement 等动词与抽象名词搭配的形式。

一般而言,在英文中能够表达法律"条款"的词汇大概有 article、section、subsection、paragraph、subparagraph、item、clause、rule、regulation、chapter、part、provision、stipulation等。其中,我们接触较多的有 chapter、part、section、article 等,分别译为"章""部分"("节")"条"。下面让我们逐一分析各个常用词汇的翻译。

article 在法律条文中经常出现,多译为"条"。article 是宪法等中 section 的分支或者合同法及条约等中的某一条文,因此译为我国法律条文中的"条"是合适的。要注意,articles 应该译为"条例"。

section 在翻译时争议较大。对 section 的翻译,现在存在两种趋势:第一种,《北美法案》等法律条文中使用 section 来表示"条",subsection 表示"款";第二种,由于《美国宪法》中第1~4条(article)中的 section 译为"款",所以 section 有时被约定俗成地译为"款"。而当 section 仅次于 chapter 存在时,还可译为"部分",如《独联体宪章》中,就把section 译为"部分"。因此,在翻译该词时,译者可以充分发挥自己的能动性,选择自己认为最合适的词。有一点需要肯定的是,当 section 译为"条"时,subsection 译为"款";当section 译为"节"时,subsection 译为"小节"。

其他词的翻译,如下所示:

paragraph 和 subparagraph 分别译为"款"和"项"。item 一般位于 subsection 后面,往往译为"目"。clause 除了可译为"目"之外,亦可译为"条款"。rule 一般译为"条",而regulation 可译为"条例""规章"。chapter 译为"章",争议不大。

虽然 part 和 section 都有"部分"的意思,但当同一个文本中同时出现 part 和 section的时候,part 一般译为"部分",section 则一般译为"节"。与 section 类似,title 有时也译为

"部分"。

provision 多指"（法律）规定"，而 stipulation 则指的是"契约或约定中的实质性条款"，若只指契约而非法律规定，可译为"约定"。

事实上，英文中最常出现的词包括 article、section、subsection、paragraph、subparagraph、item、chapter、part，对应中文中的"条""款""项""目""章"。因此我们总结发现："章"对应 chapter，"编"应译为 part，"节"译为 section，"条"译为 article，"款"译为 paragraph，"项"译为 subparagraph，"目"译为 item。另外，在中国法律中经常出现的"总则""附则""附件"这类词，可以分别译成 General Provisions、Supplementary Provisions、Annex。（任东升，白佳玉，2015：104）

法律英语中存在许多英语古词，其中最常出现的就是由 here-/there-/where-组成的古副词，主要有 hereabout、hereafter、hereby、herein、hereof、hereto、heretofore、herewith、thereabout、thereafter、thereby、therefor、therein、thereafter、thereof、thereto、theretofore、thereunder、thereupon、therewith 等。尽管现代英语使用者对此十分不熟悉，但因为使用古副词可以增加准确性，避免语言的模糊性，古副词在法律文件中频繁出现，既体现了契约文体的庄重，又避免了词语的重复。

此类古副词基本上都是合成词，即 here/there/where（副词）+about/after/in/of 等介词。英译汉时采用"分拆+合成+以逻辑推理还原"的方法处理，即将该副词拆散成两个原形词加以考虑，然后将其意思合成，再通过逻辑推理，将其还原成现代英语，从而得出符合上下文、能自圆其说的现代译文。here-主要指代"本"文件，合同、文书、协定等。例如，hereby 相当于 by this，herein 相当于 in this，指"本合同、该合同"；hereof 相当于 of this agreement，意思是"关于此点，在本文件中"，表示上文已提及的"本合同的、本文件的……"，一般放在要修饰的名词的后面，与之相邻。

①双方特此协议，乙方不承担此类培训费用。

译文：It is hereby agreed that Party B shall have the obligation to pay the costs of such training.

②The headings of the sections hereof

译文：本合约各条款之标题

在法律文本中，经常出现的情态动词只有 shall、may、must。相比 shall 的广泛应用，may 和 must 都只在特定的情况下使用。

may 一般都译为"可；可以"，或者视情况亦可省略，而"可"有时也可译为 shall。

③Notice of abandonment may be given in writing, or by word of mouth, or partly by word of mouth, and may be given in any terms, which indicate the intention of the assured to abandon his insured interest in the subject-matter insured unconditionally to the insurer.

译文：委托通知可以以书面形式或口头形式或者部分书面、部分口头形式发出，被保险人可以以任何措辞，表明其愿意将保险标的的保险利益无条件地委付给保险人。

④The policy may be executed and issued either at the time when the contract is concluded, or afterwards.

译文：保险单可在海上保险合同成立时或以后签发。

⑤The voyage, or period of time, or both, as the case may be, covered by the insurance.

译文：保险承保航程或期间，或同时承保航程和期间两者，视情况而定。

must和"必须"有着绝对对应的关系，这一点毋庸置疑。

⑥The subject-matter insured must be designated in a marine policy with reasonable certainty.

译文：保险标的必须在海上保险单中合理确定地标明。

⑦They must, in the case of goods, comprise all consignments within the terms of the policy, and the value of the goods or other property must be honestly stated, but an omission or erroneous declaration may be rectified even after loss or arrival, provided the omission or declaration was made in good faith.

译文：如果是货物，申报必须包括保险单规定条件之内的全部货物运输。货物或其他财产的价值，必须诚实说明，但善意的漏报或误报，即便在发生损失或货物抵达之后，也可以进行更正。

二、法律语体与句法特点

(一)法律语体特点

语体方面，法律英语正式、严肃，甚至不乏强制性特征（见情态动词shall的第三人称用法）。此外，为确保其行文正式庄重、精确客观，英语法律文体还常常频繁使用其他文体中不太常见的古词，包括therewith（随其，与之）、hereafter（此后）等，尤其在某些套话或套语中，上述词语使用频率更是居高不下。法律文体属于冷冻文体（frozen style），是最正式语体，一般都有固定的格式，结构严谨、句子较长。如：

⑧乙方向甲方承诺，租赁该房屋作为住宅使用，并遵守国家和本市有关房屋使用和物业管理的规定。

译文：Party B accept to Party A that the Property shall be used for Residential purpose and follows the regulations of the State and the Municipality in relation to the use and management of Property.

（二）法律句法特点

英汉法律语篇都是由描写性成分过渡到规定性成分,由颁布命令和/或前言过渡到具体条文,结构层次分明,都采用从宏观到微观、从总论/总则到条文、从重要条文到次要条文的语篇结构。法律英语总体行文特征如下所示:

⑨Except for the renewal of lease agreed by Party A, Party B shall deliver up the Property within _____ after the expiration of lease term of this Contract. Late delivery of the Property without the consent of Party A shall be subject to a charge for adverse possession of the Property at _____ time of rent per day.

The authorities responsible for enforcement of the Anti-monopoly Law specified by the State Council (hereinafter referred to, in general, as the authority for enforcement of the Anti-monopoly Law under the State Council) shall be in charge of such enforcement in accordance with the provisions of this Law.

整体观之,引例句式较长,结构复杂,语义丝丝入扣,逻辑精确严密。复合长句是法律英语中的惯用句式,也是法律英语的语言特色之一。法律英语中的复合长句无论在长度上还是在从句的使用上都很复杂,对从句的连续性要求也较高。法律英语注重逻辑性,通常情况下,在正式的法律法规或者是法律专业书当中对中心词的使用往往有很多的限制,同时对于某一法律概念的成立条件也有着非常严格的规定。因此法律英语中长句居多,因为这种句式结构往往能做到叙事具体,条理分明,结构严谨。在理解长句内容之前,必须仔细领会每个短语(或从句)所要表达的意思,并掌握它们与主句之间、限制对象之间以及相互之间的关系,否则,主句的内容往往会被理解错误,导致翻译失实而引起不必要的争议。要克服这一现象,首先应该了解法律英语语句中限制性从句和短语的位置,分别确定它们的限制对象,从而掌握句型结构变化的规律,只有这样才能克服阅读难的问题。

上例从选词方面看,运用了诸多颇为正式的字眼,如ascertain、statement、prejudicial、mediate、possession、confer、repossession、terminate等;文中还出现不少古语词,如hereafter、hereunder、thereof等;shall的反复使用,也反映了法律文献的独特之处。

汉语法律语言文体特征不及英语显著。用词方面,汉语法律文献偶尔也会运用某些文体或语域标记手段(如"兹""之"等),但比之英语,其使用频率较低。再者,此类词也会出现于正规书信等其他文体,因而并不具备明显的文体标记特征。句式方面,汉语法律语言句子结构虽比其他文体稍微复杂,但由于受意合方式影响与制约,其复杂程度远远不及英语。句⑨的译文如下:

除甲方同意乙方续租外,乙方应在本合同的租期届满后的_____日内返还该房屋,未经甲方同意逾期返还房屋的,每逾期一日,乙方应按_____向甲方支付该房屋占用期间的使用费。

法律文本基于法定程序具备不容置疑的法律效力,具有权威性,因此语言客观,而陈述句是其最常见的表现形式,能完整地传达信息。客观性的另一种表现形式就是避免具有感情色彩的主语的出现,因此较多地使用被动语态。法律句式中长句和平行结构突出。

三、法律文本翻译技巧

(一)法律文本标题的翻译技巧

立法文本的标题有长有短,长标题是立法者用来解释立法目的的工具,短标题是为了立法文本能更方便地被利用。这种现象在法律英语中更为明显。英语立法文件名称"格式词"的含义大不相同,包括 law、act、code、ordinance、regulation、rule、interpretation、decision 等。英国法律中高频率地使用"主标题词+格式词+制定法被通过的年限"的命名方式,与汉语的表达顺序完全相同。《布莱克法律词典》和《牛津高阶英汉双解词典》(第7版)对这些"格式词"的解释,有助于译者更准确地使用"格式词"。

law 泛指一切具有法律约束力的国家规范性文件,也指英美法系中的判例法(包括普通法和衡平法)、习惯法等。不过在英美法律实践中几乎都用 act 来命名,而我国属于大陆法系国家,一切法律法规均属制定法的范畴,因此我国的法律英译一般都用 law。act 指(议会通过的)法案、法令,是由立法或司法机关宣布的决策,如法规、命令或法律。英美国家通常使用 act 来命名国会制定的成文法。code 一般指法典或者法规,比如 The Denal Code(《刑法典》)。regulation 是指官方机构或会议以投票表决方式通过的正式意见,是关于管理或行政管理的规则(rule)、命令(order)。

(二)法律英语中复合句翻译方法

1. 顺序法

当英语长句的句法结构和逻辑顺序与汉语相同或相近,且层次分明时,可按照原文顺序进行翻译,一气呵成。

例如,《联合国海洋法公约》第七十七条第四款规定:

⑩The natural resources referred to in this Part consist of the mineral and other non-living resources of the seabed and subsoil together with living organisms belonging to sedentary species, that is to say, organisms which, at the harvestable stage, either are immobile on or under the seabed or are unable to move except in constant physical contact with the seabed or the subsoil.

该主语与主题一致,句子结构清晰,可分为两个层次:mineral and other non-living

resources 和 living organisms belonging to sedentary species。这两个层次分别有自己的修饰语,因此按顺序法可清晰准确地翻译该长句。

2. 逆序法

英汉语言在逻辑顺序上有一定的差异,英语习惯先陈述结果,将句子重心前置,先果后因;汉语则相反,多先因后果,先阐述原因、条件等,再带出结果。如果一个英语长句中诸多地方的表达跟汉语惯常方法不一致,采用顺译有可能降低其可读性,此时可以考虑采取逆译的方法,将原句结构拆开,根据汉语的表达习惯进行重组翻译。例如,《联合国海洋法公约》七十七条第一款规定:

⑪ The coastal State exercises over the continental shelf sovereign rights for the purpose of exploring it and exploiting its natural resources.

原句先陈述动作,后标明目的。汉语中惯常先陈述目的,后引出动作。因此应采用逆序翻译法,先译出 for the purpose 引导的从句,再译主句。

3. 对等译法

对等译法是指用一种语言的模糊表达来翻译另一种语言的模糊用语的方法。源语的模糊语言若能在目的语中找到对等的模糊表达,就可以采用对等译法。

⑫333,000 Units of Account for a ship with a tonnage not exceeding 500 tons.

译文:凡吨位不超过 500 吨的船舶,为 333000 计算单位。

该句中把 not exceeding 译成"不超过",是字对字的直译。

⑬Every vessel shall at all times maintain a proper look-out by sight and hearing as well as by all available means appropriate in the prevailing circumstances and conditions so as to make a full appraisal of the situation and or the risk of collision.

译文:每一船在任何时候都应使用视觉、听觉以及适合当时环境和情况的一切有效手段保持正规的瞭望,以便对局面和碰撞危险做出充分的估计。

appropriate 是模糊词,在此处应译为"适合",体现模糊对等译法。

4. 增词法

源语与目的语在语法关系上的差异决定了目的语表达中要通过某些语言手段以反映原文的内容,这些语言手段以增词为主。此处的增词法是指根据原文的精神实质,为使译文更加忠实通顺地表达原文的思想内容而增加适当的模糊词语。

⑭ For the purpose of this Article "claims for loss of life or personal injury to passengers of a ship" shall mean any such claims brought by or on behalf of any person carried in that ship...

译文:就本条而言,"船上旅客人身伤亡的索赔",是指该船所载下列任何人所提出或代其提出的任何此种索赔,即……

"下列"是译者根据下文的需要增译出来的,此处的增词使该模糊用语变得准确。

⑮ In construing and complying with these rules due regard shall be had to all dangers of navigation and collision and to any special circumstances, including the limitations of the vessels involved, which may make a departure from these rules necessary to avoid immediate danger.

译文:在解释和遵行本规则条款时,应充分考虑一切航行和碰撞的危险以及包括当事船舶条件限制在内的任何特殊情况,这些危险和特殊情况可能需要背离本规则条款以避免紧迫危险。

原文中并没有"需要"一词,而译者根据中文表达习惯,增译了表达模糊概念的情态动词"需要"。

5. 省略法

法律英语中有些词翻译成中文时反而会变得累赘,此时应该省略。另外,法律英语中存在大量的近义词并用的情况,在英译汉的时候给译者带来了很多困惑。这种用法实际上是法律英语的一大特点,近义词连用是为了突出各个近义词之间的细微差别或是起到强调的作用。

⑯A State Party may provide in its national law that claims in respect of damage to harbour works, basins and waterways and aids to navigation shall have such priority over other claims under paragraph 1 (b) as is provided by that law.

译文:缔约国可在国内法中规定,对港口工程、港池、航道和助航设施的损害所提出的索赔,应依该法规定而享有较第一款第二项所载其他索赔优先受偿的权利。

原文中的such在译文中被省略。

⑰ against the person or persons mentioned in Paragraph 2 of Article 1 and any person for whose act, neglect or default he or they are responsible

译文:对第一条第二款所指任何人以及对其行为、疏忽或过失负责的任何人提出的索赔

译文省去 the person or persons,只用"其"代替。

⑱国务院规定的承担反垄断执法职责的机构(以下统称国务院反垄断执法机构)依照本法规定,负责反垄断执法工作。

译文:The authorities responsible for enforcement of the Anti-monopoly Law specified by the State Council (hereinafter referred to, in general, as the authority for enforcement of the Anti-monopoly Law under the State Council) shall be in charge of such enforcement in accordance with the provisions of this Law.

英文译文中为避免多处重复"反垄断法",省略了 of the Anti-monopoly。

（三）法律英语中被动结构的汉译

被动语态在英语中十分普遍，而法律英语作为英语的一个小分支和法律文化的载体，语言的这一特点自然也深深地反映在法律英语中，即为了弱化或隐藏施动者而使用被动结构。在法律语言中为了弱化法律主体，或者为了突出施动者即法律主体，会使用被动语态。而且法律的准确性和客观性更是要求法律英语尽量少出现第一人称和第二人称，以免造成主观臆断的印象，因此法律英语中的主语都为第三人称名词或代词。

1. 汉译为被动结构

（1）译成"被"，并保留句中的主语。如果句中提到施动者，则常使用"被……所"，译文按"受动者→被→施动者→动词"顺序排列；若没有，则按"受动者→被→动词"顺序排列。

⑲ Decisions on the merits of a case shall be based only on evidence in respect of which parties were offered the opportunity to be heard.

译文：关于案情实质的裁决只应以当事各方有机会陈述意见的证据为依据。

⑳ Where the provisional measures are revoked or where they lapse due to any act or omission by the applicant ...

译文：若临时措施被撤销，或由于申诉人的任何作为或疏忽而失效……

（2）遇到对受动者不利的句子时，译成"遭到（受）""挨""给""叫，让"等，其中"叫，让"往往在口译中使用较多。以"遭到"为例，译文顺序大同小异：如果句中出现施动者，译文按"受动者→遭到→施动者→的→动词"顺序；若没有，则按"受动者→遭到→动词"的顺序。例如：

㉑ Damages for breach of contract by one party consist of a sum equal to the loss, including loss of profit, suffered by the other party as a consequence of the breach.

译文：当事人一方的违约赔偿金是指对方因违约而遭受的包括利润损失在内的金额。（任东升，白佳玉，2015：176）

（3）当陈述事实时，译成"受""受到"。译文顺序与上面一致，有时根据需要补出施动者时，顺序为"受动者→受到→人们（或大家）→的→动词"。例如：

㉒ ... that the applicants right is being infringed ...

译文：……申诉人的权利正在受到侵犯……

㉓ The term "vessel restricted in her ability to manoeuvre" means a vessel which from the nature of her work is restricted in her ability to manoeuvre as required by these rules and is therefore unable to keep out of the way of another vessel.

译文："操纵能力受到限制的船舶"一词，指由于工作性质，使其按本规则条款的要求进行操纵的能力受到限制,因而不能给他船让路的船舶。

(4)其余还可译成"使""由""把""为……所""予以"等。如:

㉔ Without prejudice to paragraph 4, provisional measures taken on the basis of paragraphs 1 and 2 shall, upon request by the defendant, be revoked or otherwise cease to have effect, if proceedings leading to a decision on the merits of the case are not initiated within a reasonable period.

译文:若此类诉讼在该合理时间内没有开始,则在不妨碍上述第四款规定的同时,按照上述第一、第二款所采取的临时措施,应根据被告的请求予以撤销或使其停止生效。

㉕ Proper use shall be made of radar equipment if fitted and operational, including long-range scanning to obtain early warning of risk of collision and radar plotting or equivalent systematic observations of detected objects.

译文:如装有雷达设备并可使用的话,则应予以正确使用,包括远距离扫描,以便获得碰撞危险的早期警报,并对探测到的物标进行雷达标绘或与其相当的系统观察。

2. 汉译为主动结构

(1)译成汉语主动句型,但实则表示被动。如:

㉖ A request for repair must be made either in conjunction with notice given under article 39 or within a reasonable time thereafter.

译文:修理的要求必须与依照第三十九条发出的通知同时提出,或者在该项通知发出后一段合理时间内提出。

㉗ A notice by the seller that he will perform within a specified period of time is assumed to include a request, under the preceding paragraph, that the buyer make known his decision.

译文:卖方表明他将在某一特定时间内履行义务的通知,应视为包括根据上一款规定要买方表明决定的要求在内。

(2)当施动者是无生命名词时,译成因果关系,by后面为原因。例如:

㉘ Loss or damage sustained by cutting away wreck or parts of the ship which have been previously carried away or are effectively lost by accident shall not be allowed as general average.

译文:因切除由于意外事故原已折断或实际上已经毁损的船舶残留部分所遭受的损失,不得作为共同海损得到补偿。

㉙ But where a ship is afloat no loss or damage caused by working the propelling machinery and boilers shall in any circumstances be allowed as general average.

译文:但船舶在浮动状态下因使用推进机器和锅炉所造成的损失,在任何情况下都不得作为共同海损得到补偿。

（3）主语后移变成谓语、宾语或表语。当句中有主动主体时，提前作主语；若没有，则译成无主语句。如：

㉚ They shall be made available at least to the parties to the proceeding without undue delay.

译文：至少应使诉讼各方没有不适当延迟地获知裁决结果。（后移作宾语，无主语句）

㉛ Traffic separation schemes may be adopted by the Organisation for the purpose of these rules.

译文：为实施本规则，本组织可以采纳分道通航制。（后移作宾语，被动转主动）

㉜ In construing and complying with these rules due regard shall be had to all dangers of navigation and collision and to any special circumstances, including the limitations of the vessels involved, which may make a departure from these rules necessary to avoid immediate danger.

译文：在解释和遵行本规则条款时，应充分考虑一切航行和碰撞的危险以及包括当事船舶条件限制在内的任何特殊情况，这些危险和特殊情况可能需要背离本规则条款以避免紧迫危险。（后移作谓语动词，无主语句）

（4）It形式主语句可转化为主动形式，有时不加主语，有时加上"有人""大家"等作主语。例如：

㉝ It is understood that this Part does not create any obligation to put in place a judicial system for the enforcement of intellectual property rights distinct from that for the enforcement of flaw in general, nor does it affect the capacity of Members to enforce their law in general.

译文：据了解，这部分不构成任何义务，使知识产权执法的审查制度有别于一般有缺陷的执法制度，也不影响各成员在一般情况下实施法律的能力。

（5）译成无主语句。当英语中没出现主动主体，汉译时没办法补充也没必要补充时，则译成无主语句。

㉞ These procedures shall be applied in such a manner as to avoid the creation of barriers to legitimate trade and to provide for safeguards against their abuse.

译文：在运用这些程序时，应避免对合法贸易构成障碍，并规定防止其滥用的保障措施。

㉟ Assumptions shall not be made on the basis of scanty information, especially scanty radar information.

译文：不应当根据不充分的资料，特别是不充分的雷达观测资料做出推断。

在翻译法律文本的过程中,为了保证译本术语和法律常用法律词汇的精确性,本节需要特别介绍一款可以辅助和检验译本表达规范性的语料库——中国法律法规汉英平行语料库(A Parallel Corpus of China's Legal Documents,PCCLD),该语料库目前已在网上发布试运行。该语料库汉英字词总数达到200万余,是国内首个全开放、可共享、基于网络运行的大规模的法律法规汉英平行语料库。它的创建成功为法律语言研究、翻译实践和翻译教学提供了内容丰富的研究资源和参考平台。检索网址是:http://corpus.zscas.edu.cn/。

法律语篇的语用特点是语言的法律效力,这就决定了法律的篇章特点要根据不同的类型和功能决定。法律翻译首先要做到对文本的准确和精确的翻译,同时确保使用同一词汇表达同一法律思想,同一文本中的运用保持一致,还要注意术语的专业化和语言的规范化。

第七节　公示语的翻译

一、公示语的定义

公示语指在公共场所向公众公示须知内容的语言,公示给公众的一些简练浓缩的语句,包括批示牌、路牌、标语、公告、警示、标示等。(徐丹,2018:143)公示语的应用范围如下:公共设施方面,如广场、机场、地铁等;公共交通方面,如售票中心、高速公路、出租车站、公交车站等;旅游景点,如博物馆、纪念馆、名胜古迹等;旅游服务方面,如旅游急救、翻译服务、旅游信息咨询等;街道区县,可以是大街、小巷、社区、胡同等;涉外机构,可以是出入境管理、外交使团等;公共机构,可以是红十字会、消费者协会等。公示语还可以在服务机构内部设置,如商店、超市、餐厅、银行等,旅游设施的旅游酒店、航空公司、度假村等,体育设施的体育场、健身房,游泳馆等,文化设施的老年活动中心、青少年宫、大剧院等,卫生设施的中医诊所、医院等,宗教会所的教堂、清真寺、道光等,科教机构的大学、中学、研究所、特教学校等,社会团体的协会、学会、趣味组织等,为残疾人提供服务的残联、康复中心等,治安监督的紧急警务、失物招领、消费者投诉等处。另外,具有公示意义的职务、职称,如秘书长、领班、主任医师、总经理等也包括在内。本节所探讨的公示语包括前文所述的旅游景点介绍(即景点牌说明)、旅游信息咨询、旅游紧急救援、公共交通方面、商业设施标识、健身娱乐、文化设施等。这些公示语一般出现在旅游景点,包括印或刻在石板、木板或塑料板上的介绍性、指示性、警告性的文字内容,以及诱导游客前往参观或使用旅游服务宣传广告的口号。如:

①请在此交款 Pay Here

②文明游园 请勿刻画 No Graffiti

③易碎品 请勿倒置 FRAGILE Keep Top Side Up

④你排队,我排队,文明参与心灵美 Wait in Line Please

公示语范围非常广泛,在英语里没有一个与之相对应的统称,但有许多分类名称,如：street signs、traffic signs、road signs、road markers、parking signs、school signs、no-smoking signs、construction signs。

旅游场所的指示语是公示语的一个重要方面,食品、饮料、药品、化妆品等包装上的一般性的简单的使用说明也属于公示语。

二、公示语的功能

旅游公示语属于应用类文字,具有很强的公众服务性质,在实际应用中主要具有以下五种功能。

（一）指示功能

指示性旅游公示语体现的是周到的信息服务,目的是告诉游客服务内容。游客通过公示语提供的信息可以明确自己的方位、行为方式或目的等。这种类型的公示语并不传达规则或强制信息,人们可以根据实际需要,有目的地获取公示语所提供的信息。例如：

⑤Tucson Chinese Baptist Church 图森华人漫信会

⑥Westminster Station 威斯敏斯特站

⑦City Information kiosk 伦敦旅游咨询亭

⑧Ticket & Travel Center 票务与旅游中心

⑨Baby Change 婴儿尿布更换处

⑩Automatic Door 自动门

⑪Box Office Entrance 售票处入口

⑫Customer Service Center 客户服务中心

⑬Dead End 此路不通

（二）提示功能

提示性旅游公示语没有任何特指意义,仅起提示作用,告诉游客应该怎样做或怎样做符合规定。这种提示并不具有强制性,游客可以根据实际情况来选择执行或不执行。例如：

⑭CAUTION：Wet Floor 小心地滑

⑮Out of Use，Please Use the Other Doors 此门关闭,请走旁门

⑯Please Reuse the Towels 请继续使用毛巾

⑰Violators Will Be Fined $25.00 违者罚款25美元

⑱Right Lane Closed Ahead 前方右侧车道关闭

⑲Ring Bell for Service 需要服务请按铃

⑳Self-serve Debit and Credit Cards Only 自助服务请用借记卡与信用卡

（三）限制功能

限制性旅游公示语主要对游客的行为提出限制、约束要求，语言应用直截了当，但不会使人感到强硬、粗暴、无理。例如：

㉑To Cross Street Push Button Wait for Walk Signal 穿越马路按下按钮等候通行信号

㉒Keep Right 右侧行驶

㉓Ticket Only 凭票入场

㉔Slow Out 慢速驶出

㉕Handicapped Only 残疾人通道

㉖Free for Children Under 12 12岁以下儿童免费

（四）强制功能

强制性旅游公示语要求游客必须采取或者一定不能采取的行动。语言通常具有直白、强硬、强制性。例如：

㉗No Minors Allowed 儿童严禁入内

㉘No Overtaking on Bridge 桥上严禁超车

㉙禁止跳水或游泳 No Diving & No Swimming

㉚施工现场 禁止入内 Construction Site Keep Out

㉛非皇家邮政人员禁止入内：No Entry Royal Mail Staff Only

㉜严禁儿童在此建筑工地上玩耍 Children Must Not Play on This Building Site

（五）召唤功能

具有召唤性的公示语一般具有公益宣传的作用，用来号召或者是提醒旅游者在公共场合要注意自己的行为举止。例如：

㉝Respecting Nature 尊重自然

㉞Recycle Your Rubbish; It's a Resource 废物利用，能源再生

㉟Act Now; Save What's Left 立即行动，保护自然

三、公示语的特点

公示语较多地使用名词、动词、动名词或者一些词组、短语、缩略图,以及一些含有本土特征的词语。用词简单、措辞精确,文字和标志组合。旅游公示语通常使用现在时态或者祈使句来表达。

(一)大量使用名词

表现出静态含义的公示语通常大量使用名词,例如服务、指示、说明性质的公示语,以更加准确无误、更加直白地表现特定的信息。

㊱Conference Center 会议中心

㊲Food Beverage 餐饮部

㊳Business Center 商务中心

㊴Roadwork 正在施工

㊵Tollgate 收费站

㊶The Customs 海关

㊷Registration 注册登记处

(二)动词、动名词的使用

具有限制性、强制性且表示动态含义的公示语大量使用动词和动名词,以把公众的注意力聚焦在公示语中所要求的行为上。例如:

㊸Keep Silent 保持安静

㊹Slow 减速行驶

㊺No Parking 严禁停车

㊻No Spitting 禁止随地吐痰

㊼Slow Down, Look Around and Cross 一站二看三通过

(三)短语的使用

动词短语、名词短语大量应用于旅游公示语。这些短语的结构简单,组合多样。例如:

㊽Check In 入住登记

㊾Performance Center 表演中心

㊿Bell Service 行李房

(51)Safety Exit 安全出口

(52)Drive-in Cinema 汽车影院

(53)Game Reserve 野生动物保护区

(54)Meter Parking 计时收费停车场

(四)缩略语的应用

游客经常会在一些公共设施和提供基础服务的地方看到使用缩略语的公示语。例如：

(55)IDD 国内直播

(56)DDD 国际直播

(57)WC 卫生间

(58)P 停车场

(59)F&B 餐饮服务

(60)YHA 青年旅舍

(61)SQ 广场

(62)CNTR 中心

(63)GDNS 花园

(64)VIP SUITE 贵宾候机室

(五)禁用生僻词语

英语公示语要考虑广大旅游者的文化水平，禁止使用生僻词语、古语、俚语、术语等。例如：

(65)No Littering 请勿乱扔废弃物

(66)Occupied (卫生间)有人

(67)Detour 绕行

(68)Private Parking 专用车位

(69)Delayed (航班)延误

(70)Baggage Claim Area 行李提取处

(71)Lost & Found 失物招领

(72)Children' Crossing 儿童过街道

(73)Taxi Pick-up Point 出租车乘车站点

(六)严格的规范性词语

由于公示语在公众生活中的重要意义，所以任何歧义、误解都会导致不良后果。与日常生活紧密联系的英语公示语都是经过实践检验而形成的规范和标准表达词汇。例如：

(74)Two Way 双向行驶

⑦Glass 小心玻璃

⑦Visitor Center 旅游者服务中心

⑦Foreign Exchange 外币兑换

⑦National Park 国家公园

⑦Ramp Speed 斜坡限速

（七）用词简洁，措辞精确

英语公示语语汇简洁，措辞精确，只要对公示语中所表达的特定的内涵没有影响，那么所使用的冠词、代词、助动词等都可以省略。例如：

⑧Passengers Only 送客止步

⑧Danger 危险

⑧Locker Room 更衣室

⑧Washing Bay 洗车场

⑧Open Now 正在营业

⑧Admission Free 免票入场

⑧Beverage Not Included 酒水另付

（八）具有本土意义的公示语

为数不多的英语公示语在英、美、澳等以英语为母语的国家具有明显的差异。例如：

⑧Litter（英）垃圾箱

Trash（美）垃圾箱

⑧Mind Your Step（英）留神脚下

Watch Your Step（美）留神脚下

⑧Chemist's shop（英）药房

Pharmacy（美）药房

⑨Post-free（英、澳）邮资已付

Postpaid（美）邮资已付

再比如，英美国家的巴士上基本没有"老、弱、病、残、孕专座"，加拿大和日本的说法是 Priority Seat。像表示"玫瑰碗球（美式橄榄球）场"的 Rose Bowl 等更是地域特点鲜明的公示语。

（九）使用现在时态

公示语在特定的范围内用作对现实行为的指导、提示、限制、强制等，多用现在时态。例如：

㉛Keep Dry 保持干燥

㉜Give Way to Buses 公交优先

㉝Don't Drive When Tired 禁止疲劳驾驶

㉞Protect Against Heat 怕热

㉟Fasten Your Seat Belt 系好安全带

㊱Beware of Obstruction 小心障碍物

（十）祈使句的使用

因为在外面旅游或者是在外出差的人大多比较匆忙,所以公示语针对的目标群众相对来说是明确的。因此,公示语中大量使用祈使句。例如：

㊲Do Not Disturb 请勿打扰

㊳Keep Off the Grass 勿踏草坪

㊴Beware Pedestrian 注意行人

⑩Keep Feet Away from Sides 双脚不要靠近两侧

⑩Please Watch the Steps 注意乘梯安全

四、公示语的翻译规范与翻译策略

（一）公示语的翻译规范

公示语的风格主要包括简洁性、规约性和互文性。(程尽能,吕和发,2008)其中,简洁性是指词汇和句式的简单凝练,力求以最简的形式获取最佳的反馈效果。例如,公示语词汇多使用简单名词和动词,句式多使用简单明了的祈使句。规约性是指公示语主要用在特定的场所和特定的环境,而且很多公示语由于历史沿革和语言文化习惯而成为约定俗成的表达形式。互文性是指公示语的文本有些已经固定下来,不能随意更改。在翻译公示语时,要注意中英文各自的习惯表达方式,真正显现公示语的功能对等。如：

⑩你的安全,我们的天职。

译文：Your safety is our priority.

⑩高高兴兴上班去,平平安安回家来。

译文：Drive carefully, Safety first in driving.

意译是种替代的翻译方法,一般用于传达原文意义及精髓,而不照搬其句式或修辞。如果译者一味坚持原文的内容和形式,译文可能无法产生预期效应,进而导致该公示语译文无法实现交际功能。当译者实在不能直译原文意义时,此法使用最频繁。

当目的语中有类似的表达时,可以选择套译法借用译入语中为人所熟知的惯用结构对原文进行翻译,套译的对象可以是谚语、诗句、歌词或是名言警句。这能够在读者

中达到公示语的召唤功能,更能得到广大公众的理解、接受以及认可,尽量使原文和译入语在公众中产生同样的效果。例如:

⑭爱心传递你我,文明就在身边。

译文:Where there is a love, there is a virtue.

⑮让世界倾听我们的声音。

译文:Let our voice be heard in the world.(套用了2004年的奥运会主题曲"Pass The Flame"中的歌词 let our voice be heard)

到目前为止,我国公示语的翻译还存在众多问题。错误主要可归类为以下几点:

第一,语言失误,包括拼写错误、大小写错误、标点问题、语法错误、用词不当、中英文不符、译名不统一。

第二,语用失误,包括死译硬译、交际信息失真、中式英语、文化误解、译文累赘、语意模糊、施为用意错位、语言礼貌蜕变、译文刻板、译文公示效果不佳。

这两个问题在旅游景点的公示语翻译中极为常见,尤其在汉译英中更是如此,其中错译、歪译、漏译、硬译等现象非常明显。譬如,将"勿踩草地"硬译成"Don't Stamp On the Grass.",这在外国游客看来有指责的口吻;将"闲人莫入"硬译为"Strangers Are Forbidden",语气显得非常生硬。实际上前者恰当的译文应该是"Keep Off the Grass, Please",而后者则是"Staff Only"。

另外,中文的很多公示语具有中国特色,如果直译也会闹出笑话,如"向文明游客学习!"译成了"Learn from civilized tourists!",而"向文明游客致敬!"则译成了"Salute to civilized tourists!"。civilized实际上是"开化的,非野蛮"的意思,与中文原文语境中的"文明"完全是不对等的,所以,在翻译公示语时,尤其是翻译中文公示语时一定要注意两种语言背后的文化语境。上面的两个公示语可采用"welcome to ..."这一句式。

又比如,将"全国优秀旅游城市西安欢迎你"译成"National Excellent Touristic City! You are Welcomed by Xi'an!",这可谓典型的中式英语,实际上地道的英译应该是"Welcome to Tourist City Xi'an!"。

一些学者对公示语翻译的原则达成了一定的共识:以目的语为归宿,注重译语读者的可接受性;译语的文本类型和交际目的决定翻译的策略和方法;遵循公示语翻译的规范性(包括法律规范)、标准性和沿袭性;实行言外之力对等;译者可根据具体情况决定翻译的策略或方法。(龙江华,2007:128-131)

2017年6月,国家标准委、教育部、国家语委联合发布了《公共服务领域英文译写规范》系列国家标准,指出在公共领域出现的英文译写需要遵守合法性、规范性、服务性与文明性四大原则。标准指出,公示语首先要符合我国语言文字等法律法规的规定;其次,需要符合英文使用规范与英文公示语的文体要求,一般不根据字面意思直译;再次,应该根据实际需求使用英文,不应过度使用英文,译文应通俗易懂,避免使用生僻的词语与表达方法;最后,需要注意用语文明,不应使用带有歧视色彩或有损社会公共利益的翻译。对不同类型的公示语应注意以下几个方面。

(1)一般性警示事项,使用 mind 或 watch。

⑩Mind/Watch Your Head 小心碰头

⑩当心台阶 watch your step

(2)对于可能造成重大人身伤害,需要突出的警告事项,用 CAUTION(每个字母都大写)。例如:

⑩小心水烫 CAUTION:Hot Water

⑩小心玻璃 CAUTION:Glass Door

(3)直接关系生命财产安全,需要引起高度注意的警告事项,使用 WARING 或 DANGER 翻译。例如:

⑩当心触电 DANGER:High Voltage

⑪当心深水 DANGER:Deep Water

(4)对公众进行限令禁止信息时,翻译为 Do not+名词或 No+动名词。语气委婉,可以翻译为"Please Do Not ..."或"Thank You for ..."。例如:

⑫禁止攀爬栏杆 Do Not Climb on Railings

⑬禁止吸烟 No smoking

⑭请勿吸烟 Thank You for Not Smoking

(5)关系生命财产安全,需要严令禁止的事项,一般用 Forbidden/Prohibited。例如:

⑮严禁携带烟花爆竹 Fireworks Prohibited

⑯严禁车辆通行 Vehicles Prohibited

(6)翻译指示指令信息时,使用祈使句或短语再现指令的重要内容。需要强制执行时,使用 must 翻译。例如:

⑰旅客通道,保存畅通 Keep Clear

⑱必须佩戴安全帽 Head Protection Must Be Worn/All Personnel Must Wear a Hard Hat

(二)公示语的翻译策略

1. 名词短语构成的公示语及其翻译

用名词构成的公示语一般是用来显示特定信息,向游客说明某一场所的功用或某一景观的名称等。使用名词短语可以使提供的信息比较直观、易懂。对于此类公示语的翻译,要根据具体情况灵活处理:均由名词构成的公示语英汉互译时可以采取直译;如果英语公示语以名词为中心,前后使用形容词或分词等则需要根据汉语的表达习惯处理。例如:

⑲Danger 危险

⑳Locker Room 更衣室

㉑Ticket Machines 售票机

㉒Washing Bay 洗车场

以上几个例子均为名词构成的公示语,其中译文也是名词短语。

㉓宾客存储箱 Guest Lockers

㉔归来阁 Guilai Pavilion

㉕太白书屋 Taibai Study

以上例子原文的中心均为名词,可以说都是名词短语,翻译的时候均译为英语名词。同时,"归来阁"虽然是由动词"归来"加上名词"阁"组成,但如果把"归来"译为 realm,反而会让英语读者感到疑惑。所以作为景点的名称,不如直接使用音译法。

总之,中英文中只要原文完全由名词构成,一般都译成目的语的名词,但如果英文名词中含有较强的动词意思,那么根据具体情况将之译为汉语的动词短语。

2. 动词短语组成的公示语及其翻译

表示限制、强制或警告的公示语往往使用动词或动词短语构成的祈使句,表示要求游客做什么、不做什么,或表示禁止。这样的公示语在中英文中比比皆是。因为中英文均存在祈使句公示语,所以一般说来,由动词短语构成的祈使句均可采取直译的方法。例如:

㉖Mind the Gap! 当心道槽!

㉗Do not trespass on the railway! Penalty $200! 严禁穿越路轨,违者罚款200美元!

㉘请小心台阶! Please Mind the Step!

㉙请勿攀摘花木! Please Don't Pick the Flowers!

㉚请勿用手触摸展品! Don't Touch the Exhibits!

以上中英文例子的原文均属于动词短语构成的祈使句,旨在告诉游客要做什么或不能做什么。这些祈使句在目的语中均采用了直译,即译成目的语中的祈使句,这样可以达到翻译的目的,即原文的召唤功能。当然,有些汉语的祈使句也可以译成英文的名词短语。例如:

㉛小心路滑 CAUTION：Slippery Path

㉜禁止拍照 No Photographing/No Photo/No Photos Allowed

大多数公示语的文本功能不是单一的,而是复合型的,而每则公示语只有一个主要功能。上述公示语一方面为游客提供信息,另一方面在于呼吁游客注意安全或要做某事。其中"严禁停车"和"禁止拍照"采用了英文中常见的表达方式,即"No+动名词/名词",而"小心路滑"则采用"Caution+名词"的方式,这都是英语中经常使用的结构,因此这样的翻译称为"回译"或"借译"。这样,既显示出公示语的信息功能,又显示出其召唤功能,同时还照顾到英语读者的习惯表达。在翻译此类公示语时,这种翻译策略应该加以借鉴和推广。还有一些使用动词的中文公示语实际上表示一种状态而非祈使句,那么这类公示语一般也译成英语的名词或表示状态的介词短语等。例如:

⑬因故停用 Out of Order

⑭短时停车 Short Stay

⑬正在维修 Maintenance in Progress

以上三个例子的汉语原文虽然都是动词,但实际上均表示某种状态,而非要求读者做什么或不做什么。英语在表示状态时一般会使用名词或介词,所以上面三个例子的英译文均变成了状态词,其中第一个是介词短语,第二和第三个均为名词短语。

3. 表示状态的形容词或分词构成的公示语及其翻译

由表示状态的形容词或分词构成的公示语往往在英文中比较常见,但这类公示语译成中文时常转译为动词。例如:

⑬Sold Out 售完

⑬Mercury Free 无汞

⑬Footpath Closed 边道封闭

以上三个英文公示语分别使用 sold、free、closed 等过去分词或形容词,来提醒游客或提供必要的信息,但是这三个词在汉语中的对应词是动词,所以汉译文变成了动词短语。鉴于此,有些表示状态但由动词构成的汉语公示语一般要译成英语的分词或形容词。例如:

⑬每天开放 Open Daily

⑭一律免税 Duty Free for All

例子中原文"开放"和"免税"是动词,但表示的是状态,所以在译成英文时选用形容词 open 和 free 表示状态,是非常恰当的翻译。

4. 缩略语构成的公示语及其翻译

缩略语是指使用英文单词的首字母合成的表达方式,在英文公示语中比较常见。特别是游客最常接触和使用的公共设施与服务的公示语会使用缩略语显示。(程尽能,吕和发,2008:355)翻译英语缩略语构成的公示语时,也要使用汉语的完整表达。例如:

⑭WC 卫生间/厕所

⑭DDD 长途直拨

WC 是 Washing Closet 两个单词的首字母,DDD 是 Direct Distance Dialing 三个单词的首字母。这些都是常用的标识,但译成中文时无法找到汉语的简称,所以要译完整,中文读者才能看懂。反之,在将以上汉语译成英文时候,则可以使用英语的缩略语。

5. 单句型陈述句公示语及其翻译

单句型陈述句公示语即使用一个陈述句说明某地或某事或某一特色的公示语形

式,一般用于宣传、公告或警告等。无论是英语还是汉语,此类公示语一般在目的语中都可以直接翻译成陈述句。例如:

⑭This site is under 24 hours surveillance.

译文:本工地24小时在闭路电视监控范围内。

⑭Trespassers on the railway are liable for prosecution.

译文:横穿铁路者将受罚。

⑭Beware! Muggings occur in this area.

译文:当心! 本区域有行凶抢劫者出没。

⑭麦当劳每周7日全天开放。

译文:McDonald's is open 24 hours a day(7 days).

⑭窗口关闭请谅解。

译文:Position Closed Sorry For Any Inconvenience.

以上五个例子中英文原文均为陈述句,旨在陈述某种事实,翻译时大多译成目的语的陈述句,以实现原文的功能,最后一个虽然没有译成完整的句子,但是言简意赅。

6. 篇章型公示语及其翻译

篇章型公示语主要指写在标牌上的一些介绍或说明性的文字。一般说来,这样的公示语属于说明文,结构简单,用词简洁,风格简约,表达直观通俗,注重信息的准确性。在翻译这类公示语时基本可以直译,只要有效地传达出原文的信息即可,当然风格上要与原文一致。但是由于民族的文化心理不同,思维习惯不同,中文一些介绍性文字会突出修饰性的细节,那么在翻译这类公示语时,不要一味地追求与汉语描述完全对等的英译文,而应该根据英语读者的认知欣赏习惯,在译文中进行相应的处理和取舍,在以传达信息和突出解说功能为主的情况下,力求所译英文符合英语读者的表达习惯。例如:

⑭Dates: every Thursday from 11 June to 10 September

Price: adults CHF 59(with 1/2-Fare-Card),CHF 79(without 1/2-Fare-Card)

Bookings: until 16:00 On the preceding day at the Gornergrat Bahn

译文:

日期:6月11日至9月10日的每个星期四

价格:成人,59瑞士法郎(持半价卡);79瑞士法郎(无半价卡)

预订:活动的前一天16:00之前

地点:戈尔内格拉特铁路公司(Gornergrat Bahn)

这一英语篇章标识语提供了有关游览的实质信息,包括日期、价格、预订时间和地点,翻译成中文时只需将实质性信息翻译出来,并从形式上基本保持原文的风格,采取罗列的方法,用词简单明了。

总之,公示语作为一种具有介绍、提示、警示等功能的特殊文体得到广泛的应用。其文体主要表现在用词相对简单、精辟、规范,句式简洁、一目了然。公示语的翻译目的就是让目的语读者能够了解相关信息,而由于源语读者和目的语读者的文化心理既有相同之处,又存在一定的差异,翻译所追求的效果就是要准确地传达公示语的信息,同时迎合目的语读者的文化和表达习惯。因此,对中英文公示语翻译来说,如果是中英文均使用的词汇、句式和表达习惯,就可以采取直译。如果中文公示语比较烦琐,注重修辞与修饰,则要根据英语国家文化的不同进行适当省译和变通,从而达到翻译的语用效果。当然,要更好地掌握公示语的翻译,还要在旅游时做有心人,看看不同国家在表达同一意思时采用了什么形式。尤其对中国译者来说,到英语国家最好多注意一些公示语,这样在翻译中文公示语时便可以采用"回译"的翻译策略。因此,从实践中学习是译者一项重要的任务,也是做好翻译的前提之一。

第八节 文学文体的翻译

文学文体不同于普通文体,普通文体一般是语言使用者在日常生活中实际运用的语言变体,而文学文体是作者通过想象创造、虚构的供欣赏的语言变体。一般说来,文学文体包括小说、诗歌和戏剧三大体裁,其语言风格各有特点,所使用的翻译策略也各有侧重。限于篇幅,本节仅以小说文本的翻译为例,阐述文学文体的翻译方法。

陌生化和粗鄙化是小说叙述语言的重要审美变异形态,前者通过违反普通语言规则以实现对事物感觉的陌生化,后者指小说中雅语与俚语和方言等的杂糅,形成语言粗鄙化特色。贾平凹长篇小说《高兴》中有大量的陌生化与陕西方言,有着独到的韵味和意味。本节通过《基于贾平凹〈高兴〉的方言功能与英译研究》一文,探讨小说中具有浓郁地方特色的陕西的风土人情是如何通过翻译方法在译文中进行再现的。

一、小说《高兴》简介

贾平凹的《高兴》于2007年出版,是作者披阅三载、增删六次创作完成的。小说讲述了流落都市的农民成为拾荒者的命运。作品中的主人公刘高兴与五富来自贾平凹的家乡,操一口地道的陕西土话。《高兴》对话中的方言数量较多,叙事部分方言较少,除了韦达及其朋友讲普通话、公司老板陆总讲岐山方言以外,关中方言几乎用于全部人物的对话,具有浓郁的地域文化特色,小说叙事与对话之间形成鲜明对比。

贾平凹的作品在国内享有盛名,但却因为文本中的陕西方言"吓"退了许多译者。葛浩文曾试图翻译《秦腔》,但因其中方言太多而放弃。(蔡震,2008)可见,方言翻译对于即使是葛浩文这样的翻译大家,也是一个非常棘手的问题。

幸运的是,贾平凹的《高兴》得到了英国著名汉学家韩斌的赏识,于2017年出版了英译本。迪伦·李维·金(Dylan Levi King)认为:"《高兴》的英文版 *Happy Dreams* 是贾平凹翻译作品中最畅销的一本,它也是目前贾平凹作品中的最佳译本。"(2019)在美国亚马逊和Good Reads网站上,分别有404名和952名读者对《高兴》译本进行了评价,评分分别为3.5分和3.4分。

二、《高兴》译本中方言的翻译

根据《商洛地区志》(2005)、《商洛民俗文化述论》(2006)、《关中方言大辞典》(2015)、《陕西方言大词典》(2015)等相关工具书,我们对贾平凹小说《高兴》中的陕西方言进行了分类,包括人名与称呼、詈骂言、风俗和地方特有表达用语4类。

由于方言具有文化专有项的特质,为了更好地分析《高兴》译本中方言的英译策略,我们借用了西班牙学者艾克西拉(Aixelá)提出的文化专有项翻译策略分类。艾克西拉(Aixelá)将文化专有项的翻译策略分为11种,包括:重复法,即保留原文中的语言形式;转换拼写法,即转换字母拼写系统,包括音译;语言(非文化)翻译法,类似于直译,保留文化负载词的指示意义;文外注释法;文内注释法;同义词替换法;有限泛化,即用目的语读者熟悉的文化专有项翻译;绝对泛化,即删除原文文化词汇的内涵意义,选择译语中非文化词汇;归化法;删除法;自创表达,即在译文中引入原文中不存在的文化专有项。(2007:61-64)

（一）人名与称呼语的翻译

名字是符号,指征的是主体建构。小说中乡下人"刘哈娃"更名为"刘高兴"是为了表达对自我主宰的意愿,期望祛除乡下人的文化烙印,开启城市新生活。文学作品中的姓名不但承载了刻画人物性格和形象等文学功能,还暗含人物在作品中的命运。小说中有24个人名,作品中主要有以下4种命名方式,如表4-1所示。

表4-1 命名方式及其英译方法

命名方式	姓名	翻译	翻译方法
以身体特征命名	钱跛子	Cripple Qian	语言（非文化）翻译法
以动物意象命名	瘦猴	Scrawny	
以辈分排行命名	王老九	Nine Wang	
姓氏+特征的命名方式	石热闹	Lively Shi	

通过语言(非文化)翻译法直译人名,保留了原文中文化专有项的指示意义。对于文中的次要人物的人名采用转换拼写法,如:Cuicui(翠翠)、Liu Baidou(刘百斗)。

有些人名的翻译在保留原文结构的同时做了微调,将姓氏放在词尾以符合英语姓名的表达方式,如:Hawa Liu(刘哈娃)、Goodson Liu(刘良)、Gem Han(韩大宝)。

小说中杏胡本叫王彩彩,由于她眼睛大就改叫她"杏胡",直译为Almond。小说中另一位拾荒者黄八希望别人叫他"黄发",广东人把"八"读成"发",但是"黄八"与"王八"发音相似,具有双关含义。译为Eight Huang并未再现原文的双关含义。由于方言具有独特性,方言翻译中能用令人满意的方式再现不同语言间的语言变体有一定的难度。称谓语单独使用时称为呼语,呼语反映说话者之间的地位高低和亲疏关系,如"Hey,you! Trash!"。称呼语也是口语语体中常出现的内容之一,体现说话主体之间的关系,如respected little sister-in-law(小嫂子)、Ironman(老铁)。

译者通过翻译字面指称含义在翻译过程中寻求语言的亲缘性,对原文中的"意指方式做出形神交融的传译"(周晔,2011:236)。译者以功能对等的手段再现原文的地域特色,使原作的语言风格与语言形式得以参与译语中文学意义的建构。

(二)习语

习语将读者原本陌生的陕南风光生动地再现在读者面前,这些俗语犹如一幅幅极具地域特色的风景画。译者主要采用的是语言(非文化)的直译方法再现字面指称含义,如:

①热萝卜粘到了狗牙上,我难以甩脱。

译文:He was glued to me like cooked daikon between your teeth, and I couldn't get rid of him.

对于容易造成误解的习语通过采用完全泛化的翻译方法做了明晰化处理,还删除了文化词汇的内涵意义。如:

②黄河里杀羊,刀割水洗。

译文:I don't own him anything.

"刀割水洗"比喻事情交割清楚,互不相干。译文使用非文化词汇翻译习语中的文化负载词。

贾平凹的语言充满创造力,有些表达和意象具有浓厚的地方特色,对容易造成误解的俚语和方言采用文内注释帮助读者理解,如下所示:

③老虎吃天没处下爪。

译文:We're like tigers, hungry enough to eat the sky. We just don't know where to start.

④土狗就是土狗,狼狗就是狼狗。

译文:You're a country bumpkin.

例③译文采用文内注释的方式增补了俗语所表达的文化内涵。例④译文则通过完全泛化的翻译转译了原文中的文化专有项词汇。在《翻译的精髓在于协商并找到折中方案——Nicky Harman谈翻译贾平凹小说〈高兴〉》一文中,译者认为"即便是翻译方言,也必须使用'规范'英语";"如果让刘高兴听上去像个格拉斯哥的垃圾工",就会使人物身份发生偏离。(韩斌,2018)可以看出,译者主张使用标准语言翻译方言,认为译本"为了市场生存或个人成功而在译作中选择标准语来再现原文中的方言"。(Erkazanci-Durmus,2011:21-30)对市场和译文的可读性的考虑应该是韩斌在译文中采用标准化口语再现原文中方言的主要原因。

(三)地方特有表达用语

张成材在《商县方言志》一书中将商县的地方用语分为17种类型。(1990:52-70)据此我们将原作中的地方特有表达用语分为动词、名词、形容词、感叹词、拟声词5类。

1. 名词性地方特有表达用语

通过统计发现,名词性地方特有表达用语有82个,3个采用完全音译,如:youbing(油饼)、laobing(烙饼)、ganmo(蒸馍)。

有10个采用的是音译与文内注释结合的翻译方法,如:hulatang peppery beef soup(肉丸胡辣汤)、jiaotuan corn pudding(搅团)。

44个采用的是语言(而非文化)的直译策略再现字面指称意义,如:rice cakes(甑糕)。

21个采用的是绝对泛化翻译方法,如:"杏胡就开始讲他们离开的这一段时间的五马长枪。",译为"Almond started to regale us with tall stories of how they spent their time away."。

4个是音译与直译结合的翻译策略,如:mutton paomo(羊肉泡馍)。

限于篇幅,仅以"糊汤面"为例对绝对泛化翻译方法进行说明:

⑤清风镇的糊汤面是苞谷糁里下面条,县城那一带是苞谷面里下面条。(贾平凹,2012:164)

译文:In Freshwind Township, they cook the noodles in porridge made from cracked corn, but in the County Town, the noodles are cooked in corn flour. (Harman, 2017:226)

"洋芋糁子疙瘩火,除了神仙就是我"是商州人"糊汤情结"的外化。(孙新峰,2006)在商洛方言中,糊汤面是在糊汤里下的面条。(熊贞,2015:170)译者选用中性非文化专有项noodles来翻译文化专有项"糊汤面",损失了能指,对地方的特有表达词汇进行了部分泛化处理。

2. 动词性地方特有表达用语

部分动词性地方特有表达用语如表4-4所示。

表4-4 动词性地方特有表达及其英译方法

原文	译文	翻译方法
发瓷	glassy	部分泛化
毕	goner	完全泛化
打个尖	keep us going	

原文中"瓷"出现了5次,在译文中以形容词与副词形式进行形象再现。文中"瓷"使用如下:

⑥我瓷在了那里,任何聪明才智都没了。

译文:Leave me standing there foolishly.

⑦五富瓷住了,看着我。

译文:He stared at me dumbly.

⑧黄八骂了一阵就瓷着眼。

译文:Eight cursed and swore, and then fixed us with a glassy stare.

⑨哼,哼哼,别以为从清风镇来的就土头土脑,一脸瓷相,只永远出苦力吗？ 见你的鬼吧！

译文:Huh! Who says Freshwind folks are dead-eyed country bumpkins, only good for coolie labor? No way!

⑩五富的头瓷实。

译文:Wufu's head was brick-hard.

"瓷"在西安和长安等地用来形容坚硬、结实或扎实。前四个主要形容人发愣的样子。译者指出中国作家更倾向于通过肢体语言来表达内心情感,而西方作家会直接描述个人感受。(陈俊豆,2017)因此,她在翻译的过程中通过添加副词foolishly、dumbly、glassy和形容词dead-eyed、brick-hard来再现"瓷"中蕴含的情感,有助于西方读者理解作品。

"毕"的本义是指古代用于捕捉鸟兽的长柄网,《诗经·小雅·鸳鸯》中曰:"鸳鸯于飞,毕之罗之。君子万年,福禄宜之。"由"网罗无遗"引申为"完全、都","毕"还有"结束、终止"的意思。在关中谓"完结、完成"为"毕"。(熊贞,2015:26)在商洛方言中"毕"常用于表达事情的结束或生命的终止。一方面用于表示事情的结束,另一方面用于表示生命的终止。(黄元英,2006:123)译文使用语言(非文化)翻译策略将动词"毕"直译为名词goner,忠实地再现了"毕"的指示意义。

"尖"在陕西方言中主要有10层意思,表示"窄小""锐利""明亮""水煮开了""滚烫"等。(黄元英,2006:271)在小说中的使用如下:

⑪几乎中午不是带了些早上蒸好的馍打个尖,就是掏四元钱去吃一海碗扯面。(贾平凹,2012:45)

译文:Instead, what we usually did for lunch was bring along some ganmo from breakfast to keep us going, or spend four yuan on a big bowl of pulled noodles. (Harman 2017:67)

"打个尖"指的是正式吃饭前,先稍微吃点东西。(熊贞,2015:76)译文采用完全泛化的翻译方法将方言转换为中性的非文化专有项来翻译原文中文化专有项的词语,译文中的语言变异成分减少,译语在语体上更接近标准语,趋向标准化。将方言标准化后,译者无法再现原文中的稀奇表达,未能充分体现方言与标准语之间有差异的功能。

3. 形容词性地方特有表达用语

部分形容词性地方特有表达用语如表4-5所示。

表4-5　形容词性地方特有表达用语及其翻译方法

原文	译文	翻译策略
苦焦	land's very poor	语言(非文化)翻译
碎事	small thing	
暮	felt like lead	
齐溜溜	bangs down on her eyebrows	
秀溜	fine-shaped	
前崖颅后马勺	bulging forehead and a bulge at the back	
恁	(delete)	删除法

限于篇幅,仅以"苦焦"为例进行说明。"苦焦"在《说文解字》中解释为:"苦,大苦,苓也。""苦"又引申为"困苦"和"劳苦","焦"的本义是"物体经火烧而干"。商洛方言中由"苦"与"焦"组成的新词汇,表示困苦、烦扰的程度较为严重。"苦焦"常用于两种情况:一是指生存条件很艰苦;二是指生活状况很艰难。(黄元英,2006:202)这里译者选择第一种含义,采取的是语言(非文化)翻译策略再现字面指称意义,符合语境。

4. 感叹词

感叹词在文中具有声音效果,在表现人物的神情口吻、刻画本土生活与文化传统等方面发挥重要作用。如表4-6所示。

表4-6 感叹词及其翻译方法

原文	译文	翻译策略
咋？/嘿呀！/唉！/好生的/爷神！/咦！/哎/么/哩	(delete)	省略法
去呗。	Yep!	转换拼写法
咿呀！	Ai-ya!/Hey!	
咹？	Huh?/Eh?/(delete)	转换拼写/省略法
天哪！	Good heavens!/My God!	同义词转换法

感叹词带有丰富的感情色彩,体现说话者的情感语气。在文学语篇中的叹词无法表现语音语调,所以感叹词的情感色彩具有不确定性。关中方言中"好生的"与"嘿呀"在句首用来表达惊叹;"咋"在句首可以独立成句构成零句,表达疑问;"么"与"哩"在句末是语气词。译者将这些地方文化中特有的感叹词全部删除而对原文中大量重复的感叹词,进行了精简。译者通过揣摩人物的语气,将"去呗""咿呀"等感叹词所表达的语篇功能通过转换拼写与感叹句等形式进行传达。感叹词"咿呀""咹"的翻译借助中文语音的特点,采用转换拼写的译法,再现了汉语感叹词的发音,基本传达原文中表达的可惜、吃惊等情感色彩。good heavens是语言(非文化)翻译的产物,保留了汉语中"天"的文化意象,实现了感叹功能和语境功能。

5. 拟声词

拟声指的是发音与某种象征性意义发生联想。拟声能加强语言的形象性、直观性和生动性,刺激读者的听觉,创造声情并茂的音响效果,给读者身临其境的感觉。如:

⑫床垫坐上去就扑哄扑哄闪。

译文:They bounced you around when you sat on them.

译者将"扑哄扑哄"转化为中性的非文化专有项bounced around。译文比原文更清晰,降低了辨识度,减少了语言变异。Dimitrova(2004:126)认为人们在复述他人话语的时候,往往会使用比原来话语更规范、标准的语言。翻译的过程类似于译者在转述作者的话语,为了减少读者的阅读障碍,译者倾向于使用规范化与标准化的英语口语再现原文中的方言表达。

三、《高兴》译本中方言翻译的损失

首先,译者致力于忠实传达原作,但是对个别"飞白"效果和方言翻译有不确切之处。首先是由使用方言而构成"飞白"幽默效果的流失。"飞白"用来体现说话者对规范语言的偏离的效果,小说中有岐山老板陆总与高兴的5句对话和1句高兴的心理描写涉及"飞白"。"飞白"分为两种,一是人家怎么错的,就照直录用;二是援引他人的错误达到取笑或讽刺的效果。(陈望道,2008:131)译文中选用中性的非文化专有项来翻译关中方言,例如:

⑬昨日还问你怎么能把"算"说成"旋"呢……

译文:... teased me about my Freshwind accent only the previous day ...

高兴在给卖破烂的顾客结账时由于使用方言而将"算账"说成"旋账",译文用中性的非文化专有项词汇accent来替代"算"说成"旋"所取得的幽默效果。"飞白"用来体现说话者对规范语言的偏离效果未能完全传达。还有一种就是使用"飞白"翻译法,主要是指语音"飞白",即用读音相近的字取代原字,借此反映说话者的不规范语言,是尽全力重现原作语言风格的尝试。如:

⑭二不是二,是饿,啥不是啥,是傻,猪不是猪,是只,人不是人,是日……(贾平凹,2012:296)

译文:Different tones, plus words like "chi" sound like "chu, " and "ru" sounds like "ri"said the woman.

"Chi"— "eat" and "Chu"— "out ." "Ru"— "in"... and "ri"— "fuck"(Harman 2017: 406)

"飞白"是作家本土化叙事中的重要元素,译者对原文中的"飞白"采取音译加文内注释的翻译方法,使读者可以感受到说话者发音不准的情况,这为作品增加幽默感及讽刺力量,尽力使读者靠近原作中作者想要通过飞白达到的前景化效果。美国学者丽莎·科恩·米尼克(Lisa Cohen Minnick)指出,文学作品中人物方言的表现形式透露了作者对语言与社会特征的看法及态度。(2004:33)在致谢中,译者指出对方言翻译的宗旨就是"把方言翻译成令人信服的英语"。因此,译者将翻译的可读性与理解性放在首位。但是音译未能再现原文的喜剧效果,审美意义的传达受到限制。

其次,译文中有几处概念性错误。贾平凹在原作中关注个体生命和自身的艺术体验,原作中的经验生活世界构成了文化的物质肌理。译者要在译语语境中重新表达,就必须享有类似或与之在某种程度上所对应的经验。译者基于自己经验和立场对原文进行解读,并用所获信息有取有舍地构建译文。译文在概念翻译中错误频率最高的一个词就是"蒸馍",原文中蒸馍出现四次,三次翻译为ganmo,一次翻译为steamed buns。从ganmo的音译可以看出读者为传播陕西特有文化所做的努力,但是根据原文语境,有三次指的是新蒸出来的馍,这个时候使用steamed buns更符合语境。

通过考察贾平凹《高兴》中的陕西方言词的英译,发现在本文提出的四种类型的方言翻译中,译者为了使译文更好地适应目的语读者的阅读,译文的语言风格倾向于标准化。译者将原作中的大部分方言转化为英语口语,突出强调了原文方言对话的口语特征,高兴、五富、杏胡等主要人物的对话中都使用了大量的英文缩略语,如why's、they'd、there's、what's、land's等,甚至达到了平均每页出现三个左右的缩写词汇。英文原创

新编 英汉互译教程

小说中,所有格的使用是表达语音变异的理想形式,提醒读者该符号位置缺少了某个字母。(Blake,1981:19)译者希望通过大量使用英文缩略语来表现原文中方言对话的口语特点。此外,译文中出现最多的标点符号之一是感叹号,几乎所有的詈骂语后都使用感叹号。小说中的地方文化特有拟声词与感叹词也倾向于使用易于理解或常见的英文口语词汇代替。通过以上翻译方法和策略,译文尽可能地再现了原文的口语化特征,暗示了人物语言的非标准化,较为贴近原作的语言风格。但是译文中使用的口语词汇并无明确标示性的社会方言,这在一定程度上削弱了小说中浓郁的地域方言特色。

通过对比原文与译文,我们发现小说的地域特色并不是译者关注的焦点,相反,译文注重对语域的再现。口语化是方言翻译的基本特征,译者化方言为口语,虽然弱化了原作的地域性风格,但是为英文读者理解小说提供了视域融合的机会。方言翻译的难度在于既要再现形式,还要表现方言所包含的情境和感情意义。译者需要在再现原文方言的生活气息和方言作为语言变体的特殊性与变异性之间做出适当选择。由于方言无法离开它扎根的环境,所以方言翻译的过程就是地域性与异质性磨蚀的过程,原文的风格和语义会受到一定程度的损失,方言翻译过程中需要协调音位层与语义层之间的矛盾,这对于任何一个从事方言翻译的译者来说都是一个难题。

资料

为了做好不同文体的翻译,下面网站中的译文可以提供相对权威的翻译:

中国日报:www.chinadaily.com.cn

北京周报:www.bjreview.com.cn

百科全书:www.encyclopedia.com

世贸课堂:https://class.wtojob.com

中国译典:www.chinafanyi.com

词典:https://dictionary.reference.com

152

第五章　文化与文化翻译

文化翻译对应的英语为 cultural translation，即"文化（上）的翻译""与文化相关的翻译"，而不是 culture translation。

第一节　误读与误译

误读（misreading）理论最早出现于西方后结构主义理论中，最先提出误读理论的是以布鲁姆为主要代表的美国结构主义理论派。布鲁姆指出，由于阅读行为总是被延迟，所以从某种意义上说，一切阅读均是误读，只是强弱不同。因此，误读首先是针对理解而言的。误读是一种客观存在的社会现象。

误读必然导致误译，译者不从原文作者所处的特殊环境出发对文本进行深入解读以挖掘其内涵意义，翻译时不从原文作者的意旨以及读者将会产生的感受入手进行深入剖析，而只是从原文字面对其进行解读，这才会导致译文含义不清楚、不确切，有时甚至会曲解原文的含义。对原文深入理解才能准确地传达原文的意旨，否则会导致错误的翻译。翻译中的误译有的是译者的有意误读所致，有的是由于译者的理解不到位。（刘桂兰，2015：81）误译不能简单地看成"错译"，而是在特定历史时期，所折射的中西文化碰撞。（胡仲彬，孙俊英，2009：128）误读有有意与无意之分。有意误读来自布鲁姆（Harold Bloom）的"误读"理论，他认为误读是诗人摆脱前人创作的必要的开拓性的偏离，误读是一种主动的行为，其目的在于摆脱前人影响的巨大阴影，通过对既定解释的有意误读而达到某种创新的境地，即某种程度的"修正式"（revision）创新。（王宁，2003：217）

翻译中存在许多有意误读的行为，如林纾将一个个外国故事转换成中国传统的内容和形式，他的翻译是一种中国式的"误读"。林纾的翻译小说如从纯语言的角度来看，错误很多。有的错误是出于林纾的口述者外文水平的欠缺，有的错误则是出于林纾的翻译速度，这种误译属于无意误译。但是，在阅读林译小说时，我们发现有的错误是林纾及其合作者有意为之。这种有意的误译其实就是创造性叛逆(creative treason)。(刘宏照,2011:10)庞德翻译的《神州集》(*Cathay*)与原文差别就很大。庞德不谙中文而产生很多误译,因此,他的翻译是有意识文化误读的产物,是有意识地按照自身的文化传统、思维方式去解读另一种文化。有意误译也可以称为"积极性误译",指的是译者为了完美再现原文的风韵而进行的创造性翻译,虽与原文在形式上并不完全对等,但能传达最为重要的信息。积极性误译主要有以下几种形式:第一,出于审美需要而进行的积极性误译;第二,文化缺省而导致的积极误译;第三,各民族思维方式不同而导致的积极性误译;第四,政治因素的制约而导致的误译。例如美国作家华盛顿·欧文(Washington Irving)的小说 *Rip Van Winkle* 在翻译成德语时,由于政治因素的影响使某些敏感细节发生了变化。在1919年的一个译本中,原作中的乔治三世的画像变成了乔治二世,这一时间上的小小的移位将美国1776年的英雄们的功绩移到了1770年,从而在时间上转移德国读者对《独立宣言》(Declaration of Independence)的注意,使德国读者联想不到这一次成功的革命。迫于当时政治环境的压力,译者对其做了修改。

另一种误读是无意的误读,是指译者从自己的文化背景和思维方式出发来解读源语文本,从而造成对源语文本中所含文化信息的错误理解。每个人都是在一定的文化环境中成长的,受特定文化的影响,对于翻译本国文学作品的译者来说,理解不是难题;但对翻译异域文学作品的译者来说,由于源语文化与译者的母语文化的差异,译者在解读源语文本时,由于自身的文化背景、思维方式等因素的影响,会或多或少地对源语文本中的文化信息产生错误理解。在翻译异域文学作品时,常常对所读的源语信息存在主观臆断。例如,有些外国译者在翻译"二八佳人"时,常会把"二八"望文生义地理解为"二十八岁",其实"二八"是我国古人计算年龄的方式,指"十六岁"。同样,我国有些对英美文化不甚了解的译者在翻译 birthday suit 时,也会根据字面意思将其误读为"生日服装",其实 birthday suit 是英美惯用语,是"赤身裸体"的委婉说法。

由于翻译中多种歧义的存在,"误读"时有发生。如林语堂在英文书 *My Country and My people*(《吾国与吾民》)中引辛弃疾的《丑奴儿》来对"吾国与吾民"做出阐释,并总结全书。他的英文引用其实是对原诗词的误读,也是对诗人的误读。《西游记》的英译者将书中一个人物"赤脚大仙"误译为 red-legged immortal(红腿大仙),显然,他是把汉语里的"赤"理解为"红",因为他不知道"赤"还有"光、裸"的意思。无意误译又细分为三个类型:译者疏忽大意造成的误译;译者外语语言能力欠缺造成的误译;译者对源语和目的语所包含文化的理解不当而造成的误译。

例如,王维《终南别业》中的两句诗"行到水穷处,坐看云起时",被译成"walk to the place where the water has its source; and, seated, await the birth of the clouds"。译文没有体现出人与自然界完美的融合,也没有体现出自然界之动与止、时间与空间、行为与沉思等关系模式,只是触及诗句运作层面的线性运动。这一译文使原文的立体感消失,英译句法层面的逻辑性、线性结构性导致原诗语义蕴涵的丰富性消失。因此,在文学翻译中研究者们除了要关注文学的同源性,也要关注源语在转变为目的语时语言和文化层面上的变异性,探究文学变异内在的规律性。

无意误译是一种错误的翻译行为,译者理应尽最大努力避免其发生;有意误译是翻译工作者在翻译过程中有意运用的一种翻译行为,其目的是使读者摆脱文化心理不同而导致的束缚,有时候也是为了使读者站在本国文化模式的基点上去接受异族的文化模式。(成昭伟,2012:338)如我们能把误译(mistranslation)与一般的(因粗翻滥译而造成的)错译(mistakes in translation)区别开来,把误译作为一个既成事实、一个文化研究的对象来看,那么,我们就不难发现,误译自有其独特的,甚至令人意想不到的作用。有意误译的作用主要有以下三点:有助于译作的传播,为客体文化的拓展开辟了通道;有助于为充实主体文化增添新的内容和新的表现形式;有利于主体文化和客体文化的相互参照和相互借鉴,促进了主体文化对客体文化的包容。

"文学作品最容易产生误读,也最鼓励误读。作家鼓励读者充分发挥他们的聪明才智和想象力去阅读文学作品,实际上也是鼓励各种创造性的有意误译。有限的篇幅,无限的阐释和误读。"(赵一凡,2006:626-627)一个文本从一种语言和文化被翻译成另一种语言和文化时,意义会受到一定程度的削减。译者对上下文语句间逻辑关系的误解,尤其是不完整句间关系的误解会造成误译。同时,母语迁移也会给译者带来很多理解障碍,导致翻译中的误解乃至误译。只有深入理解原文才能准确地传达原文的意旨,否则会导致错误的翻译。翻译中的误译有的源于译者的有意误读,有的源于译者的错误理解。

第二节　文化缺省与文化缺省补偿方法

(一)文化缺省

文化缺省成分一般都具有鲜明的文化特色,并且存在于语篇之外,因而会对处于不同语言文化背景中的读者造成意义真空。他们因缺乏应有的认知图式而无法对文本获得连贯的理解。翻译是跨文化交际,原文作者和译文读者由于生活在不同的社会文化环境中而具有不同的文化背景知识。因此,对原文读者来说显而易见的文化背景知识,对于译文读者而言就构成了文化缺省成分。

文化缺省涉及的内容包括文化的方方面面。笼统地说,文化是一种社会现象,是人们长期创造形成的产物,同时又是一种历史现象,是社会历史的积淀物。确切地说,文化是指一个国家或民族的历史、地理、风土人情、传统习俗、生活方式、文学艺术、行为规范、思维方式、价值观念等。王东风对这些缺省情况进行了分类:被交际双方作为共享的背景知识而加以省略的部分叫作"情景缺省";如果被缺省的部分与语篇内信息有关,就叫作"语境缺省";而与语篇外的文化背景有关的,便是"文化缺省"。(1997:55-60)

（二）文化缺省补偿方法

由文化缺省而造成的文化空缺,多用的补偿手段有直译加注法、文内补偿、文外补偿、删除法、仿译法(loan-translation)与归化法(domestication)等。

1. 直译加注

认真审视原文作者运用文化缺省成分所隐含的艺术动机对译者选择文化缺省补偿方法是至关重要的。如果作者有意地使用某些历史典故以及形象化词语等方面的文化背景知识来刻画作品的人物特征或阐释作品的主题,译者应运用"直译加注"(literal translation with a footnote or an endnote)的方法来补偿文化缺省,以便体现原文作者的艺术动机和原作的美学价值。注释指在文外加脚注或尾注。有些文化信息光靠增译还无法传递,如果增译过多,必然会影响阅读和理解的流畅性,也会破坏原文的风格。这种情况,只能采取加脚注或尾注的方法。如下两个例子中,画线部分都为注释,补偿了文化缺省信息:

①状元 zhuangyuan, top scholar at the Imperial Examination

②炕 kang, the brick-and-tamped-earth sleeping platform

同时,译文读者通过注释解决了意义真空点,沟通了与上下文的关联,从而建立起语篇连贯。(王大来,2016:63)

③I look at the sunlight coming in at the open door through the porch, and there I saw a stray sheep—I don't mean a sinner, but mutton—half making his mind to come into the church.（狄更斯,《大卫·科波菲尔》）

译文:我看见那里有一头迷路的羊——我所指的不是罪人,是羊肉的羊——颇有进入教堂的意思。(董秋斯译)

该例中,狄更斯运用了双关语来创造语言幽默。sheep一词有两层含义:一是指羊,即动物;二是指基督教中的罪人(sinner)。在该例译文中,译者运用了直译加注的方法补偿译入语读者的文化缺省以保留作者的意图。该例的脚注为:sheep一词一语双关,既指羊,又指基督教义中所谓"有罪的众生"。

通过直译加注的方法,译者忠实地传达了作者的意图,同时又能补偿目的语读者的文化缺省,消除理解障碍。通过直译加注的方法来补偿文化缺省,可以保留原文的含蓄委婉,体现作者的艺术创造。

④我属鸡。我从来不吃鸡肉。鸡年是我的本命年。

译文：I was born in the Year of the Rooster. I never eat chicken. The Year of Rooster will bring me good or bad luck. Chinese people traditionally use 12 animals, representing the 12 Earthly Branches, to symbolize the year in which a person is born. Spring Festival 1993, for example, is the first day of the Year of the Rooster. People born this year have rooster as their life symbol. All other years of the Rooster, according to Chinese saying, become either good- or bad-luck years for them.

西方文化中没有生肖年份的说法，因此英语读者对句中的"属鸡"、"鸡年"和"本命年"所蕴含的文化内容无法理解，所以通过直译加注释，可以说明其内涵寓意。

2. 文内补偿

文内补偿是一种解释性翻译，在正文中补充说明源语言术语的文化内涵、相关的先有知识及包含的隐喻等。这种方法能把文外补偿的内容在语篇内介绍给读者，从而降低阅读的难度。该补偿方法又可分为增益（contextual amplification）和释义（paraphrase）。

增益是在译文中明示的，原文读者视为理所当然，而目的语读者却困惑的意义。这一方法有助于保留原文的文化意象，同时又能补偿译文读者的文化缺省。例如：

⑤下兑上离

【释义】：睽卦的卦象，上为三爻离卦，下为三爻兑卦。

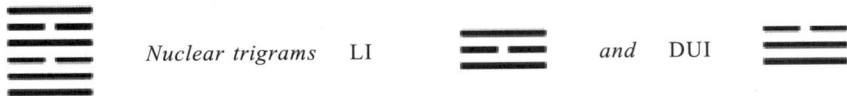

Nuclear trigrams LI *and* DUI

译文：The rulers of this hexagram are the six in the fifth place and the nine in the second. The lower trigram *Dui* has joyousness as an attribute and the upper primary trigram *Li* has dependence upon clarity.

在翻译中，译者把译入语读者的文化背景知识融入译入语文本中以降低译入语的难度，通过增加图片与内容使译入语读者不必阅读译语文本外的注解就能迅速获得译文的连贯理解，这样阅读的惯性不会受到影响。但是缺点是原文的艺术表现方式在译文中有变形，从而剥夺了译文读者发挥想象力的机会。因此，译者在运用这一补偿方法时应格外谨慎。如果译入语读者获得原文的连贯理解所需要的文化信息不是太多，译者可以为了译文的清晰和流畅起见运用这一方法。

释义是文内补偿的另一种形式。释义不是逐字逐句翻译原文，而是直接向译文读者解释源语词句上下文中的意味（sense）的一种手段。由于它既能保留原文的信息，又能给译者比较多的自由表达的空间，因而在翻译中应用较广。

⑥I'm too old a dog to learn new tricks

译文：我上了年纪，学不会新道道儿了。

⑦我要有个三长两短,你给玉山捎个话!

译文:If anything should happen to me, let Yushan know!

在某些情况下,作者运用的某些具有文化特色的词语,其内涵意义与形式意义完全不同。此时译者在译文中可考虑改变这些表达形式所反映的文化缺省成分的意象以达到对原文的忠实。句⑥中的 old dog 在原文中并无贬义,如直译为"老狗",则含有贬义,所以不能直译,在这里采用了释义法。在句⑦中,"有个三长两短"比喻可能发生意外的不幸事件,保留其喻意,译为 if anything should happen to 即可。

如上所述,当翻译这类文化特色的词语时,如果原文读者和译文读者不具有相同的文化背景知识,为了方便起见,可考虑采用释义法来补偿译文读者的文化缺省。需要注意的是,文内补偿最大的弊病是易使译语冗长,这样会违背术语的简洁性要求,不宜作为术语的翻译手段。在翻译过程中,文化缺省是译者不得不面对的一个问题,因为原文作者在写作时不可能为译文读者的接受能力着想。从跨文化交际这一角度来讲,翻译就是跨越文化缺省的过程。

3. 文外补偿

文外补偿也称作注释性翻译,是指在正文中使用字面翻译或音译词等,然后借助脚注、尾注或夹注等形式,对译名的文化内涵、相关的先有知识及隐喻等加以解释的方法。(朱建平,2016:250)文外补偿能够减轻正文篇幅所需承载的信息压力,但读者需不时地分心于注释。对于语篇中出现的中医药术语,文外补偿可作为一种重建文化信息的有效手段,但显然文外补偿不适用于单独的术语翻译。

杨宪益和戴乃迭把"端午节"翻译成 The Double Fifth Festival,而蓝诗玲则把它译成了 Dragon Boat Festival。两个译本都很好地翻译出了"端午节"的指称意义,但 Dragon Boat Festival 能更好地传达原文的文化意义。为了让读者对中国这个传统节日有更好的了解,蓝诗玲在尾注中加了解释——"Falling on the fifth day of the fifth lunar month; traditionally one of the days on which debts were settled"(Lovell, 2009: 405)。又如,杨宪益和戴乃迭把《兔和猫》中的"三太太"翻译成 Third Mistress,而蓝诗玲则译成 the wife of my youngest brother,文后简称为 my sister-in-law。

4. 删除法

删除法是将原文中无法解读或难以用译入语表达的内容略去不译。作为一种处理文化真空的翻译手段,删除法的使用已有1700多年的历史。三国时期著名的佛经翻译家支谦,就留下了关于删除法的文字记载。删除法是在无译语可用时采取的避免误译的措施,而不是对源语言文化内涵的消极回避。删除法删去了原文中有可能造成意义真空的文化缺省内容,因而较好地保证了语义的连贯性。删除法的不足之处在于译语读者不能通过译文了解源语中的相关文化信息,因此在翻译实践中不宜过多使用。

5. 仿译法

仿译法是把源语中某一合成词中的各个词,用译入语的构词材料依次翻译出来,在译入语中构成新词的方法。它模仿原词的构词形式,引进原词的词义,但不借用它的语音。仿译词是新造词,本身并不具有明显的理据性,但它可以把源语的概念引入译入语当中,实现文化的对外输出,例如,马力(horse power)、足球(football)、蜜月(honey moon)等。仿译词不仅丰富了译入语词汇,而且把源语的思维视角引入译入语中。在国际间学术交流日益频繁的今天,仿译词的数量正在与日俱增。尤其是在文化真空领域,仿译法是一种将自身文化中特有的概念输出到他者文化中的可行的办法。

第三节　文化翻译策略

尤金·奈达与查尔斯·泰伯(Charles Taber)在合著的《翻译理论与实践》(*The Theory and Practice of Translation*)一书中首次区分了语言翻译(linguistic translation)和文化翻译(cultural translation),并主张采用归化的方法。他们指出,"文化翻译是在某种程度上为了符合目的语文化而改变信息内容,介绍源语中非语言的隐含意义,与语言翻译相对"(Nida & Taber,1969:199)。丹尼尔·肖(Daniel Shaw)创造了"跨文化交际"(transculturation)一词,认为文化翻译其实就是跨文化交际。(1988:2)1990年,苏珊·巴斯内特(Susan Bassnett)和安德烈·勒弗菲尔(Andre Lefevere)合编的《翻译、历史与文化》(*Translation, History and Culture*)一书出版,他们把文化翻译看作"文化交融"(acculturation),并提出了翻译的"文化转向"(cultural turn)。(1990:3)阿肖克·贝里(Ashok Bery)从后殖民视角讨论"文化翻译"(cultural translation),认为文化翻译即文化转换,指出文化翻译是不同文化之间的相互转化(cultural transformation)。(2007:13)以上列举的几位西方学者关于"文化翻译"的理解,各不相同。奈达所谓"文化翻译"与"语言翻译"相对,其实是方法论。归化(domestication)和异化(foreignization)是对两种翻译策略的称谓,在翻译研究领域首先将这两个词语作为术语使用的是美国翻译学者韦努蒂(Lawrence Venuti)。

(一)归化

从历史上看,一个外来文化要在异国他乡进行传播,往往需要先借助译入语的词汇及其思想框架。两千多年前的佛学汉译便是如此。从思想层面上看,译者常以中土思想与典故附会佛学思想;从词汇层面上看,译者又常以儒、道用语来表达佛学概念,旨在方便世人理解与接受。汉传佛教诠释学的这种翻译方法称为"格义"。以现代语言学尺度来衡量,"格义"即以译语的语用习惯来替代源语言语用习惯的翻译方法,现代翻译学称为"归化法"。自19世纪70年代至20世纪80年代,中国出版的外国文学翻译采用的主要是归化法。林纾的翻译作品中,原文中不符合中国文化或者中国人审美情趣和习惯的部分通常都被删除。傅雷和钱锺书遵循的翻译理论是"神似而形不似"。虽然鲁迅主张翻译应尽量"欧化",保存"洋气",但当时的大部分翻译家还是采用归化法来翻译外国文学作品。

英语中的the lion's mouth经常译作"虎穴",即指极其危险之处。这属于归化翻译。在西方童话故事中,狮子被尊为兽中之王。狮子的形象是勇敢、威严的象征,所以英语中用lion来喻指"强大有力",或"人们尊敬或害怕的人或国家"。而在汉语文化中,老虎是勇猛、威武的象征,与英语文化中的lion相似,所以将the lion's mouth译为"虎穴",这有助于中文读者快速准确地理解原文意思。类似的翻译还有将a lion in the way译为"拦路虎",将beard the lion in his den译为"虎口拔牙"等。又如"A good dog deserves a good bone.",这是一句英语谚语,字面意思是"好狗应得到好骨头",但如果这样翻译,字面背后的深层意义就没有译出来,让中国读者感到莫名其妙,而译文归化为"有功者受赏"就比较符合中国人的表达习惯。再如将"Mary was born with a silver spoon in her mouth."这句译为"玛丽出生在富贵人家"就是翻译中"接地气"的翻译。

所谓"接地气"就是归化,"归化"按《辞海》的解释,即"入籍的旧称"。翻译的"归化"喻指翻译过程中,把客"籍"的出发语言极力纳入归宿语言之"籍":英译汉就不遗余力地汉化,汉译英则千方百计地英化。归化是指在翻译中采用透明、流畅的风格以尽可能减少译入语读者对外语文本的生疏感,最大限度地淡化原文的陌生感的翻译策略。在名著《飘》(*Gone With the Wind*)的译本中,译者傅东华就将原著中的一些地名、人名和成语本土化了,这样的译本很容易被普通读者接受,特别是目的语读者,因为这样能够减少本土读者对外国著作的文化疏离感,更便于沟通和交流。归化的译文中尽可能地使源语文本所反映的世界接近目的语文化读者的世界,从而达到源语文化与目的语文化之间的"文化对等"。例如著名饮料健力宝广告是这样的:"要想体力好,常饮健力宝。"译者使用归化策略,套用目的语读者特别熟悉的谚语"An apple a day keeps a doctor away.",从而将此句译为"A Jianlibao a day keeps the doctor away.",从而使得译文浅显易懂,便于记忆。又如:

①The cold, colorless men get on in this society, capturing one plum after another.

译文:那些冷冰冰的、缺乏个性的人在社会上青云直上,摘取一个又一个的桃子。

上例中,plum(李子)在汉语中并没有"运气,福气"的引申义,因此采用归化法,将其翻译为汉语中具有此含义的"桃子",更容易让汉语读者体会其中的意义。

还有中国成语"庆父不死鲁难未已",如果译为"Until Qing Fu is done away with, the crisis in the state of Lu will not be over.",译文读者就无法理解,但使用归化手法译为"There will always be trouble until the trouble-maker is removed."就更贴近目的语

读者。

归化的翻译策略可以在译文中保留源语的文化观念和价值观,特别是保留原文的比喻、形象及民族、地方色彩等。例如:

②他们的儿子则是寸步不离地抓着母亲的衣服。

译文:Their son would stick to her like taffee.

此处选自《黄昏里的男孩》,译者用太妃糖(taffee)替代"寸步不离",可谓独具匠心。太妃糖是一种西式糖果,黏稠而有韧性,以此来形容儿子对母亲的亲近和黏人再合适不过,表意生动的同时还为读者带来了本土文化的亲切感。

同时,归化翻译有助于读者更好地理解译文,增强译文的可读性。例如:

③He explained the beauty of the music to his wife but it was casting pearls before swine.

译文:他向妻子解释了音乐的美妙之处,但那是对牛弹琴。

casting pearls before swine是"明珠暗投"的意思,放在这里,也许会使中国读者不能理解该句的意思,但是如果将这个短语的意思根据归化法翻译成"对牛弹琴",整个句子的意思就会很容易理解了。

归化法是以目的语文化为归宿的翻译方法,是基于人类文化和语言的个性而发展出来的。归化法要求译者向译入语读者靠拢,采取译语读者习惯的译语表达方式,来传达原文的内容。例如,David Hawkes 在翻译《红楼梦》时,将"怡红院"翻译成 The House of Green Delights,"怡红公子"译为 Green boy,"怡红轩"译成 Nostalegia Studio。他之所以这么翻译,是因为红色在中西方文化中的含义不同:中国人认为红色意味着幸福、喜庆和荣誉,而西方人则认为红色与暴力和血腥相关。因此,偏重译入语文化的归化翻译思想是译者对原作做出改变的主要原因。例如:

④The young couple were leading a cat-and-dog life.

如果直译原文的意思,a cat-and-dog life 是"猫和狗的生活"。中国读者可能产生疑问:猫和狗的生活到底是什么样的生活? 显而易见,"吵吵闹闹的生活"显然要比"猫和狗的生活"更容易得到译入语读者的接受和认可。又如电影《功夫熊猫》(Kung Fu Panda)中的台词"I am coming at you with crazy feet."译为"看我佛山无影脚"。crazy意为"疯狂的",用来形容人的精神状态,在这里用来修饰脚踢得很快。翻译时,译者将其转化为中国人非常熟悉的功夫——佛山无影脚,完美地把crazy这个词想要传达给观众的感受表现出来。

归化法可用与源语词语有相同使用频度,但一般都带有某些译语文化色彩的词语来翻译源语词语。莎士比亚剧作《维罗纳两绅士》中的 a pissing while 和北方方言俗语"撒泡尿的工夫"意义相似;《驯悍记》中的 you three inch fool 同《水浒传》中的"三寸丁"表达的含义相似;美国女作家赛珍珠的小说《夜莺》中形容夜莺的歌声为 like water bubbling from a silver jar,与白居易《琵琶行》中的诗句"银瓶乍破水浆迸"异曲同工。(蒙博涵,杜洁,2017:143)汉语恭维别人有学问用"满腹经纶"一词,字面意思为"肚子里有知识、文章、思想等",西方人恐怕是无法想象的。文章只能存在于脑中,因此译为"you have a mind crammed with knowledge"。

翻译成语和典故时经常采用归化法,以求保持它们特有的简洁性和表现力。例如:

⑤at a stone's throw 一箭之遥

⑥live a dog's life 过牛马一样的生活

⑦sack a hare in hen's nest 缘木求鱼

⑧There were several straws in the wind. 不无蛛丝马迹可寻。

⑨Among the blind, the one-eyed man is king. 山中无老虎,猴子称霸王。

⑩骑墙 straddle the fence

⑪躺在自己的功劳簿上 rest on one's laurels

⑫鹤立鸡群 stand out like a peacock in a barnyard

⑬破釜沉舟 burn one's boat

归化主要考虑译文文化及其语言表达形式,多从读者的角度加以考虑:

第一,归化用译语文化色彩的词语来翻译源语词语,其最显著的优点是能使译文读起来比较地道和生动。

⑭They will be ice-kating in hell the day,when I vote the aid for them.

译文1:要我投票赞成给他们援助,除非太阳从西边出来。

译文2:要我投票赞成给他们援助,除非他们下地狱。

源语 in hell 中的 hell 指的是"地狱",多与基督教中的"天堂"相对应。译文2中的"地狱"虽然忠实原文,但西方味太浓,读起来有点别扭,比不上译文1中的"太阳从西边出来"地道、生动。

第二,在翻译成语和典故时采用归化的方法,可保持原文特有的简洁性和表现力。

⑮Cry up wine and sell vinegar.

译文1:挂羊头卖狗肉。

译文2:高声卖酒,瓶子却装着醋。

译文1符合中国语言的特征:简洁,排列整齐,读起来朗朗上口,极富表现力。而译文2只是译出了原文的"意",其"味"则大打折扣。

⑯Live a dog's life.

译文1:过着牛马一样的生活。

译文2:过着狗一般的生活。

比较两种译文,译文1更富表现力,表达更有力度。在中国若说生活过得不好,一般用"牛马",而不是"狗"来形容。所以译文"过着牛马一样的生活"更符合中国人的心理特征,容易为读者接受。

第三,归化翻译便于交际,不至于双方交际时阴差阳错,闹出笑话。

⑰Your eyes are as beautiful as a cow's.

译文:你的双眸美丽动人。

对于此句,不能译为"你的眼睛像牛眼睛一样漂亮"。虽然在印度男性在赞美妻子眼睛美丽时用牛眼睛来形容,但译为中文若还保留原文所包含的文化内涵的话,就会让许多女同胞不能接受。在这种情况下,为了更好地交际,就不得不进行归化。

再如,《骆驼祥子》中译者对主人公人名的归化翻译,使英语读者更容易走进作品。例如:Happy Boy(祥子)、Tiger Girl(虎妞)、Tyrant of the Yellow Turbans(黄天霸)、Little Lucky One(小福子)、Second Vigorous Son(二强子)、Little Horse(小马儿)、Little Elegance(小文)。

一般来说,由于归化的翻译采用了具有译入语文化色彩的词语,表达上更加符合译入语的言语规范,译文读起来地道而自然,因而易于为读者所喜爱和接受,这是归化的优势所在,但缺点是译者一不小心就会落入张冠李戴、过度归化的陷阱。归化过度,可能会破坏原作的异国情调,给译文读者以一种虚假的感觉。例如莎士比亚十四行诗中的一句"with shifting change, as is false women's fashion",有人译为"时髦女人的水性杨花和朝秦暮楚"。莎士比亚是不可能知道中国春秋战国时期的历史的,因此在莎士比亚作品中出现秦和楚,会让人产生民族文化错乱的感觉。再比如,李白的《金陵酒肆留别》中有一句"吴姬压酒劝客尝",英国翻译家 H. A. 翟尔斯(H. A. Giles)译为"while Phyllis with bumpers would fain cheer us up"。"吴姬"原本指江南一带的女孩子,在李白的诗中指代金陵酒店里的女侍者,而 Phyllis(菲丽丝)是古希腊和欧洲文艺复兴时期的田园诗或牧歌中常见的牧女或恋人的名字,用 Phyllis 来替代中国唐朝时候金陵酒肆里的女侍者,中国读者自然无法接受,就算是西方读者也会感觉十分突兀,诧异中国古典文化中怎么也有 Phyllis 这样的形象。过度的另一种情况是滥用译入语的习语、俗语或套话,结果使译文变得不土不洋、不伦不类。

⑱When Mary came down dressed for the dance, her father remarked, "Fine feathers make fine birds."

译文:玛丽打扮好了下楼来,准备去参加舞会,父亲一见就说:"佛要金装,人要衣装。"

⑲We were just talking about Bill when he came in the door—Speak of the devil and he appears.

译文:我们正谈到比尔,他就进了门——说曹操,曹操到。

上面两例中的"佛要金装,人要衣装"和"说曹操,曹操到"均带有浓厚的汉民族文化色彩,用在译文中非但没有为之增色,反而让人感觉莫名其妙,十分别扭。类似的例子还有很多,如将 The moon is down 译成"月落乌啼霜满天",She died 译成"魂归离恨天",with fair skin and black eyes 译成"肤若凝脂,目若点漆"等,都是滥用汉语熟语而导致归化过头的翻译。

（二）异化

"洋腔洋调"就是异化,也称非民族化翻译法,指刻意打破目的语的规范而保留原文的某些异域语言特色,偏离本土主流价值观,保留原文的语言和文化差异的翻译策略;或指在一定程度上保留原文的异域性,故意打破目的语言壁垒。(张白桦 2017:50)异化主张在译文中保留源语文化,丰富目的语文化和语言表达方式,有助于读者"开眼"看世界。如,将"九牛二虎之力"译为 the strength of nine bulls and two tigers。异化能够很好地保留和传递原文的文化内涵,使译文具有异国情调,异化强调靠近作者的语境,感受异国文化的情调。这种翻译策略"尽可能不扰乱原作者的安宁,让读者去接近作者",增加了读者负担的同时,也输入了与目的语不同的源语的异质文化。例如查尔斯·狄更斯的长篇小说《大卫·科波菲尔》(David Copperfield)中的第一段,主人公大卫回忆他刚出生时的情形:

⑳It was remarked that the clock began to strike, and I began to cry, simultaneously."

译文1:据说,钟开始敲,我也开始哭,两者同时。(董秋斯译)

译文2:据说那一会儿,当当的钟声,和呱呱的啼声,恰好同时并作。(张谷若译)

基于原文和董秋斯、张谷若的译文,我们可以发现董氏无论是词语还是句式的选择都与原文一模一样,从中我们可以看到译者希望还原原文的意图,看出董秋斯是如何将异化翻译策略运用到翻译实践中的。

㉑"As sulky as a bear!" said Miss Murdstone.

译文1:"像一头熊一样孤僻呀!"摩德斯通小姐说道。(董秋斯译)

译文2:"比牛还拧。"枚得孙小姐说。(张谷若译)

译文1中董秋斯将 as sulky as a bear 译为"像一头熊一样孤僻",把 sulky 译为"孤僻",把 bear 译成"熊"。字典中,sulky 意为"孤僻",然而,在汉语中"孤僻"一词是特指人的性格的,这里,董秋斯采纳了原文的说法,按照字面意思直译,采取异化策略,这样目的语读者可以更好地了解源语的文化特征。译文2中,张谷若将原文翻译为"比牛还拧",将 sulky 译成"拧",bear 译成"牛",汉语中"拧"有"固执"的意思,张谷若在这里采取了归化的策略。董秋斯的译文不仅在句式的选择上采取了异化的策略,在词汇的选择上也体现出异化的倾向。

与归化翻译相比,异化的翻译更注重体现源语文本在语言和文化上的差异性,尽可能多地保留源语文化的特色和作者的独特表达方式,使得读者能够领会到原作的风貌,有身临其境的感受。美国意象派诗人埃兹拉·庞德翻译的中国古诗可谓是"异化法"的典范。例如：

㉒抽刀断水水更流,举杯消愁愁更愁。

译文：Drawing sword, cut into water, water again flows,

Raise up, quench sorrow, sorrow again sorrow.

对于庞德的译诗,人们一直褒贬不一,有人甚至说看不懂这样的英文,但必须承认的是,庞德的翻译通过再现原诗的形式和句法结构,在某种程度上展现了汉语句法上的意合特点,以及中国古典诗歌中将不同意象叠加在一起的表现手法,让不懂中文的外国读者也能一窥中国古诗的原貌。异化策略更多的是舍弃符合译入语规范的习惯表达,通过直译的方法保存外国文本的"原汁原味"。除此之外,异化法还可以极大地丰富和发展一国的语言,为译入语文化注入新鲜血液。现代汉语里有许多新鲜生动的表达就是源于异化的翻译,比如,吻别(farewell kiss)、象牙塔(an ivory tower)、处女地(virgin land)、酸葡萄(sour grapes)、替罪羊(scapegoat)、摊牌(to show one's cards)、伸出橄榄枝(to hold out an olive branch)、条条道路通罗马(all roads lead to Rome)、见树不见林(not to see the wood for the trees)等,不一而足。

异化法可以保留外来文化的语言特点,吸纳外语表达方式,要求译者向作者靠拢,采取相应于作者所使用的源语言表达方式来传达原文的内容。例如：

㉓The drive back to my home in Edmonton was an endless journey of destructive emotions and thoughts. In a truck-stop restaurant, I sat staring at a glass of cheap red wine. Of all the gin joints in all the towns in all world, she walks out of mine.(《卡萨布兰卡》)

异化法翻译：当我开车回到埃德蒙顿时,我陷入了无尽的悲痛。到了一家汽车旅馆后,端着一杯廉价红酒发呆,觉着这世上有那么多的旅馆,她还是走出了我的旅馆。

归化法翻译：弱水三千,终究我已不是她那瓢中的一壶水了。

显而易见,上述的异化策略中考虑了民族文化的差异性,并保存和反映异域民族特征的语言。当然,异化法也有自己的不足之处,比如说带有较为明显的翻译痕迹,读者在阅读译文时需要克服更多的语言和文化上的障碍,有时不能产生良好的交际效果。如果过于强调归化,则会使译文失去原有的文化特色。例如,美国情景喜剧《老友记》中,女主人公莫尼卡向客人介绍她做的饭时说：

㉔A：Yeah, I think we're ready for our first course.

B：OK, Um, these are shrimp ravioli, and cilantro pandou sauce.

有人把ravioli译成"馄饨"。馄饨是中国广东的食物,如果这样翻译,很多的中国观众就会理解成外国人也会做中国地方菜,这既曲解了原意,又不利于观众了解外国文化。剧中的ravioli其实是指一种方形有馅的意大利食品,用异化法译为"意大利小方饺"更为恰当。

假如对源语文化信息处理得不够妥当,就会造成一定的文化误解甚至文化冲突,比如将"He is a lazy dog."直译为"他是条懒狗",中国人会认为这是一句骂人的话,其实在英语口语中dog常用来指"伙计、家伙",并不含贬斥的意味。但是为了避免引起中国读者的误解,最好改译为"他这个人很懒"。

综上所述,翻译中的归化与异化不是对立的,而是互为补充的。文化移植本来就需要不同的方法和模式。根据不同的情况和需要,译者既可采用归化的原则和方法,也可采用异化的原则和方法。至于在译文中必须保留哪些源语文化,怎样保留,哪些源语文化的因素必须做出调整以适应译入语文化,都是可以根据实际情况来加以选择的。《射雕英雄传》中对人名与众多的绰号或称号的翻译就是归化与异化相结合的典范。译者在人物姓名、人物头衔和武术名称的翻译上注重信息的传达、读者反应及形式和功能对等性。在翻译时,译者并未单一的使用归化或者异化,而是将两者相结合。译者在人物名称上多采取归化策略,注重其中所蕴含的信息;在人物头衔和武术名称上多采取异化策略,使语言精简通顺。如:江南七怪中的"妙手书生朱聪"被译"Quick Hands Zhu Cong, the Intelligent","马王神韩宝驹"则被译为"Ryder Han, Protector of the Steeds"。朱聪的名字采用异化的音译法,称号采用归化法;而韩宝驹的名字和称号均采用了归化的方法,表明译者为达到最优结果,综合运用多种翻译策略的严谨态度。在中国文化"走出去"的过程中,归化和异化不能完全割裂开,要将两者充分结合。对译者来说,重要的是在翻译过程中要有深刻的文化意识,即意识到两种文化的异同。需要补充说明的是,译者在具体的翻译实践中对于归化和异化策略的选择,事实上受到很多因素的影响,如作者意图、文本类型、译者水平、翻译目的、读者对象、大的翻译环境等。

第四节 颜色词的文化内涵比较与翻译

颜色词即表示颜色的词,最初只是人们用以描述客观事物的颜色的词语。但是,随着语言的发展以及人类思维的日渐完善,这些色彩词汇经过引申、转义,逐渐具有各自的文化内涵。(张海芹,2017:117)在不同民族中,由于受到该民族文化的影响,色彩词汇往往具有不同的文化内涵。

(一)颜色词的分类

颜色词大体可以分为三类:基本颜色词、实物颜色词和合体颜色词。

基本颜色词指那些用来表达实物色彩的颜色词。例如:红(red)、黄(yellow)、蓝(blue)、绿(green)、白(white)、紫(purple)、灰(grey)、棕(brown)、黑(black)等。

实物颜色词指用自然界物体的本色来表示颜色的词。例如:金黄(gold)、银白(silver)、橙黄(orange)、铅灰(lead-grey)、鱼肚白(fish-belly-grey)、橘红(orange-red)、栗色(chestnut)、ivory(象牙色)、chocolate(巧克力色)、camel(骆驼色)等。

合体颜色词指采用两种或更多颜色合成的颜色词,一般适用于一种颜色不足以表述事物的情况,例如,墨绿色(dark green)。

(二)中英颜色词的文化内涵比较

1. 红色与 red

红色在中国用来代表热情、温暖,象征幸福、吉祥、如意、胜利。人们总是把"红"和好运、幸福、喜庆、尊贵等意象紧紧联系起来。在汉语中,红色含有革命的含义,褒义色彩,象征着喜庆的日子,或革命与政治觉悟高等,如"纪念日"译为 red letter day,红军译为 the Red Army。

而 red 在英语中多具有贬义,其文化内涵主要有以下几种:

(1)象征暴力、流血。红色在西方人心中是鲜血的颜色,而西方人视鲜血为"生命之液",并认为鲜血流淌意味着生命之花的凋谢。因此,西方人往往将红色与暴力、恐怖、流血等联系起来。例如:

①red revenge 血腥复仇

②red hands 杀人的手

③red-headed 狂怒的

④red battle 暴力革命

⑤the red rules of tooth and claw 残杀和暴力统治

⑥red-handed;正在犯罪的(并非指红色的手,而是指手沾满血的)

此外,red 还可以象征激进、暴力革命,或象征危险、紧张,也包含支持左翼观点、革命激进分子等含义。例如:

⑦red alert 空袭警报

⑧red battle 血战

⑨red hot political campaign 激烈的政治运动

(2)象征负债或亏损。当账本和损益表上的净收入是负数时,人们就会用红笔记录,以达到醒目、警觉的目的,于是 red 一词就有了负债的象征意义。例如:

⑩red ink/red figure 赤字

⑪red balance 赤字差额

(3)象征放荡、淫秽。单词 red 在西方具有"邪恶的美""诱惑""性"等隐喻意义,因此,在西方 red 也暗指放荡与淫秽。例如:

⑫paint the town red 花天酒地地玩乐;出没于娱乐场所

⑬a red waste of his youth 他那因放荡而浪费的青春

（4）表示愤怒、羞愧。英语中的red一词可以用来表示愤怒、羞愧等情感。例如：

⑭become red-faced/turn red 难为情，困窘

⑮waving a red flag 做惹他人生气的事

英语中的become red-faced或turn red同汉语中的"脸红"一样，表示"不好意思""难为情"或"为难""困窘"。不过英语中有些包含"红色"字样的说法就不那么容易为中国人所理解。如to see red、waving a red flag都与"生气""发怒"有关，前者的意思是"使人生气"或"发怒""冒火"，后者中的red flag指"使人生气的事"。

（5）象征尊贵、荣誉。西方在欢迎贵宾的礼节上，喜欢用红色表示敬意。例如，在欢迎其他国家的首脑时使用红地毯（the red carpet），以此象征对方的尊贵，表示对对方的隆重欢迎与接待。

另外，短语red herring是在商界经常被提及的词，用来比喻迷惑别人的东西。herring是一种鱼（鲱鱼），而俚语red herring可不是红色的鲱鱼，意思是为分散注意力而提出的不相干事实或论点。

在英语和汉语中，红色有时可以完全对应，有时却大相径庭。例如：

⑯red wine 红酒

⑰red ruin 火灾

⑱red battle 血战

⑲红豆 red bean

⑳red sky 彩霞

㉑红娘 go-between match-maker

㉒红眼病 be green-eyed

㉓红白喜事 weddings and funerals

此外，红色对中国人和英美人而言，有时会产生不同的理解和联想。在翻译古典小说《红楼梦》时，英国翻译家David Hawkes认为书中的"红色"对汉语文化的人而言，表示喜庆、幸福、吉祥，但在英语国家的人眼中，绿色和金黄色具有类似的联想意义，而红色则意味着流血、危险或暴力。因此，他在翻译时对涉及红色的词语做了一些处理。

㉔贾宝玉神游太虚境，警幻仙曲演红楼梦。

译文：Jiao Baoyu visits the Land of illusion;

And the fairy Disenchantment performs the Dream of Golden Days.

㉕贾宝玉品茶栊翠庵，刘姥姥醉卧怡红院。

译文：Jia Baoyu tastes some superior tea at Green Bower Hermitage;

And Grannie Liu samples the sleeping accommodation at Green Delights.

2. 黑色与black

黑色在英、汉语中都带有贬义，象征"非法的"，如"黑店""黑话""黑货"等。（杨贤玉，乔传代，杨荣广，2014:97）在西方文化中，black是基本禁忌色。其文化内涵主要体现在以下几个方面：

（1）象征凶兆、死亡、灾难。例如：

㉖a black letter day 凶日

㉗to wear black for her father 为她父亲戴孝

㉘black mass 安灵弥撒

（2）象征耻辱、不光彩、邪恶、犯罪。例如：

㉙a black eve 丢脸、坏名声

㉚black man 邪恶的恶魔

㉛black guard 恶棍、流氓

（3）象征盈利。西方人习惯以记账通用的黑色字体来标注盈利的数字，因此，就有了the black（盈利、有结余）的说法。

（4）象征庄重、尊贵。西方上流社会的人喜欢穿着黑色的服饰以彰显其尊贵、庄重，因而有了black suit（黑色西装）、black dress（黑色礼服）等词语。

（5）黑色在英语、汉语中都带贬义，但具体情况不同。英语中的black象征"非法的"。例如：

㉜black list 黑名单

㉝black market 黑市交易或黑市

㉞black market price 黑市价格

㉟black dog 沮丧

㊱black sheep 害群之马

（6）black还有"深色的""暗淡的""怒气冲冲的""邪恶的"等引申意义。例如：

㊲a black future 暗淡的前途

㊳be black with anger 怒气冲冲

㊴a black mark 污点

3. 蓝色与blue

蓝色在中国文化中只有很少的象征意义。在中国文化中，蓝色的常用象征意义是"依据"。例如，"蓝本"原本是指书籍正式付印之前为校稿审订而印制的蓝色字体的初印本，后来专指撰著、改编等所依据的底本、原稿；"蓝图"一词则源自英语单词blueprint，原指设计图纸，因其为蓝色而得名，现在喻指建设所依据的设计、规划，以及人们对未来的宏大设想等。blue一词在英语中具有不同的象征意义：

（1）象征地位的高贵、法规的尊严以及人们对某种事物的热衷。例如：

㊵blue blood 贵族血统、名门望族

㊶blue-eyed boy 宠儿、红人

(2)蓝色在英语中还有“突然”“迅速”的意思。例如：

㊷have the blue 晴天霹雳

㊸out of the blue 突爆冷门

(3)象征色情。例如：

㊹blue video 黄色录像

㊺blue jokes 下流的玩笑

需要注意的是，经济词汇中blue表示许多不同意思。例如：

㊻blue book 蓝皮书

㊼blue-sky market 露天市场

㊽blue-collar workers 从事体力劳动的工人

㊾blue chip 热门证券

㊿blue button 喻指有权进入股票交易的经纪人

(51)blue return 蓝色所得税申报表(专供诚实的纳税人申报用)

(52)blue-chip rate 英国的优惠的信贷利率

(53)blue laws 蓝法(指禁止在星期日从事商业交易的美国法律)

(54)blue sky bargaining 漫天讨价(指谈判或其他交易中提出根本不切实际的或不合理的要求，使协议无法达成)

4. 黄色与yellow

黄色在汉语中的文化内涵：

(1)象征皇权、尊贵。在中国的传统文化里，黄色是最为尊贵的颜色，多用来象征皇帝至高无上的权力、地位和帝王的神圣威严，因此在中国长期的封建统治时期，黄色成为皇室的专用色彩。例如，皇帝登基叫“黄袍加身”，“黄袍”是天子的“龙袍”，“黄榜”是天子的诏书或告示；只有皇宫、皇陵以及奉旨兴建的寺庙、祭坛才准许使用黄色琉璃瓦盖顶。

(2)象征神灵。例如，“黄道吉日”指大吉大利、宜于办事的好日子，“黄泉”则指阴间、死人待的地方，等等。

(3)象征稚嫩。黄色可用来指幼儿，如“黄童白叟”；黄色也常用来讥诮未经世事、稚嫩无知的年轻人，例如“黄口小儿”“黄毛丫头”等。

(4)象征色情淫乱、腐化堕落。这是近代受英语中yellow back(轰动一时的廉价小说)一词的影响。于是汉语中就有了“黄色书刊”“黄色小说”等说法。

yellow在英语中的文化内涵：

yellow在英语中的引申含义与汉语中的差别比较大。yellow在英语中可以表示

"胆小、卑怯、卑鄙"的意思,如 yellow dog,指的是"懦夫"。黄色在西方文化中的象征意义不多,主要表示"卑鄙、胆怯"之义。例如:yellow-livered 意为"胆小的",yellow streak 意为"胆怯"。

英语的黄色还隐含着"耸人听闻"之义。例如, yellow journalism 意为"不负责任地肆意夸张、渲染的新闻报道",指有关凶杀、灾难、灾祸、丑闻的新闻报道;yellow press 则是指采用上述手法创办的报刊。

5. 白色与 white

白色在汉语中的文化内涵:

(1)人们通常把智力低下的人称为"白痴",把出力而得不到好处或没有效果称作"白忙""白费力""白干"等。

(2)象征奸邪、阴险。例如,忘恩负义的人被称为"白眼狼",戏剧中演奸臣的角色被称为"唱白脸"。

(3)象征落后、反动。白色在其发展过程中受到政治的影响,从而具有腐朽、反动、落后的象征意义。例如,"白色恐怖"指反动政权制造镇压革命的恐怖氛围,"白军"指反动军队。

(4)象征明白、清楚。例如,"不白之冤"指难以洗雪、无法破解的冤情、冤案,"真相大白""大白于天下"意为"找到事实真相,将其来龙去脉公之于众"。

(5)象征知识浅薄、没有功名。例如,人们把平民百姓称为"白丁""白衣",把缺乏锻炼、阅历不深的文人称作"白面书生"等。

white 在英语中一般具有以下文化内涵:

(6)象征纯洁、高雅。例如:a white soul 意为"纯洁的心灵",white wedding 意为"新娘穿白色婚纱的婚礼"。

(7)象征幸运、善意。例如:a white day 意为"吉日",a white lie 意为"善意的谎言"。

(8)象征正直、合法。英语中白色的引申义常常表示清白、正直等。例如:white hope 意为"被寄予厚望的人或事",white light 意为"公正无私的裁判"。

6. 绿色与 green

绿色在汉语中的文化内涵:

在汉语里,邮政部门用深绿色作为标志色。由于绿灯是安全信号,汉语中就有"开绿灯"这一说法,表示上级领导给下级某些许可或方便。同时,绿色一方面象征着生命、青春、环保、和平、友善、恬静清新、宁静和谐、希望,如绿油油(fresh and green)、绿葱葱(green and luxuriant)、绿化(make green by planting)、绿色食品(green food)、绿色革命(the green revolution);另一方面象征妻子的不忠,当妻子有了外遇,丈夫就会被讥讽为"戴绿帽子"(cuckold)。

green 在英语中的文化内涵:

(1)象征青春、活力。例如:a green old age(老当益壮)、in the green(血气方刚)、in the green tree wood(在青春旺盛的时代,处于佳境)等。

(2)象征新鲜。例如:green meat(鲜肉)、a green wound(新伤口)等。

(3)象征稚嫩、幼稚、不成熟、缺乏经验。例如:green hand(新手)、as green as grass(幼稚)等。

(4)象征钞票、金钱。美国的钞票以绿色为主色调,因而绿色具有钞票的象征意义。人们称“美钞”为green back,引申出green power(金钱的力量,财团)等。

除上面所提到的各种联想意义外,颜色词还与历史、社会、经济等现象有关系,表现出一定的社会属性,限于篇幅,这里仅从历史方面进行说明。例如:to be born in the purple(生于帝王之家)、to marry into the purple(与皇室或贵族联姻)、born in the purple(出身显赫)。

在西方,紫色代表尊贵,常成为贵族所喜爱的颜色。在基督教中,紫色代表至高无上和来自圣灵的力量。

在中国传统文化中,紫色代表的是圣人、帝王之气。我们熟知的北京故宫,被称为“紫禁城”,还有我们常说的“紫气东来”。所以,不管是东西方,紫色都是尊贵的象征。

(三)颜色词的翻译方法

从以上内容可以看出,英、汉语中颜色词的内涵意义有相似之处,也有不同的地方。

1. 直译法

英语和汉语的颜色词基本可以分为三类:基本颜色词、实物颜色词和色差颜色词。英、汉民族对基本颜色词的分类基本相同,也就是说,英语的基本颜色词有red、white、black、green、blue、yellow、purple。而与这些颜色词相对应的汉语颜色词有红、白、黑、绿、蓝、黄、紫。就所反映的色彩的物理属性来看,这些英、汉语中基本颜色词的词义基本一致。因此,当英语中的某个颜色词和汉语中的某个颜色词在语义上是相同的时候,译者在翻译的时候就可以保留颜色词进行直译。例如:

(55)red rose 红玫瑰

(56)black market 黑市

(57)yellow brass 黄铜

2. 意译法

采用意译法对颜色词进行翻译主要分为两种情况:一种是去掉颜色词意译,另一种是增加颜色词意译。

(1)去掉颜色词意译。

去掉颜色词意译是指源语中有颜色词,翻译时隐去了颜色词的翻译方法。在很多情况下,源语中的颜色词所表达的是一种象征意义或引申义,在目的语中找不到相对应的颜色词时,我们在翻译过程中可以忽略原文的颜色词,根据原文的意思进行意译。
例如:

⑤⑧黄袍加身 be acclaimed emperor

⑤⑨黄毛丫头 a silly little girl

⑥⑩yellow journalism 耸人听闻的消息

⑥①yellow looks 阴沉多疑的神色

⑥②He is green with jealous. 他醋意大发。

⑥③I dislike Tom, for he is a yellow dog. 我讨厌汤姆,他是个卑鄙小人。

上述例子中,对于不论是短语还是句子中的颜色词,都根据语境中不同的文化内涵而进行了删除。为了准确传达作者思想,翻译时只能用目的语中意义相同却不带颜色词的词语来代替源语中的颜色词。

(2)添加颜色词意译。

在翻译时,有时原文中虽然没有直接使用颜色词,但是我们可以根据译文的表达需要以及原文意义,适当增补颜色词。例如:

⑥④make a good start 开门红

⑥⑤加奶咖啡 white coffee

⑥⑥国际收支顺差国 black figure nation

⑥⑦应收利息 interest in the black

⑥⑧evil mind 黑心

⑥⑨evil backstage manipulator 黑手

⑦⑩inside story 黑幕

⑦①a sinister line 黑线

⑦②害群之马 black sheep

⑦③凶日 black day

3. 替换法

当英语中的某一个颜色词与其相对应的汉语颜色词的语义存在不同或差异比较大时,或是文化内涵不同时,译者应该在深入了解该颜色词的文化内涵的基础上,根据译入语的表达习惯改换颜色词进行翻译。例如:

⑦④green-eyed 眼红

⑦⑤black and blue 青块,紫块

⑦⑥红糖 brown sugar

⑦⑦气得脸色发青 turn purple with rage

⑦⑧black tea 红茶

需要特别指出的是,当颜色词作姓氏时,译者只能采用音译法。例如,"黄先生"译

为 Mr. Huang,Mr. Gray 译为"格雷先生"等。

不同语言间意形兼备的转换固然是最理想的翻译境界,但这种理想的境界并非在任何情况下都能达到。通过对比英汉基本颜色词的文化内涵,我们看到其间既有共通性,又有差异性。在英汉互译过程中,如果译者在形式上忠实于原文,保留源语的颜色词,就可能在意义上有所损失;反之,如果在意义上完全忠实于原文,就不得不在形式上,即颜色意象上有所变动。在许多情况下,很难做到既保留源语的颜色意象,又传达源语颜色词的文化伴随意义。翻译的实质是帮助使用不同语言的人们了解彼此的风俗习惯,从而消除文化差异造成的隔阂,当意义上的忠实与形式上的忠实发生冲突的时候,就应该以意义为原则,对源语中的颜色词进行灵活多样的处理。

第五节　英汉熟语的文化内涵与翻译

（一）英汉熟语的文化内涵

idiom 可译为汉语的"熟语"。"熟语"一词不是中国传统语言学中的术语,是从俄语 фразеология 或英语 phraseology 译借而来。(蓝红军,2008:130)而汉语中广义的"熟语"一般可包括:短语、成语(多由四字组成)、俗语、谚语、格言、箴言、名言(引语或语录)、警句、隽语、俚语、粗话、行话、歇后语(包括双关语)、习语等。以上汉语、英语间地对应关系如下:

proverb 谚语,格言,箴言

saying 老话,常言,格言,名言,谚语

slang expression 俚语,粗话,行话

colloquialism 俗语,熟语

quotation 语录,名言,引语

熟语 idiom,idiomatic phrase

习语 idiom

成语 set phrase,idiom

俗语 common saying,folk adage,proverb,colloquialism

谚语 proverb,saying,adage,saw

格言 proverb,maxim,motto,aphorism

箴言 maxim,exhortation,proverb,admonition,monitor

一般认为,熟语是由固定的词组和句子所构成的语义紧密、语音和谐的语言中独立运用的词汇单位和"语言模块"(linguistic chunks)。英语和汉语都拥有大量的熟语。

一方面,人类的文化和思维方式有相似之处,一些客观事物的形象在不同民族人们头脑中的反映有相同或相似的情况。比如汉语中有"水火不相容"或"势同水火",英语中有"as hostile as fire and water";又如"远水解不了近渴",英语中则有"distant water is no cure for a present thirst";等等。而另一方面,因历史地理、典章文物、宗教信仰、社会制度、风俗习惯、价值观念等的不同,民族间表现在熟语中的文化差异很大。中国人说"宁为鸡头,勿为牛后",英语熟语为"better be the head of a dog than the tail of a lion"。更多的熟语具有民族专有性。

有些典故成分属于虚义,即已失去典故性,可不译。如,"终南捷径"译为shortcut to success,"锦囊妙计"译为wise counsel。(邵志洪,邵惟韺,1997:210)词源模糊后,它们与普通的表达方法在使用效果上并没有大的不同。来自某个作家某一作品的熟语表面意义并不难理解,而且常用其比喻义,展示的只是其功能意义。更有一些熟语,虽然源自某个民族,但实际表达的是人类的共同体验,不具备独特的民族性。(周领顺,2014:69)比如Hawkes所译《红楼梦》中的译文。

①癞蛤蟆想吃天鹅肉(第十一回)

译文:the toad on the ground wanting to eat the goose in the sky

这个熟语的翻译表达除去背后可能隐藏着的典故以外,仅从字面论,意义并不难理解,不具异质文化所特有的个性化特征。同样一句熟语,汉学家葛浩文翻译莫言长篇小说《丰乳肥臀》时也采取了类似的直译方法。

②姓沙的,你癞蛤蟆想吃天鹅肉,做梦去吧!

译文:"You there, Sha," She said, "like the toad who wants to feast on a swan, you can just dream on!"

"癞蛤蟆想吃天鹅肉"是经典的汉语谚语,指某人异想天开、不切实际地胡思乱想。同样在英语中也有着相似的说法,所以译者在此处没有将此谚语过度解读,直译此句使得文章保留了其文化要素,也使得目的语读者能够理解其内涵。

(二)英汉熟语的翻译方法

1. 直译加解释法

部分英文熟语直译出来后,中国读者很难完全理解其寓意。如果使用意译法,又无法保存其原有的形象和风格。采取直译加解释的方法来翻译,不仅能够使读者见到其原有意义、形象与风格,还可以帮助读者进一步理解它们的潜在意义。尽管译文有点啰唆,却能显出被译熟语的本色。在编写词典时常用此译法。

③An old dog will learn no new tricks (you cannot teach old dogs new tricks).

译文:老狗学不出新把戏(老顽固不能学新事物)。

④A good dog deserves a good bone.

译文:好狗应该得好骨头(有功者受奖)。

⑤膏粱子弟

译文:the children from well-fed families (good-for-nothing sons and daughters of the idle rich)

⑥高屋建瓴

译文:pour water off a steep roof (operate from a strategically advantageous position)

⑦三个臭皮匠,合成一个诸葛亮。

译文:Three cobblers with their wits combined would equal Zhuge Liang, the master mind.

有的含有比喻意义或是历史典故的成语,直译的话并不能使中国读者确切理解其隐含的意义,还需要在其后进行解释。例如:

⑧Sphinx's riddle 斯芬克斯之谜(比喻难解之谜)

⑨the fifth column 第五纵队(比喻间谍)

⑩new wine in old bottles 旧瓶装新酒(比喻旧形式不适合新内容)

⑪stick and carrot 大棒和胡萝卜(比喻软硬兼施)

⑫the sword of damocles 悬挂在达摩克利斯头顶上的剑(比喻面临的危险)

2. 直译联想法

由于东西方文化的差异,某些含义或比喻意义基本相同的熟语,在表达上差异很大。对这样的熟语要采取直译联想法,即直译原文而得出的译文容易使译文读者联想到他们所熟悉的熟语。

⑬Bad workmen often blame their tools.

译文:拙匠常怪工具差。(联想:不会撑船怪河弯)

⑭He who laughs at crooked men should need walk very straight.

译文:笑别人驼背的人得自己首先把身子挺直。(联想:己不正不正人)

⑮It's a long lane that has no turning.

译文:路必有弯;世上没有直路。(联想:事必有变;瓦片也有翻身日)

3. 意译改造法

英语、汉语中有些熟语意义大致相同,二者的差别仅在于形象和风格。对于一些含有深刻隐含义的成语,由于其历史、文化背景,直译不能使读者理解它们的比喻意义,而在目的语中又找不到相应或相似的表达,这就形成了词汇空缺,这时通常要采用意译法。词汇空缺即有的语义存在于一种语言之中,但在另一种语言中不存在。(谭载喜,2005:76)例如,Achilles heel 译为"唯一致命的弱点或缺陷"。因为 Achilles 是希腊神话中的英雄,在中文里面不存在这样一个人物,所以只能意译。Achilles heel 的英文解释为:a fatal weakness or vulnerable spot named after the Greek hero Achilles who was invulnerable except for a spot on his heel。(徐栋良,高红,2004:1)如果直译为"阿喀琉斯的脚后跟"可能让人很难理解,这个时候就必须根据该熟语的英文解释和上下文语境进行意译。

翻译时,译者需要对原文中的熟语略加改造,进而把原文的意思表达出来,既可达意,同时又不悖于原文熟语的结构与习惯。这也是意译的一种形式。例如:as timid as hare 译成汉语应为"胆小如鼠",易为中国人所接受,若译成"胆小如兔"就不伦不类了;the apple of one's eye 应该译成"掌上明珠",而不是有悖汉语行文习惯的"眼中的苹果";the brains do not lie in the bread 则为"有'智'不在年高"。中文译成英文也一样,尤其是汉语中的一些成语、典故,不能直译其字面意义,应采用意译点明其实质。如"画蛇添足"译为 carry coals to Newcastle,这是一个较为理想的意译。它借用英文意义与汉语意义相同的习语,引起的联想相似,寓意深刻地道,译出了"多此一举"的含义。"油嘴滑舌"可以译成 glib-tongued,而不能直译为 with a slippery mouth and tongue。一般来说,意译的优点是能够传达原文的基本内容,并使译文顺畅,但缺点是多数情况下不能保留原文的形象。例如:

⑯a bull in a china stop 动辄闯祸的人

⑰a damned snobbish 狗眼看人低

⑱a dog with two tails 兴高采烈

⑲a fly on the wheel 自高自大的人

⑳after a storm comes a calm 否极泰来

㉑a soldier of fortune 冒险家,兵痞

㉒a skeleton at the feast 扫兴的人或事物

㉓a tall order 难办到的事

㉔bury one's head in the sand 采取回避政策

㉕draw blood 伤人感情,惹人生气

值得注意的是,意译绝不是将内容随意删改,或乱译、胡译。例如,"One swallow does not make a summer.",这句英语谚语的原意为"只发现一只燕子不能说明夏天的来临"。汉语里没有与此完全等值的谚语,但"一花不是春"或"一木不成林"的意义与此基本相同,只是形象和风格略有出入。因此,不妨采用意译改造法将其译成"一燕不成夏"。

4. 直译与意译结合法

直译与意译结合法主要应用在英汉语熟语出现词汇冲突的情况下。词汇冲突指的是语言与语言之间存在着矛盾或者相互对立的关系。(谭载喜,2005:85)例如,pull someone's leg 译为"和某人开玩笑,取笑某人或愚弄某人",如果直译为"拖后腿"就会和本意大相径庭。pull someone's leg 的英文解释为:to tease or play a joke on some one。

遇到这种情形一定不可望文生义,要仔细研读其英文释义,才能做到准确翻译。

5. 对联增字法

汉语中以对联形式构成的熟语较为常见。上联说的是形象,下联说的是意义。例如,"路遥知马力,日久见人心""棋逢对手,将遇良才"等。某些英语熟语在翻译过程中不可能用少量汉字将其含义准确完整地表达出来,如采用对联增字的手段处理,将会收到较好的效果。

㉖Ill news comes apace.　.

译文:好事不出门,坏事传千里。

㉗He who keeps company with the wolf will learn to howl.

译文:近朱者赤,近墨者黑。

6. 等值互借法

一些英语熟语和一些汉语熟语无论在意义、形象还是风格上都比较相似,翻译时可采取等值互借的方法。例如,walls have ears,如按原文直译,应当是"墙都有耳朵"。译文并未走意,其形象、风格也与原文相似,但不符合汉语谚语习惯。如果借助汉语谚语将它译成"隔墙有耳",既忠实于原义、原有形象及风格,又符合汉语的谚语结构和习惯。有相当多的英语谚语可以用此法翻译。例如:

㉘Among the blind the one—eyed man is king.

译文:山中无老虎,猴子称霸王。

㉙Great minds think alike.

译文:英雄所见略同。

在使用此法时,有一点要牢记:民族色彩、文化因素太强的熟语要尽量避免相互套用。

综上所述,当我们翻译不熟悉的英语熟语时,首先应查看这个熟语的英文解释,然后进行分类,再结合具体语境,只有这样才能得出较为准确的翻译。如果可以在汉语中直接找到对应的熟语,可以采取直译的方式再现。如果是属于空缺或冲突的话,就应灵活采取意译改造法等翻译方法,只有这样才能避免望文生义,才能恰当地翻译英语熟语。(苗学光,2016:106)

第六章　修辞与翻译

　　修辞（rhetoric）一词在中国出现得很早。《左传·襄公二十五年》中说过"言之无文，行而不远"。用现在的话来说，就是言辞如果没有文采，虽能行于一时，但不可能传之久远。由此可见修辞的重要。修辞学所研究的是如何极尽语言文字的可能性来恰当地表达一定的思想内容，也就是在表达过程中的语言应用。这种语言运用具体体现在一定的语言手段和表达方式上。换言之，为了更好地表达思想感情，充分发挥语言的交际作用，根据题旨、情境，选择最恰当的语言形式来加强表达效果的语言活动，就是修辞。修辞同语法上的各种附加成分的修饰不同。语法的修饰只求对，只求合乎语法的正常规律；而修辞，则不仅要求对，而且要求美，以便对听者或读者产生更大的影响力和感染力。修辞同语言的各要素——语音、词汇、语法都有着十分密切的关系。

　　英汉两种语言都经常使用一些修辞手段，如比喻、拟人、夸张、排比、移就、委婉语、双关、借代、反语等。修辞手段的运用可以使语言生动、形象、活泼、优美。由于篇幅有限，下面讨论几个主要的修辞手段及对其的翻译。

第一节　押韵类修辞及翻译

　　语音修辞手段使语言和谐悦耳，语意突出，增强韵律美和节奏感。英语中押韵可以根据单词内音素重复的不同位置而分类。头韵是指词首音素重复，如 great 和 grew；尾韵则指词尾音素重复，如 geat 和 bait。这两种都是以声音节奏取胜的修辞手段，即第一个音节或最后一个音节发音相同或相似，使之读来朗朗上口，且便于记忆，押韵是英语广告与文学文体中最常用的修辞手段之一，运用头韵、尾韵、腹韵（也叫元音韵）（assonance）等方式在音韵上营造有标记语境。在翻译时要尽量以押韵方式再现原文效果：一是通过叠韵、叠字再现原文音韵效果；二是当押韵难以运用时，可用四字结构、对偶结构等体现原文在韵律上的标准性。

一、头韵

头韵重复辅音的特点类似于汉语双声词对辅音的重复,因此在英译汉时也可以考虑用双声词表现原文的头韵词。头韵在英语中使用广泛,汉译英时可以利用头韵传达汉语双声的声音效果。双声就是在一个词组或一个诗行中,有两个以上的词,其开头的音节(或其他重读音节)具有同样的字母或声音。请看下面的例子:

①Today Tomorrow Toyota

译文:今天·明天·丰田(丰田汽车)

用/to/押头韵,只有一种修辞手段。译文用叠韵/ian/直译出其标记性,且仿拟了1999年春节联欢晚会上的经典小品名《昨天,今天,明天》,语境诙谐轻松。

②Have a Break. Have a Kit-kat.

译文:轻松一刻,奇巧时刻。(靳涵身译)

这是雀巢旗下的Kit-kat巧克力广告,原广告/k/音表现了清脆口感,译文将品牌Kit-kat译为"奇巧",词义积极向上。英语的头韵译为汉语的双声,非常巧妙,译文重复"刻"字,传译出原文的句式重复。例如:

③Better buy Buick!

译文:买车就买"别克"!

原广告是"You'd better buy Buick."的省略句,广告的劝说功能非常明显。Better和Buick押头韵/b/,又用Buick品牌借代别克车,"买车"一词译出"别克"指代意义。由于很难兼顾原文的押韵特点,译文通过对"买"的重复,加强对受众潜移默化的影响。

二、尾韵

英语和汉语都有押尾韵的传统。在句尾使用韵母相同或相近的字,可以产生铿锵或和谐的音感。英汉互译时,原文的尾韵特征大多可以通过押韵的方式传递出来。例如:

④人人尽说江南<u>好</u>,游人只合江南<u>老</u>。

春水碧于<u>天</u>,画船听雨<u>眠</u>。

垆边人似<u>月</u>,皓腕凝双<u>雪</u>。

未老莫还<u>乡</u>,还乡须断<u>肠</u>。

(《菩萨蛮》,韦庄)

英语中的尾韵,如下:

⑤Helter-skelter 忙乱

⑥Higgledy-piggledy 乱七八糟

⑦Highty-tighty 轻佻

⑧Mumbo jumbo 令人惊恐的事物

⑨It's blended, it's splendid.

译文:融合百味,有口皆碑。(杨全红译)

句⑨是蓝带啤酒的广告。该广告押韵/lendid/。广告商利用 blended 与 splendid 相近的发音挑战受众的理解力与好奇心,且广告中重复句型"it's ...",凸显广告的宣告功能。译文难以在几方面均实现对译,通过"百"在汉语文化中的积极意义契合原广告的情感诉求,"味"与"碑"的押韵传译原文的韵律,四字八言结构对仗,译文末尾用响亮的平声,给受众以深刻印象。

三、腹韵

腹韵指韵字在句中的用韵形式。

⑩Fresh-up with Seven-up.

译文:痛饮七喜,清心爽气。(靳涵身译)

这是七喜饮料的广告,原文用元音/e/押腹韵,音韵响亮轻松,且重复 up 一词来加强效果。译文用"痛饮、清心、爽"等词传译出原广告积极轻松的意境。译文中"喜"与"气"押韵,末尾用去声,响亮易记。译文用四字八言的对称结构翻译,表达简洁。

⑪Feeds and seeds to meet your needs.

译文:种子饲料,随要随到。(靳涵身译)

原文中 feed、seed、meet 和 need 押元音韵/i:/,且均为单音节,韵律效果好。译文两个"随"字的重复传达出"消费者第一"的服务理念,有效传达了原广告的语用目的。译文用"料"与"到"的行内(押)韵法(internal rhyme)对译原文元音韵,结尾用响亮的去声,给受众以深刻印象。又用四字八言的对偶结构,弥补原文的重复押韵效果,这是一则极为成功地传达原广告的语用标记与商业功效的译文。

第二节 比喻修辞及翻译

比喻修辞指用一种具体、浅显、熟悉的事物或情境来说明另一种抽象、深奥、生疏的事物或情境,主要分明喻(simile)、暗喻(metaphor)、换喻(metonymy)三种形式。这样描绘的事物更加形象生动,易为人们所接受。比喻在英汉两种语言中都是使用最为广泛的一种修辞手段,下面分别予以分析。

一、明喻

英语中的simile可译为"明喻"或"直喻"。它是对两种不同事物的相似点进行对比,用浅显、具体的事物说明生疏、深奥的事物,用生动形象的语言来传神达意。其本体和喻体均同时出现在句中。英语中表示明喻的比喻词一般是like、as等,汉语中通常是"好像""仿佛"等。

①They are like streetcars running contentedly on their rails.

译文:这些人犹如街上的有轨电车,满足于在自己的轨道上运行。

广告英语撰写者正是利用这种修辞手段,便于消费者更加具体、形象地了解商品,熟悉品牌,从而赢得消费者的认同、信赖和喜爱。

②Light as a breeze, soft as a cloud.

译文:轻如微风,软若浮云。

这是一则服装广告标题,形容其服装用料"轻如拂面之微风,柔如天上之浮云"。消费者看了这一标题,自然可以想象到用这种面料所做的服装的舒适感,进而联想到自己穿上这种服装潇洒飘逸的形象。作为消费者,则会情不自禁地产生跃跃欲试的消费心理。

③It gives my hair super shine, super body, and leaves it smelling fresh as a meadow.

译文:它让我的头发拥有闪亮的光泽、坚韧的发质,以及草地般的清新香味。

这是一则洗发液广告,旨在宣传洗发液较好的质量和功效。广告制作者匠心独具,采用明喻这一修辞手段,用喻体meadow引发消费者的想象:用这种洗发液洗头发,洗过之后秀发柔顺光滑,幽香飘逸,犹如春日的绿茵草坪,清新芬芳,生机盎然。这种洗发液能给你美的享受和青春、健康的活力。这则广告成功地达到了宣传产品和劝购、导购的目的。

二、暗喻

根据两种事物间的某种共同特征或某种内在联系,把一个事物的名称用在另一个事物的名称上,说话人不直接点明,而要靠读者自己去领会的比喻,叫暗喻。暗喻中的比较一般是含蓄的,但易于理解。在暗喻中,没有如as、like等的介词可将本体与喻体连接起来。暗喻与明喻一样,同样可引起人们的联想,广告英语中含蓄的暗喻更能激发消费者丰富的想象。

④You're better off under the Umbrella.

译文：你在伞下的天空更自由。

这是旅游保险公司的广告语，外出旅游安全为重，广告商抓住游客的这一心理，用umbrella（保护伞）这一喻体形象地使游客感到购买 Umbrella 旅游保险公司的保险犹如置己于保护伞之下，可自由自在地享受旅程的快乐。

⑤Blessed by year round good weather, Spain is a magnet for sun worshippers and holiday makers.

译文：西班牙蒙上帝保佑，一年四季天气晴朗，宛如一块磁铁，吸引着酷爱阳光、喜好度假的人们。

这则广告语中西班牙被比作 magnet（磁铁），说明那里是人们度假休闲的绝好去处。

三、换喻

换喻也称为转喻，指不直接把所要说的事物名称说出来，而用跟它有关系的另一种事物的名称来称呼它。换喻是利用一个事物的名称替换与它有密切关系的另一个事物名称的修辞方法，即当甲事物同乙事物不相类似，但有密切关系时，可以用乙事物的名称取代甲事物，这种方式叫换喻。

换喻不像明喻、暗喻，可以利用不同类对象的相似或类同点构成比较，而是借与某事物的局部密切相关的东西来表示该事物，利用两个对象之间的某种联系来唤起别人的联想，从而避免生硬直说，因此亦称为"借代"。它常利用人名、动植物名、职业、建筑物或地名等作为喻体，如用 White House（白宫）指代美国政府，用 Downing Street（唐宁街）指代英国政府，用 dove（鸽子）象征和平与平等，用 blue-collar（蓝领）指代劳动阶层。

⑥The most sensational place to wear satin on your lips.

译文：你若擦上此口红，好似穿上柔顺光滑、细薄透亮的丝绸一般。

satin（缎子）是一种丝织品，它的特点是色彩艳丽、质地柔软，看上去轻薄光亮。这一喻体具体形象地向爱美女性宣传这种口红亮丽的色彩、高雅的品味和迷人的使用效果，修辞效果由此达到。

⑦The pen is mightier than the sword. The pen is a Parker.

译文：笔利于剑，这笔就是派克笔。

这是 Parker Pen 公司的一则经典广告。广告中以"文略胜于武功"的理念表明1986年发生在美苏两个超级大国之间具有历史意义的事件：代表苏联的戈尔巴乔夫和代表美国的里根在冰岛签署了削减战略武器谈判的框架协议，其意思是"谈判的力量强于军备竞赛"。但是，Parker Pen 公司的本意不是宣传政治，而是宣传它的产品：因为两位总统签约所用的正是该公司生产的派克笔。这种借重大历史事件之力来宣传自己产品的创意别具匠心。

四、比喻的翻译技巧

（一）保留差异，等值再现

在读者可以接受并不会产生误解的情况下，译文中应尽可能保留原文中的比喻形象，最大限度地再现原语风貌，这样的译文可以使读者体验异国情调之"美"。

⑧Passion was to go to sleep in the presence of Mrs. General and blood was to change to milk and water.（*Little Dorrit*，Dickens）

译文：在杰纳勒尔夫人跟前，一个人的激情会变得麻木不仁，热血也会变成掺了水的牛奶。

（二）直译加意译法

此种翻译方法是保留比喻形象，并带有一定的解释和引申。也就是说，既保留差异，又从语境上帮助读者接受形象。

⑨Advice and correction roll off him like water off a duck's back.

译文：劝导对他来说好像水过鸭背似的（不起作用）。

⑩Too many professionally prepared resumes read like a pitch from an old snake-oil peddler.

译文：雇请职业枪手代写的履历念起来往往都带有老式江湖郎中的推销口吻。

（三）替换比喻，去异求同

比喻形象在东西方民族中的概念不同。当差异不利于理解，而汉语里恰有相对应的固定比喻时，可用中国特有的比喻来替换。从审美角度看，客体形式的改变，正是为了产生相同的审美效果。

⑪Mr. Smith may serve as a good secretary, for he is as close as an oyster.

译文：史密斯先生可以当个好秘书，因为他守口如瓶。

（四）放弃比喻，动态对等

如果原比喻的差异既不能保留，又没有合适的替换，那就只能放弃比喻。但为了尽量保留其美学效果，应充分发挥汉语的优势，借助其他手段弥补，以达到审美效果上的动态对等。

⑫It's very plain that the old man will remain at daggers drawn to the end of our lives, and that I have nothing to expect from him.

译文:很明显,我同老头子至死也势不两立,我不会从他身上得到什么东西的。

(五)明喻与隐喻英译时,可用直译、意译、转换等方法

1. 直译法

⑬清清的溪水,潺潺地流着,像仙女身上美丽的飘带,从高崖上伸展到遥远的地方去。

译文:Rippling crystal streams stretched away into the distance from the towering bluffs like the beautiful streamers of a fairy maid.

⑭她的脸色苍白而带光泽,仿佛大理石似的;一双眼睛又黑又大,在暗淡的囚房中,宝石似的闪着晶莹的光。

译文:Her face was pale and yet as lustrous as marble, and her large, black eyes sparkled like jewels in that murky cell.

⑮She sat like patience on ant, smiling at grief.(*The Twelfth Night*, Shakespeare)

译文:她坐在纪念碑上,像个木偶人,对悲哀一笑置之。

⑯霎时间,东西长安街成了喧腾的大海。(《十月长安街》,袁鹰)

译文:At once, the Eastern and Western Chang'an Roads became roaring oceans.

⑰After that long talk, Jim became the sun in her heart.

译文:那次长谈之后,吉姆成了她心中的太阳。

汉语和英语中的明喻修辞有共同的特点,都是明显的打比方,在本体和喻体之间都出现显而易见的喻词,如汉语里的"像""好像""比如""仿佛""好比""像……一样""如……般"等,英语里的like、as、as if、as though等。在翻译时,可利用其共同特点,用译文中相应的喻词来译原文里本体之间的喻词。值得一提的是,英语里"as ... as ..."结构的明喻大多可以直译,有的甚至同汉语里的习惯比喻方法一样。例如:

⑱as hard as a rock 坚如磐石

⑲as light as a feather 轻如鸿毛

⑳as busy as a bee 像蜜蜂一样忙碌

㉑as bold as a lion 像狮子一样勇猛

但这种结构的部分明喻,采用了语义双关,不能从字面上进行翻译,只要译出其实际意思便可。例如:

㉒as cool as a cucumber 非常冷静(像黄瓜一样镇定)

㉓as sure as a gun 一点不错(像枪一样确切)

汉语和英语的暗喻都不露比喻的痕迹,把甲直接说成"是"乙或"变成了"乙。在汉语里常用的喻词有"是""变成""变为""成为""成了""当作"等,英语里常用"be"作喻词,也用become、turn into等。暗喻在翻译中一般也可采取直译法。

2. 意译法

原文比喻的形象在译文中难以再现或不合乎译文习惯,传神达意也不理想时,正好舍去原文中比喻性词语所用的形象,保留原比喻的含义,舍形求意,采用意译法。

㉔脱掉棉衣换上春装的人们,好像卸下了千斤重载,真是蹿跳觉得轻松,爬起卧倒感到利落。(《敌后武工队》,冯志)

译文:With their heavy winter clothing changed for lighter spring wear they could leap or crouch down much more freely and nimbly.

第三节　夸张修辞及翻译

夸张是运用丰富的想象力在客观现实的基础上有目的地对事物的形象、特征、作用、程度等方面着意夸大或缩小的修辞方式。

一、夸张的类型

夸张可分为普通类和超前类。普通分为夸大夸小,超前是基于目前的状态对未来事物的超前预见。夸张运用丰富的想象,过激的言辞,渲染和修饰客观事物,以达到强调的效果。

①His eloquence would split rocks.

译文:他的雄辩之威之利,能劈磐石。

②I have told you forty times that if you touched that jam I'd skin you.

译文:你要是偷吃果酱,我就剥你的皮。我跟你已经讲过不下一百遍了

③We must work to live , and they give us such mean wages that we die.

译文:我们不得不做工来养活自己,可是他们只给我们那么少工钱,我们简直活不下去。

英语中夸张修辞格的应用极为频繁。夸张的功能是突出事物的本质特征,给人以警悟、启发。常见的夸张方法有四种:利用数词进行夸张,利用形容词或副词进行夸张,将词语语义推向极端进行夸张,利用介词短语进行夸张。

(1)用数词表示。

④I have given my last ounce of strength to my work.

译文:我对工作已经尽了最大的努力。

(2)用动词、名词、形容词或副词表示。

⑤He nearly exploded with indignation.

译文：他几乎把肺都气炸了。

（3）用虚拟语气表示。

⑥He might have been dead, he lay so still.

译文：他纹丝不动地躺着，仿佛已经死了一样。

（4）利用介词短语。

⑦Here was wealth <u>beyond computation</u>, almost *beyond* imagination.

译文：在这里，财富数不胜数，超出任何人的想象。

例句中的画线部分"数不胜数""超出任何人的想象"分别对"名誉"和"财富"进行了强调、夸大。

二、夸张的翻译技巧

（一）直译法

⑧李子荣的嘴像开了闸一样，长江大河地说下去。

译文：Li Zirong proceeded to open the floodgates, and the words came surging forth like the great Yangtze River.

夸张通过明喻来实现，把李子荣的嘴比作闸门。把"闸"译成floodgate，保留了原句中的对应的脚本，因此幽默在译文中得到了最大限度的保留。

（二）意译法

⑨她们走到这条街上，无论有什么急事，都是不会在一分钟里往前挪两步的。

译文：And it was generally the case that no matter what sort of urgent business women might have, they would always slacken their pace to a near halt as soon as they got to the avenue.

幽默表现形式是数字，目的是突出说明英国夫人走路的姿态，原文和译文在夸张的表现形式上发生了转变，转变的原因是中英思维的差异。

（三）换译

当某个词语的语言形式与隐含意义在译语中无法找到与之完全匹配的对应物时，我们可以采用保留源语意义而替换源语形象的"换译构式"来翻译这类词语。

⑩好像老和尚参禅那么稳当。

译文：Like paying homage the gods.

译文借助明喻达到夸张的目的。由于宗教的差异，若是直译"老和尚"可能会对不了解佛教这一宗教的读者造成理解方面的困难，他们无法想象和尚打禅时的那种虔诚。译者通过换译的方法,有助于目标读者领会作者的意图。

第四节　双关修辞及翻译

双关(pun)是用一个词去暗示两种或两种以上的意义或引起不同的联想,或者用两个或两个以上发音相同或相近而意义不同的词,以达到一种幽默效果。双关修辞因其集幽默与智慧于一身的特点和独特的语言魅力而受到广告商的青睐。因此,双关在广告语中较为常见,对其研究有较高的理论和实践价值。例如:

①"美的"家电,"美的"全面,"美的"彻底。

译文:Media products are beautiful, beautiful from top to toe, beautiful inside out.

一、双关语的分类

很多学者对英汉语中的双关进行了分类,一般将英语双关修辞分为四类,即谐音双关、语义双关、语法双关和成语、俗语双关。

(一)同音双关(Homophone)

同音双关指利用两个发音相同的单词为条件构成双关。例如:

②Waiter:You are not eating your fish you ordered? Any thing wrong with it?

　Customer:Long time no see.

上例当中的 see 和 sea 同音,即顾客此时真正的意思是鱼已经离开海水很久了,不新鲜了,这就是没有吃鱼的原因。

(二)近音双关(Paronomasia)

近音双关是利用两个相似的发音构成的双关。例如,"A bicycle can't stand on its own because it is two-tyred.",这句话的表面意思是"自行车自己站不起来,因为它只有两个轮胎(two-tyred)",另外一层意思是"这辆自行车被它的主人骑了很长时间,它太累了(too tired)"。

(三)同词异义双关(Antalaelasis)

同词异义双关指的是利用同一个词语的两种不同意义而形成的双关。例如,"Why a river is always rich? Because it always has two banks.",其中,bank 有两个不同的意思,既可以表示"岸",又可以表示"银行"。所以后一句巧妙地运用了这个词的两个意义所构成的双关。

这种双关具体还可分为同音同形异义和同音异形异义两种。

（四）一词多义双关（Syllepticpun）

一词多义双关指利用词语的多义性在特定语境中形成的双关。例如：

③A professor tapped on this desk and shouted："Gentlemen—order！"

　　The entire class yelled: "Beer！"

order有多种含义，教授之所以用这个词，是因为课堂纪律较差，此处order是命令，要求学生守秩序。学生们显然是故意把order理解为另一含义，即在吃饭时服务生通常询问的"想点些什么"。

二、双关语的翻译方法

（一）以双关译双关

在译语中找到与源语对等的双关语，这样就能做到不仅在译文中反映出源语的意思，而且可以尽量体现双关的幽默、隐射等意味。

④ALL—IN—wONdEes

译文：一"部"到位

原文的这个广告词，最后的一个词中有大写，也有小写的字母，wonders首先是这一款打印机的名字，这个单词中大写的部分是"one"，和"wonder"属"近音双关"，为了保留原广告的这一效果，将其译为：一"部"到位。"部"字首先是数量词，同时"一'部'到位"还和我们常说的"一步到位"发音相同，"部"和"步"属同音双关，这样处理就恰到好处。

⑤Obey your thirst

译文：服从你的渴望（雪碧）

这是饮料雪碧家喻户晓的广告语，此广告是祈使句，其无标记用法表命令和指示，这里的拟人修辞是有标记用法。文中thirst是语义双关，表示口渴，也表示迫切的愿望。译文用拟人修辞直译出原文的双层含义，文字简练，音韵响亮，表达了相同的劝诱效果，使原广告的首要言语行为和次要言语行为都得到相同的劝诱效果。

⑥一孔之见（照相机）

译文：A（w）hole view (camera)

译文巧用了英文中常见的谐音，即whole（形容词，完整的/全面的）以及hole（名词，孔/洞）音同义不同的特点以示该照相机"（全面的）孔之见"的性能。

⑦"饮"以为荣（酒）

译文："Taken" as an honor（曹顺发译）

译文巧就巧在其选词 taken上，该词自带双关，即兼有"被视为/引以为"及"吃，喝"

等意,原文的用意也显然在此。

（二）以类双关译双关,反之亦然

在双关译双关困难时,用押韵、反复、反问、矛盾修辞等传达原文双关语的效果,增强文字的感染力。例如:

⑧The Unique Spirit of Canada：We Bottled It. (Lord cal-vert Canadian)

译文:醇香四溢瓶中酒,独一无二加拿大。

这则广告中的 spirit 和 bottle 均为语义双关。spirit 第一层含义为"精神",The unique spirit of Canada 可理解为 the intellect or moral of the Canadian people;第二层含义为"烈性酒",原句可理解为 Canadian strong alcoholic drink。而在 We Bottled It 中,bottle 字面意义为 to put something into containers,引申意义为 to preserve some moral or intellect。因此,bottle the spirit 就有了字面意义和引申意义,在强调产品产地的同时也增强了语言生动性。译文用"醇香""四溢"等积极措辞阐释 unique 的具体含义。Canada 既可指加拿大人,也可指加拿大这个国家,此意义传译出原文的双关。由于很难对 spirit 和 bottle 的双关义实现传译,就用汉语的对仗结构弥补。

⑨Intel Inside.

译文:给电脑一颗奔腾的"芯"。

原英文广告押头韵,简单易记,译文用双关语"芯"加上引号,对应"心",弥补了押头韵在翻译中的损失。

（三）仿拟双关译仿拟

对语法、词组、谚语双关翻译,可用仿拟双关译仿拟,不一定完全对应,只要达到预期的广告效果即可。

⑩Where there is a way, there is a Toyota.

译文:车到山前必有路,有路必有丰田车。

这是丰田汽车的广告,此英文广告由俗语"Where there is a will,there is a way."仿拟而来。中文译文没有直接套译,而是借用了中文中广为人知的成语,让受众明白丰田汽车品质卓越,广为人爱的特点。

⑪不打不相识。(打字机)

译文:A fall on the hit, a gain in the bit.

译文仿拟了"A fall into the pit, a gain in your wit.",该句中的 hit 和 bit 押韵,其中 bit 带双关意味,既指常用之意,又暗含计算机术语"二进制码"(binary digit)的缩写,符合广告用语的简洁、明快、易识、易记、顺口等特征。

⑫谁跑在最后,谁笑得最好。(轮胎)

译文:He laughs best, who runs longest.

原译成功借用了"He who laughs last laughs best."（谁笑到最后，笑得最好），堪称一绝。

⑬Only your time is more precious than this watch.（某手表广告）

译文：手表诚可贵，时间价更高。

原广告在 time 一词上有双关意味，但要译为相应中文相对困难，译文仿拟白莽所译匈牙利爱国诗人裴多菲（Sandor Petofi）《自由诗》之"生命诚可贵，爱情价更高"两句，易于记忆，且有新鲜感。

（四）双关语义拆分

当目的语很难给出源语言所具有的两层意思时，需要根据翻译的基本要求，在目的语中对原有双关的表层含义和深层含义进行必要的取舍。如：

⑭Joe was painting in the class of the great Magister—you know his fame. His fees are high, his lessons are light—his highlights have brought him renown.

译文：乔在伟大的麦基斯特那里学画——他的声望你自然知道，收费昂贵，课程轻松——他的昂贵轻松使他闻名遐迩。

原文中 highlight 一词的表层意思是指乔在绘画时用加亮的手法来突出事物的技巧，深层含义是指他的课收费高和课程轻松的特点。翻译的时候很难将双关的这两层意思都体现出来，而如果将其"加亮"这一意思在目的语中翻译出来，将会使译文晦涩难懂。因此在翻译时，为了保证原文所要表达的主要意思，我们只有舍弃这个词的表层含义，而取其深层含义。

（五）双关多重含义的同时体现

这种翻译方法就是指在目的语中很难找到与源语言既完全对应又能表现出其双关意义的词，也找不到别的词来替代或转换，此时我们可以将原来双关的两层含义用目的语中两个不同的词体现出来。这一方法可以用下面一则广告的翻译来加以说明：

⑮I'm More satisfied.

译文：摩尔香烟，我更满意。

⑯Ask for More.

译文：再来一支，还吸摩尔。

原广告词中的 More 一词，首先是该香烟的牌子，而这个词的另外一层意义"更，更多"，又使其形成了两句话。翻译时我们可以灵活地将双关具有的两层意思用目的语中两个不同的词来体现，这样虽然没有保留原修辞，却很好地契合了原广告所要达到的效果。

（六）编辑手段

在无法兼顾双关的情况下，有时可以用译文体现其中一层意思，再辅以解释翻译法或注释说明另一层意思。如：

⑰Teacher：George，Can you give Lincoln's Gettysburg Address？

　　George：No，but he used to live at the White House in Washington D.C.

译文：老师：乔治，你能背诵林肯葛底斯堡演说吗？

乔治：我不会。林肯曾住在华盛顿特区的白宫里。

address 一词既有"演讲"的意思，又有"地址"的含义。很显然，该学生在这里故意曲解老师说话的意思，从而逃避背诵林肯的葛底斯堡演讲的内容。译文仅翻译出 address 的一层含义，最好还能以注释的形式补充说明该词所表达的"演讲"之意。

（七）直译加注释

⑱将那三春看破，桃红柳绿待如何？（《红楼梦》，曹雪芹）

译文：She will see through the three Springs and set no store by the red of peach-blossom，the green of willows.（Note：A pun means the three months of spring and the three elder Chia girls. All the Chia girls had the character chun or spring in their names.）（杨宪益、戴乃迭译）

从杨宪益夫妇的译文可以得知：原文"三春"的双关意思既指春天的三个月，也暗含贾家三个姑娘之意。故杨宪益夫妇在处理这句话时，前文只译出了四季中"春"的含义，后文采用加注法说明，贾家的三个姑娘的名字中也都含有"春"字这一特点。这句话表面上说的是春光短暂，实指惜春的三个姐姐元春、迎春、探春都好景不长。

第五节　轭式修辞及翻译

英语修辞格轭式修辞法（zeugma）的命名，源于希腊文 zengnynai，意为 yoking（用一副轭套上两只牲口）。轭式修辞法是用一个词（动词、形容词、介词）同时支配或修饰两个或两个以上的名词，其中只有一个搭配合乎逻辑，属正确搭配，另一个则属牵强搭配。在轭式搭配中，被修饰或被支配的第一个词表示具体事物，第二个词表抽象概念或某种状态。由于第一个具体名词的带动，读者会立刻产生联想，把第二个表概念或状态的名词转化为生动的意象。例如："He looked at her with weeping eyes and hearts."。

其中，weeping 修饰两个名词 eyes、hearts，正像把一副轭套在两头牛身上，别有风趣。weeping 只适合 eyes，适合 hearts 的形容词 grieving 省去了。这样做既精简了语言，又使 grieving 这一抽象概念具体化了。用 weeping 修饰 hearts,把不可言喻的感情转变为有形有声的物体,更触动人心。

一、轭式的分类

英语轭式搭配法与汉语拈连,都是将适用于甲项事物的词语,顺势拈连到乙项事物上来的修辞手法。从修辞实质上分析,英语轭式搭配法与汉语的拈连完全相同。但在分类方面有些差别,有个别拈连种类为某一种语言所独有。英语中的轭式修辞格主要有以下几种类型。

(一)一个动词支配两个名词(宾语)

一个动词支配两个名词(宾语)。在例句"She opened the door and her heart to the homeless boy."中,the door 和 one's heart 共用一个动词 open,因此它们就构成了数学上所谓共轭关系。但这类句子一般很难翻译,即使把意义译出来了,原来的英语句子中的修辞的趣味和妙处也很难再现,这有点类似于把汉语中的文化典故、谐音字或者文言文中的通假字译成英语,这是很让做翻译工作的同志们伤脑筋的一类情况。

(二)两个主语搭连一个动词

两个主语搭连一个动词,在例句"During the next year, a young widow and a fortune fell in love with him."中,主语为 a young widow 和 a fortune,可译为:在接下来的一年中,他得到了一位年轻寡妇的爱情,也得到了一大笔财产。(字面意义:一位年轻的寡妇爱上了他,一大笔财产也跟着爱上了他。)

(三)一个形容词同时修饰两个或两个以上的名词

一个形容词同时修饰两个或两个以上的名词,在例句"The room was not light, but his fingers were."中,使用了 light 的两个含义,前半句中指的是光线明亮,后半句中则是指手指的灵活。这句话可以翻译为:这个房间的光线差,但他灵活的手指一点也不差。轭式搭配句的典型风格就是它的幽默感和彼此不相干的词语之间连接时产生的俏皮感,翻译得过于正式会损害它的修辞效果。

二、轭式的翻译技巧

(一)利用排比或类似英语押头韵的方法,使意义不相干的词语做到某种形式的"搭连"

①The umpire lost his cap and his cool.

字面义:裁判丢了帽子,大为激动。

译文:裁判丢了帽子,也丢了风度。

②Mr. Pickwick took his hat and his leave.

字面义:匹克威克先生提起帽子,告辞离去。

译文:匹克威克先生提起帽子,提脚离去。

③He runs for pleasure, I for fear.

字面义:他跑步是为了消遣,我逃跑是因为害怕。

译文:他跑因为消遣,我跑因为害怕。

(二)照原句直译

下面三种情况可以直译:第一,句子本身的特点决定了非直译不足以传情达意;第二,找不到恰当的排比形式或直接押头韵的汉语词语;第三,当轭式与拈连可以对应转译时。

④The sun shall not burn thee by day, nor the moon by night.

译文:白天太阳将不会烤你,晚上月亮也不会烤你。

⑤Ten minutes later, coffee and Commander Dana of Intelligence arrived simultaneously.

译文:十分钟后,咖啡送来了,海军情报司令达纳也来了。

⑥Kill the boys and the luggage.

译文:干掉那些男孩和行李。

(三)意译法

英语中的轭式修辞译成汉语时,在许多情况下不可直译,一般采取意译法。

⑦She possessed two false teeth and a sympathetic heart.

译文:她假牙两颗,同情心一颗。

⑧He caught a cold and a bus.

译文:他赶上了公共汽车,也赶上了一场感冒。

⑨While the Vietnam vet was fighting, and losing limb and mind, and dying, others stayed behind to pursue education and career.

译文:当这位越战老兵在战斗中失去了肢体和生活的信心濒临死亡之际,其他人则留在国内求学求职。

(四)对等翻译

由于英语轭式修辞与汉语拈连具有相似性,翻译时可按中文的拈连法,以体现原文的特点。

⑩You manage business, stocks, bonds, people. And now you can manage your hair.（MALTPLEXX牌男性发乳广告）

译文：你管理公司、股票、债券、员工，现在也能"管理你的头发了"。

⑪Words and feathers are tossed by the wind.

译文：话语和羽毛随风到处飘。

在以上诸例中，汉语拈连成功地再现了英语轭式修辞法精巧的搭配结构和内在含义，其表现力和效果毫不逊色。

第六节　仿拟修辞及翻译

仿拟（parody）源自希腊语parodia，意为mock song（嘲弄之歌）。仿拟是为了讽刺嘲弄而故意仿拟特定既成形式，原义为附属的模仿的诗或歌，后逐渐演化成较为常见的修辞格。仿拟由本体和仿体两部分构成，通过改变既成的语言形式拟创出新的语言形式，从而达到"仿"在语言表达，"拟"出一个新的语境。仿拟在新语境中往往产生丰富的效果。仿拟修辞常用于广告，模仿名言、警句、谚语，改动其中部分词语。

①Lady Hermits—Down But Not Out.

译文：潦而不倒的女隐士们。

此句仿拟的是习语down and out（贫困潦倒）。

②In economics all roads lead to socialism。（萧伯纳语）

译文：在经济学方面，条条道路通向社会主义。

这句仿的是"All roads lead to Rome."（条条道路通罗马）。

一、仿拟的分类

一般说来，仿拟可分为仿词、仿句、仿调（篇）三种，以下我们结合具体的实例来分析这几种仿拟在商务文体中的应用。

（一）仿词

在模仿对象中，词语因具有生动形象、表意凝练、和谐悦耳和家喻户晓等特点受到青睐，成为诸多英、汉语广告创作中被仿拟的对象。如：富翁—负翁、酒吧—网吧、空姐—空嫂、baby-sitting—home-sitting、blue paper—white paper。

又如，marathon一词的意思是"马拉松"，仿照这一词语形成的telethon（马拉松式电视广播节目）和talkathon（马拉松式答话或座谈节目）在表明活动主题的同时，利用-thon这一后缀，不用多费笔墨就可以形象生动、活泼有趣地传达出观众对节目时间持续过久的抱怨。

再如,gap(差距、缺口)一词,最早与missile(导弹)搭配,形成 missile gap,意指1961年美国大选期间,美国与苏联在导弹发展上的差距。这一词组产生后就引起一连串新词相继出现,如 production gap(生产差距)、development gap(发展沟)、credibility gap(信用差距)、generation gap(代沟)等。

（二）仿句

通过改变谚语或名句的个别词汇,从而达到仿句的效果。

③Two beer or not two beer, that is a question.（Shakes beer）

译文:喝或是不喝,这是一个问题。——莎士啤酒（模仿对象来自莎士比亚《哈姆雷特》中的名句:To be or not to be, that is a question）

④Shanghai TV: Seeing is believing.

译文:有目共赏,上海牌电视。（仿拟自英语谚语:Seeing is believing.）

（三）仿篇

英语中的仿篇是指模仿成段或成篇文章而创造出新的语篇。模仿的语体有公文语体、政论语体、文艺语体和广告语体。

⑤The coat with nine lives.

译文:"漆"彩人生。

原广告仿拟习语"A cat has nine lives."（猫有九命）,此广告语宣传油漆质量好,长久不脱落。其中利用coat(涂层)与cat的形似和音似特点,用名词coat替换cat。英语文化中猫的长寿让人联想到该油漆产品质量过硬。由于文化背景不同,中文里的"猫"没有与英文对应的积极意象。译文用"七彩"象征多姿多彩的生命,也暗含了油漆产品色彩的多样性。同时"'漆'彩人生"仿拟自"七彩人生",译文中"漆"与"七"尽管书写上没有关联,但两者发音相同,从而以仿译仿,且属仿拟兼双关,语用标记值和商业功效与原广告等效。

⑥We know eggzactly how to sell eggs.

译文:我们知道财富"蛋"(诞)生之道。

原广告新创词eggzactly是对exactly的仿词仿拟。原广告突出厂家生意,创造出新奇诙谐效果,吸引受众。同时,"蛋"与"道"基本押韵,语用标记值与原文等效。

⑦A Mars a day keeps you work, rest and play.

译文:每天一块马斯巧克力保你工作、休息、娱乐随心意。

原广告是仿拟英语谚语"An apple a day keeps the doctor away.",译文虽采取直译的方式,但保证了用两字词对译原文的work、rest和play,格式相对工整,且末尾用去声,音韵响亮,达到了广告预期效果。

二、英语谚语中的仿拟现象

英语谚语中的仿拟现象主要有以下两类。

（一）替换类

在使用仿拟手段构成的英语谚语中，以替换形式产生的英语谚语为数最多。其基本构成特点是对被语言使用者熟悉并广为使用的固定句式中的某些成分进行替换，从而形成一个新的表达方式。这个"仿拟"由于沿用大家耳熟能详的句式给人一种亲近感，易于理解和记忆；又由于换用了新的主题和概念给人一种新鲜感，易于流传、分享。

⑧Where there is a will，there is a way.（有志者事竟成。）

仿拟1：Where there is an interest，there is a memory.（感兴趣的东西容易记忆。）

仿拟2：Where there is a life，there is a hope.（留得青山在，不怕没柴烧。）

（二）层进类

以层进形式创造的谚语的基本构成模式是"主语+谓语+其他"和"主语+谓语+其他/其缩略式"。例如，美国总统富兰克林的经典名言"Time is life，time is speed，time is strength."（时间就是生命，时间就是速度，时间就是力量）。英国学者布鲁厄姆的经典名言"Education makes a people easy to lead，but difficult to drive；easy to govern，but impossible to enslave."（教育使一国人民易于领导而难以驱使，易于统治而不能奴役）。又如：

⑨Twinkle，twinkle，little bat!（小小蝙蝠眨眼睛，）

How I wonder what you're at!（你在干吗我说不清，）

Up above the world you fly!（高高在上把翅展，）

Like a tea tray in the sky!（好似空中一茶盘。）

二、仿拟的翻译

（一）直译法

属于可译范围的汉英修辞格，是我们平时使用最为频繁的，在汉英两种语言里都有对应的修辞格。这一类修辞格汉英互通，一般都在语义上做文章。为了保留原文修辞的特色，我们对这类修辞格应该尽可能采取直译。（张海芹，傅煊翔，2017：90）例如：

⑩Better late than the late.（美国高速公路上安全行车标语）

试译：迟到总比丧命好。

广告来自谚语"Better late than never."。这个标语中的第一个 late 是"迟到"的意思,而出现的第二个 late 却不是"迟到"的意思,而是"已故的,丧命的"意思,所以 the late 就是"丧命"。我们可以采用直译的方法,将其译成"迟到总比丧命好",易于理解。

（二）替代法

英汉两种语言词汇系统发达,都有大量可供仿造和借鉴的习语与名言警句,当源语中的仿拟能在目的语中找到对应的仿拟时,在翻译时可用仿拟来翻译仿拟源语。因此大多数时候可以用仿拟对仿拟的翻译策略。如:"Buddies Thicker than Water"仿拟了"Blood is thicker than water.",可以仿拟汉语的"手足情深",译为"猫鼠情深",或者仿拟"血浓于水",译为"情浓于水"。"Love Me, Love My Mouse."仿拟了"Love me, love my dog.",可以仿拟汉语成语"爱屋及乌",译为"爱屋及鼠"。以上译例说明仿拟修辞不仅可译,而且可以译好。

如果原文仿拟的对象在译入语中没有相似的表达,即语义空白(semantic zero),译者应该根据剧情仿拟译入语中的某个习语,从而使得译文读者对译文的反应与原文读者的反应大致相同。如:

"The Cat's Me-Ouch!"(本集汤姆被杰瑞新买的宠物狗彻底击败)仿拟了习语"the cat's meow"。习语字面意思指猫的叫声,真实意思是"something that is considered outstanding"(宠物狗虽然身高还不及杰瑞,却极其凶悍),这一片名不仅仿拟,而且双关,me-ouch 又仿声猫的惨叫,极其巧妙。汉语并不用猫的叫声比喻极好极佳,绝大多数出版社的译文"猫的痛感"不能体现原文的精妙之处。如果采用剧情加仿拟译入语的方法,可以译为"狗不可貌相",既能体现本集的主人公是一条貌不惊人却无比厉害的宠物小狗,又能仿拟汉语习语"人不可貌相",从而实现片名的功能在两种不同文化之间的大致对等。又如:

⑪黛玉道:"倘或明儿宝姑娘来,什么贝姑娘来,也得罪了,事情岂不大了。"

译文:Dai-yu said, "If Miss Bao or Miss Cow were to call and they behaved like that to her, that would be really serious."

在 Hawkes 的译本中,"宝姑娘"和"贝姑娘"分别译成"Miss Bao"和"Miss Cow"。这里利用的是谐音的手段,转化仿拟,效果很好。B 与 C 是英文里相连的两个字母,为顺序仿拟,Bao 与 Cow 也是相关联的,它们都发元音/au/,这就构成了它们仿拟的基础。黛玉口中的"贝姑娘"是不存在的,而 Hawkes 译本中的 Miss Cow 译成中文也是不存在的,这样就很好地使译文和原文吻合了。因此,Hawkes 的这种替代译法很好地将人物的讽刺话语表现了出来。

（三）意译法

⑫林之孝家的便说:"不管你方官圆官。"

译文:"I don't care who give it you," snapped Mrs. Lin.

原文中有两个仿拟词。"方官"是由"芳官"谐音仿拟而来的,而"圆官"又是在"方官"的基础上仿照出来的,表现了林之孝家的口气强硬,因此在翻译过程中,可用意译的方法,将"不管你方官圆官"的意思"不管是谁给你的"翻译出来。于是杨宪译和戴乃选的译本就将其译成"I don't care who give it you",使读者一下子就体会到了林之孝的强硬口气。

(四)加注法

原文中如有目的语读者不熟悉的一些表达法,可用加注法。加注法主要指加脚注、尾注。例如:

只认得这果子是香芋,却不知盐课林老爷的小姐才是真正的"香玉"呢?

⑬译文:You only know what sweet taros are. but don't know that the daughter of Salt Commissioner Lin is sweeter than any taro.

脚注:This is an untranslatable pun. The yu in Tai-yu's name has the same sound as yu meaning taro.

对于这个句子的翻译,杨宪译和戴乃选采用添加脚注的方法,读者一看就明白"香玉"与"香芋"所传递的幽默效果。

第七节　拟声修辞及翻译

一、拟声的概念及其英汉差异

(一)拟声的概念

从语言要素构成的角度看,拟声词是语音造词,其依据是物体所发出的声音,造词的目的是形成声音相似性。从造词的动机或各个语音元素的价值来看,拟声是为了实现修辞效果。拟声词语义单一,语法功能灵活,语音形式多样。各种语言都具备一定的语音单位,可以组合在一起表达某种声音。在翻译中,又可以根据语言的音系特点和规则,进行创新,实现拟声修辞效果。

拟声(Onomatopoeia)是指模拟自然界声响,需要人的主观情感蕴含在内,从而产生相类似并让人认同或感知的声音的一种修辞手法。英语拟声词多用作动词或名词,往往作谓语、主语或宾语。(陈国英,文辉,付姗,2014:61)例如:

①On the roof of the school house some pigeons were softy cooling.(动词)

译文:在学校房屋的屋顶上一些鸽子正轻轻地咕咕叫着。

（二）英汉拟声的差异

很多情况下,英汉拟声词的功能在各自的句子当中并不是对等的。英语拟声词大多作名词、动词或动词派生词(如分词、不定式、动名词等),而近代汉语中的拟声词则大多是动词附加语或名词附加语。因此,英译汉时要根据汉语的表达习惯,把原文中的英语拟声名词、拟声动词或拟声动词派生词转译成汉语拟声动词附加语或拟声名词附加语。

②"What's happening?"he muttered.

译文:"怎么回事呀?"他喃喃地问。(动词附加语)

③All was quiet and still except for the distant tinkling of a piano.

译文:除了远处一架钢琴的叮当叮当声外,万籁俱寂。(名词附加语)

同时需要注意的是大部分音在英语和汉语中用不同的拟声词来表示,例如:

④A tiger growls. 虎啸。

⑤A monkey screeches. 猿啼。

⑥A dog barks/yaps/yelps/bays/snarls/growls/howls. 狗汪汪地叫/犬吠。

⑦A fly hums/buzzes/drones. 苍蝇嗡嗡哼哼地叫。

⑧A mosquito hums/buzzes/drones. 蚊子哼哼嗡嗡地叫。

⑨A pig grunts. 猪咕噜咕噜/哼哼地叫。

有时同一声音在英语和汉语中用相似的拟声词来表达,例如:

⑩meow(或meou) 喵

⑪hiss 咝咝(作声)

⑫dingdong叮咚(声),叮当(声)

⑬ping 砰,乒

⑭giggle 咯咯地笑

一般来说,/s/表示如蛇、沸水等的咝咝声,/m/、/n/表示闷、长的声音,/k/表示急促、尖锐的声音。元音也一样,单元音、双元音和三元音柔和、婉转,短元音急促、粗硬。

以"gr-"开始的音指沉闷而令人不快的声音,如growl、grunt等;以"h-"开始的音则有"猛烈"的意思,如hack、hunt等;而以"-ump"结尾的一些单词有"重、厚、沉闷"的意思,如clump、dump、thump、stump等。

二、拟声的翻译技巧

翻译英语拟声词时,除了闻声解意外,还应根据具体语境和修辞等要求,选用恰当的翻译方法。对拟声词翻译大体分为以下几种策略。

（一）拟声词对译

英语原文中有拟声词,汉译时也用拟声词时,译成相同的拟声词。例如:

⑮A bull bellows.

译文:公牛哞哞地叫。

⑯A sparrow twitters.

译文:麻雀叽叽喳喳叫。

（二）译成不同的拟声词

译成不同的拟声词。例如:

⑰The train clattered out of the station.

译文:火车哐唧哐唧驶出车站。

⑱The shutters clattered in the wind.

译文:百叶窗在风中噼噼啪啪作响。

（三）不同拟声词译成同一拟声词

不同的拟声词在汉语中也可译成同一拟声词,例如:

⑲The thunder rolled in the distance.

译文:远处雷声隆隆。

⑳There came the hum of machines.

译文:传来了机器的隆隆声。

（四）保持拟声词的词性及成分

保持原文中拟声词的词性及其在句子中的成分。例如:

㉑Whee-ee-ee! Whee-ee-ee! The police whistles shrilled suddenly.

译文:"嘀！嘀!"突然警笛响了。

㉒Those standing behind whispered and chattered all the time.

译文:站在身后的人们一直叽叽喳喳个没完。

㉓They hissed him off the stage.

译文:他们把他嘘下了台。

（五）转换原文中拟声词的词性属性及句法功能

英语拟声词多数是动词或名词,而汉语拟声词多半带有形容词和副词的性质,作定语、状语或补语。所以将英语拟声词译为汉语时,往往需要把原文句中作谓语、主语或宾语的拟声动词、名词或动词派生词转译为汉语拟声动词附加语或拟声名词附加语。例如:

㉔Then followed a loud "Clump! Clump! Clump!" as the crooks went up the stairs.

译文:蹬!蹬!蹬!一阵楼梯板响,土匪们上楼了。(主语—独立成分)

㉕About this time a brick came through the window with a splintering crash.

译文:大约在这个时候,有人从窗户外面抛了一块砖进来,噼里啪啦砸得很响。(形容词→副词)

㉖The ship hooted down the river.

译文:呜——那船沿江而下。(谓语动词→独立成分)

㉗A north wind is whistling.

译文:北风刮得呼呼的。(谓语→补语)

㉘A bitter storm of sleet, dense and ice- cold, swept the wet streets, and rattled on the trembling windows.

译文:刺骨的暴风夹着密集而寒冷的雨雪,扫过湿漉漉的街道,打得颤抖的窗子格格作响。(谓语动词→副词)

必要时还可增补一定的词语,使语义完整、句法正确。例如:

㉙She slammed the box on the table.

译文:她把匣子砰的一下摔在桌子上。

㉚The man shut the door with a bang.

译文:那人砰的一声把门关上了。

(六)译文中省略英语原文中的拟声词

恰当地运用拟声词可增强感染力,使语言表达更加形象生动。但如果拟声词用得过多或不得体,也会造成译文语言累赘,从而破坏原文的表达力。因此原文中的拟声词有时可改用非拟声词来表达。例如:

㉛The frogs in the fields outside the town were croaking cheerfully.

译文:青蛙在城郊的田野里起劲地叫着。

㉜There was a large, low-ceiling room, with clacking, rattling machines.

译文:有一大间天花板很低的屋子,里面的机器响成一片。

㉝The moment he rushed in, the hens chucked and the dogs barked.

译文:他一进门,鸡也鸣,狗也叫。

㉞He felt as if he must shout and sing, he seemed to hear about him the rustle of unceasing and innumerable wings.

译文:他感到简直要大喊大唱,耳际仿佛传来无数翅膀的拍击声。

（七）加用拟声词

英语原文中没有拟声词，汉语译文中加用拟声词在一定的情况下可采用这种译法，以加强译文语言的表达力。例如：

㉟The tears she could not hold back fell on his face.

译文：她那抑制不住的眼泪扑碌碌地落在他的脸上。

㊱I had sighed when I first heard the lute, and now I heard her story which made lament.

译文：我闻琵琶已叹息，又闻此语重唧唧。

需要注意的是，同一个拟声词在英、汉两种语言中有时可兼几种不同事物的声音，在进行汉译时，应根据译文的具体语境，选用恰当的、与原文意义对应的词或表达方式。例如，英语拟声词 rumble 可兼闷雷、车辆和人的肚子发出的声音等。具体体现在以下三个句子当中：

㊲Thunder rumbled in the distance.

译文：远处雷声隆隆。

㊳The car rumbled past.

译文：大车咕隆咕隆地驶过。

㊴My guts rumbled.

译文：我肚子咕噜咕噜地响。

综上所述，翻译英语修辞格，一般要求译文能有效地再现原文的修辞效果，否则译文即使在大意上与原文差不多，也会使原文的精神和风格受损，削弱语言的表达力。一般说来，修辞格的翻译原则是形似不如神似重要。

第七章　语料库与翻译

随着信息时代的到来,传统的以课本为授课媒介、教师主导教学而学生被动接受知识的教学模式已经不能满足时代的需求。语料库提供大规模双语真实语料,直接呈现出真实语言的使用情况,有助于学生对特定用法的理解与应用;而语料库的技术手段如词频、搭配、索引分析等为探索性学习提供了技术上的支持,这有利于自主性学习的实施。

第一节　语料库的定义

语料库的建设可追溯至20世纪60年代初,当时建成的BROWN美国英语语料库是世界上最早出现的计算机语料库。在我国,最早建成的语料库是创建于20世纪80年代初的上海交通大学科技英语语料库(JDEST)。随着计算机技术的发展与进步,各类语料库不断涌现,为翻译学习与实践提供了更多可行的语料库方法。

语料库的英文术语为corpus(复数形式为corpora),该词来自拉丁语,本义为body。顾名思义,语料库是语言材料的仓库。它是一种电子文本集,里面存储的是按一定采样标准采集而来的、未经加工的真实语言材料,用来代表一种语言或者某语言的一种变体(variety)或语体(register)。语言变体通常指某种方言或标准语等,语体通常指口语或书面语等。

关于语料库的定义主要有以下几种:

1. Mcenery 和 Wilson指出:"总体来说,多篇文章的集合就是语料库,但在现代语言学中使用语料库这个术语时,更倾向于包含更多的内涵,主要有采样(sampling)收集、有代表性、规模有限(finite size)、机器可读(machine-readable)、标准参考数据(standard reference)等内涵特征。"

2. 语料库就是某种语言在实际运用中的大量实例集合,这些例子可以是书面文本,也可以是语音形式的文本。

3. 语料库是根据外部原则选择的电子形式的文本或文本片段的集合。该集合能够代表一种语言,或一种语言的分支,或一种语言的变体,并可作为语言学研究使用的数据源。

(郑家恒,2010:1)

在上述几种定义中,定义1使用得最多,即认为语料库不是简单收集的文本集合,而是通过采样收集、具有代表性、规模大小可以确定的、机器可读的标准数据。

简而言之,语料库的基本特点可以归纳为:"真实"、"加工"、"电子化"和"代表性"。语料库所存储的是语言实际使用中出现过的真实语言材料,它以电子计算机为载体,将真实语料进行分析和加工处理,使之成为具有代表性的语言资源。语料库不仅仅是原始语料的集合,而且是有结构的,标注了语法、语义、语音、语用等语言信息的语料的集合。这是语料库区别于一般的文本数据库的重要标志。在计算机技术、网络技术高度发达的今天,各行各业都建立了大量的信息库,翻译学习者可以借助不同语料库中的海量数据,进行翻译对比、学习与借鉴。

第二节　语料库的类型

随着信息技术的不断发展,语料库的规模越来越大,其种类也越来越丰富。目前国外最著名的与英语相关的语料库有英国国家语料库(BNC)、剑桥国际语料库(CIC)以及英语国际语料库(ICE)等。国内比较著名的与英语相关的语料库有中国英语学习者语料库(CLEC),中国大学生英汉、汉英口笔译语料库(PACCEL),中国英语专业语料库(CEME),中英双语在线语料库(CEO),等等。按不同标准,语料库有不同的分类方法。

根据其用途,可分为通用语料库(general corpus)和专用语料库(specialized corpus)。通用语料库用于一般性的语料库研究,建库的标准和要求比较严格,各种类型的语料变体都要有所反映,因此取材非常重要。专用语料库是某个特定领域语言变体的反映,比如为了广告研究所建立的广告英语语料库等。前者如英国国家语料库,后者如商务英语语料库、中国英语语料库、军事英语语料库、新视野大学英语教材语料库等。

根据语料的时效性,语料库可分为历时语料库(diachronic corpus)和共时语料库(synchronic corpus)。前者收集不同时代的语言使用样本,如美国近当代英语语料库(COHA),收集了从1810—2009年的美国英语语料。后者由同一时代的语言使用样本构成,如美国当代英语语料库(COCA)。

根据语料的语体,语料库可分为书面语语料库(written corpus)和口语语料库(spoken/speech corpus)。目前大部分语料库都属于前者,后者如密歇根大学学术口语语料库(MICASE)。口语语料库需要对口语的真实语料录音进行转写,工作量很大。

根据语料的语种,可将语料库分为单语语料库(monolingual corpus)、双语/平行语料库(bilingual/parallel corpus)和多语语料库(multilingual corpus)。单语语料库指只含有单独的一种语言的语料库,有关语料库在语言学习过程中的应用大多基于单语语料库。目前网络上可直接使用的最大的单语语料库是英语国家语料库。BNC和COCA等都属于单语语料库。双语/平行语料库是指源语与译入语之间实现平行对齐的语料库,语料对齐可以在语篇、段落、句子、语块或词组层面上实现,视创建语料库的具体目的和需要而定。例如,应用于计算机辅助翻译的语料库一般实现句级对齐即可。平行语料库可实现多语种语料的对齐,如欧洲议会平行语料库;也可以是一种源语与多个译本之间实现平行对齐,如莎士比亚戏剧英汉平行语料库。双语语料库和多语语料库需要把不同语言完全对应的文本输入计算机,也用于机器翻译等。双语语料库如北京外国语大学的中英双语在线语料库,多语语料库如香港理工大学的英汉法三语在线语料库。可比语料库,又称类比语料库,是指语料库内两种语言之间不存在翻译关系的语料库。例如,中国法律法规汉英平行语料库,其中大陆地区子库英译文本和香港地区子库英语文本之间可进行比较,以研究其中的共性与差异性。可比语料库既可以是单语语料库,也可以是双语语料库。因此,可将平行语料库直接应用于计算机辅助翻译实践,而可比语料库则可通过语料的对比分析,以求得其中的语言规律性,然后应用于翻译实践。

根据语料库的语言是否为使用者的母语,可分为母语语料库(native speaker corpus)和外语学习者语料库(learner corpus)。前者如美国当代英语语料库(COCA),后者如中国学习者英语语料库。

根据语料是否被标注,可将语料库分为生语料库/原始语料库(raw corpus)和熟语料库/标注语料库(annotated/tagged corpus)。熟语料库指在建立语料库时,对语料进行了语音、词性(又称为词类)、句法或语义等标注的语料库。(刘喜琴,2013:2)标注后的语料库更方便于检索,价值可能更大,因此大部分语料库都是标注语料库。早期的语料库因技术不成熟,只能在前台进行标注(即直接标注在语料呈现界面)。现在的语料库都已实现后台标注,使用起来更加方便。

除此,还有比较复杂的多模态语料库(multimodal corpus),是指包含文字、声音、图片、视频等不同模态信息的语料库。其创建难度非常大,有关的技术问题还有待解决。

第三节　代表性语料库及其特色

（一）英国国家语料库

英国国家语料库（British National Corpus，BNC）是目前世界上非常有代表性的当代英语语料库之一，以来源广泛的书面语和口语为样本，呈现了20世纪后期以来的英式英语。其总库容超过1亿英语词，书面语占90%，口语占10%。BNC包含了各个年龄段、各个社会阶层的语言，覆盖英国语言的方方面面。整个语料库包含4054篇文本取样，每篇抽样文本的长度不超过45000词。语料取样非常广泛，包括书籍、杂志、剧本、报纸、广告、信函、电视节目、备忘录、日常对话、广播、电话谈话等，共有4124个文本。

（二）美国当代英语语料库

美国当代英语语料库（Corpus of Contemporary American English，COCA），是目前最大的免费英语语料库，它由包含5.2亿词的文本构成，这些文本由口语、小说、流行杂志、报纸以及学术文章5种不同的文体构成。从1990年至2015年，语料库以每年增加2000万词的速度进行扩充，以保证语料库内容的时效性。因此，美国当代英语语料库被认为是用来观察美国英语当前发展变化的最合适的英语语料库。

（三）美国国家语料库（ANC）

美国国家语料库（American National Corpus，ANC）记录了20世纪90年代以来，2200万美式英语的口语和书面语词汇。它是目前规模最大的关于美式英语使用现状的语料库，极大地促进了语料库语言学的发展。

（四）COBUILD语料库

COBUILD语料库（Collins Birmingham University International Language Database）总库容为45亿英语词，支持在线检索。语料体裁主要为书面语，包括网页、报纸、杂志和图书等，口语部分材料则选自电台、电视台等。其代表性子库Bank of English约有6.5亿词，其中的语料均经过精挑细选，从平衡性和精确性两方面来看，代表了今天所使用的英语。

（五）欧洲议会平行语料库

欧洲议会平行语料库（European Parliament Proceedings Parallel Corpus 1996—2011）是目前互联网上可免费获取的非常规范的平行语料库。该语料库的语料主要是从欧洲议会会议记录中抽取的，包括11种欧洲语言的版本，该语料库包含从1996年开始的欧洲议会会议记录,至今已出版6个版本,且仍在扩充之中。所有语料均取自欧洲议会的会议记录,包含12亿单词,21种欧洲语言。目前已实现20种语言与英语之间的语料句级对齐。2012年5月15日发布了第7版,每一种语言的词数均已多达6000词,总库容约为12多亿词。欧洲议会平行语料库可以作为学习者翻译实践的应用类语料库。

(六)通用汉英对应语料库

通用汉英对应语料库是目前国际上库容最大的英汉双语平行语料库,由北京外国语大学中国外语教育研究中心的王克非于2004年主持创建。其总库容为3000万字词,含四个子库:翻译文本库、百科语料库、专科语料库、对译句对库。全库既有汉语原创文本及其英语译本,也有英语原创文本及其汉译译本,均为书面语文本。

(七)香港法律及政府文件双语语料库

香港法律及政府文件双语语料库由香港理工大学研制,包括法律文件语料库及政府文件语料库两个子库,收录了1997—1998年间香港特区政府成立前后的法律文件和政府文件。库容为英文30万词,中文50万字。中英文语料句级对齐,网站自带检索工具。

(八)英汉医学平行语料库

英汉医学平行语料库由上海交通大学外国语学院的管新潮主持,于2011年创建而成。其总库容为100万字词,语料体裁主要为论文、图书和报告等,涵盖临床医学的微生物学、生物化学、解剖学、病理学、药理学、临床诊断学、内科学、外科学、妇产科学、儿科学、眼科学、耳鼻咽喉科学、口腔医学、皮肤病学、神经病学、精神病学、感染病学等。该语料库既可用于语言学或翻译学研究,也可用于计算机辅助翻译实践。该库中的专业通用词对医学翻译实践起到了极大的帮助作用。

(九)中国法律法规汉英平行语料库

中国法律法规汉英平行语料库,由绍兴文理学院于2010年创建而成。其总库容为2200万字词,语料体裁为法律法规、契约、合同、章程等,下设大陆、香港和台湾地区三个子库,其中分别收集了三个地区的法规234部、292部和192部。这是国内首个全开放、可共享、基于网络运行的大规模的法律法规汉英平行语料库。它的创建成功为法律语言研究、翻译实践和翻译教学提供了内容丰富的研究资源与参考平台。

(十)汉学文史著作英汉平行语料库

汉英文史著作英汉平行语料库由山东师范大学外国语学院的徐彬于2017年底建成。其总库容为500万字词,语料体裁为文史研究著作,即由国外学者使用英语写成并已翻译成的汉语著作。该库可以用于汉译英翻译实践。

(十一)《红楼梦》中英文语料库(Parallel Corpus of *A Dream of Red Mansions*)

《红楼梦》中英文语料库由刘泽权于2010年创建,该语料库包括一百二十回本《红楼梦》(87.6万字)、班克罗夫特·乔利(Bencraft Joy)翻译的二卷本 *Hung Lou Meng*(*The Dream of the Red Chamber*,前56回,44.2万词)、霍克斯、闵福德翻译的一百二十回 *The Story of the Stone*(83.1万词),以及杨宪益和戴乃迭翻译的一百二十回 *A Dream of Red Mansions*(62.6万词)。该语料库为《红楼梦》中的修辞、习语等提供了强大的检索功能。

(十二)全国公示语翻译语料库

全国公示语翻译语料库由北京第二外国语学院公示语翻译研究中心研制,是当今国内乃至世界最大的公示语汉英双语标识语料库。该语料库共收录汉英公示语5万余条,以平行语料库为主体,辅以可比语料库。(胡开宝,2011:73-74)该翻译语料库收入汉英公示语5万余条,涉及食、宿、行、游、娱、购等方面。同时,针对社会需求专项采集了包括针对社会发展、新生事物、危机管理、城市管理、商业推广等语料,内容包括常用公示语汇、商业推广语汇、公共设施标示语、行政区划、交通运输、购物消费、观光游览、娱乐休闲、旅游服务、职务职称、机构名称、新兴行业、常用缩略语等。

(十三)莎士比亚戏剧英汉平行语料库

莎士比亚戏剧英汉平行语料库(English-Chinese Parallel Corpus of Shakespeare's Plays,ECPCSP)由上海交通大学外国语学院翻译与词典学研究中心创建,系国家社科基金项目"基于语料库的莎士比亚戏剧汉译研究"成果。该语料库库容约600万字,包括牛津英文版莎士比亚戏剧原著和梁实秋、朱生豪、方平译本,实现了原文及三个译本的同步检索。(胡开宝,2011:75)

(十四)新型双语旅游语料库

新型双语旅游语料库由香港理工大学中文及双语学系研制,是香港乃至全国第一个较大容量的英汉/汉英旅游语料库,由一个双语旅游翻译对应语料库与一个双语旅游翻译类比语料库组成。在研究的第一阶段,这两个语料库暂定为各100万字/词(为统计方便,中文部分按字数计算,英文部分按词数计算)。(李德超,王克非,2010:47-48)

(十五)巴比伦英汉平行语料库

巴比伦英汉平行语料库(Babel English-Chinese Parallel Corpus)是由英国经济社会研究委员会(The Economic and Social Research Council)资助的兰卡斯特大学研究项目"英汉语对比"的成果,主要用于英汉语对比研究。该语料库包括327篇英语文章及其汉语译本,其中115篇(包括121493英语字符,135493汉字)收录自《英语世界》

(*World of English*)，212篇（包括132140英语字符，151969汉字）收录自《时代周刊》（*Time*）。该语料库总库容量为544095字符，其中包括253633英文字符和287462汉字字符。目前，该语料库已经公开出版发行，用户可以登录Para Conc Web或My Sql interface免费检索使用。

（十六）翻译英语语料库

翻译英语语料库（TEC-Translational English Corpus）是世界上第一个翻译语料库，属于单语语料库，其库容为2000多万英语词，收集了由当代英美翻译家译自世界其他国家语言的翻译英文文本，包括四个字库：小说、传记、新闻报道、航班杂志。（管新潮，陶友兰，2017:3）

（十七）UTH国际语料库（150亿句对，1500亿单词）

上海佑译信息科技有限公司（UTransHub Technologies Co., Ltd.，简称"UTH国际"），是大数据和互联网时代的新型多语信息处理解决方案提供商，创建了基于"150亿+核心多语"大数据中心，UTH国际已推出了芝麻翻译、芝麻搜索、芝麻快译等多款芝麻系列跨语言服务平台与产品，学习者可以根据翻译过程中所需，通过平台的多语数据调用、分析、检索、检查译文。

第四节　语料库在翻译实践中的应用及优势

现代语料库具有动态性和时效性等特点，语料能及时得到更新和补充，使语言学习者能注意语言和文化的最新变化。学习者通过实时练习来完成语言学习任务，通过观察分析，自己总结规律，实现发现式学习。语料库翻译教学是一种基于检索语言材料（concordance-based material）来学习语言和翻译的方法，即学习者带着某种问题（某种任务）运用检索软件，在观察分析大量真实语料的基础上发现规律得出结论。语料库特有的语境共现（concordance）功能能够在相对同质的大量语料中反复呈现不同语境里的同一种语言现象，从而帮助学习者在观察和学习语料库检索结果的过程中构建对该语言的认知图式。首先，培养学生发现翻译中存在的难点和问题的能力；其次，培养学生具备利用语料库灵活应对翻译中难点和问题的方法和策略的能力；再次，培养学生在教师的指导下能够独立地分析、解释语料并得出合理结论的能力；最后，培养学生能够熟练创建并运用语料库和翻译记忆软件提高翻译的质量和效率的能力。

根据以上的教学目标，可以采取任务型教学法，把教学目标分化设计成一个个具体的任务，如：

（1）认识各种语料库，能够在权威的语料库中查询语言和文化现象，如英国国家语

料库(BNC)和美国当代英语语料库(COCA);

（2）学习语料库软件和检索方法,能够利用语料库软件进行文本分析,如Ant Conc和Range;

（3）发掘翻译中的难点和问题,并利用语料库解决问题,能够利用其他基于语料库的网站进行学习,如Just The Word和Sketch Engine,通过对比研究,得出最后的结论;

（4）动手创建一个小型专门语料库;

（5）术语和常用词块提取;

（6）用创建的语料库完成翻译作业等。

基于以上的教学任务可以进一步设计教学单元,比如就"发掘翻译中的难点和问题,并利用语料库解决问题"这一任务就可以设计出若干单元,如:

（1）利用语料库的检索软件,有效检索对译词;

（2）检查译文中使用的词语搭配是否得当,寻找恰当搭配;

（3）模糊检索;

（4）专门用途文体语言风格的识别等。(胡开宝,朱一凡,李晓倩,2018:176)

基于以上翻译学习思路,语料库在翻译教学中可分为几个步骤进行:

首先是语料呈现,老师可根据使用频率的高低挑选语料,学生自行检索;其次,学生根据浏览语料和检索后的结果自行建立意义关联;再次,学生报告观察结果并使其发现两种语言的一对多、多对多的性质,从而使学习者建立语言意识,总结翻译技巧,同时教师也要及时给予反馈;接着,检测语料呈现的效果和学生对语料的敏感程度;最后,教师和学生共同探讨与所呈现的语料相关的翻译技巧和翻译策略。

平行语料库内包含大量的实用性文本,包括小说、新闻、广告等各类体裁的文本,为笔译教学提供了广泛且具有实效性的例子,学生可以就此总结掌握各类文本的翻译技巧。语料库检索软件提供的检索结果以十分直观的方式呈现出来,可以凸显要查询的语言现象,便于观察分析。语料库在翻译学习过程中的具体应用如下:

掌握最地道最权威的语言是我们很多人学习语言的最终目的。由于中西方文化的差异,会出现一些问题,比如说Chinglish,而通过语料库的学习,可以有效规避这类问题。例如,"红茶",由于中西方文化的差异,一般我们会用直译的方式,翻译成red tea,但是通过语料库,我们会发现红茶的地道表达为black tea。又比如说,"你是我的眼"的翻译,一般我们会翻译成"You are my eyes.",但是通过检索我们发现地道的说法是"You are the apple of my eyes."。

对于英美国家地道英语的表达,有时候难免会出现多种表达方式。我们在翻译时可能会闹出笑话,通过检索语料库,一般能避免这种情况的发生。例如,"过犹不及"翻译成going beyond the limit is as bad as falling short/excess is just as bad as deficiency/too much is as bad as too little,"和气生财"翻译成harmony brings wealth/friendliness is conducive to business success,"脚踏两只船"翻译成 sit on the fence/be a fence-sitter/have a foot either camp。

　　语料库中的检索技术可以帮助学生及时判断译句是否准确、地道,搭配是否合理,进而纠正不地道的表达。学习者可以逐渐从真实的语料中寻找搭配的灵感,感受语言使用的规律。对于检索工具,这里列举几款常用的综合性检索工具,例如:商业软件 Wordsmith Tools(http://www.lexically.net/wordsmith./)、免费软件 AntConc(http://www.antlab.sci.waseda,ac.jp/)等。

　　语料库解决了储存大量语料的问题,有助于研究更多的作品。例如一些文学作品的翻译有很多版本,而对文学作品的翻译不仅仅是句子的直译,还要考虑到作者的情感和态度的改变。孤立的一段话或一个句子,翻译版本可能会有很多种,而对于文章里面的一段话或者一个句子,翻译的方式往往就只有几种,把所有的文本结合到一起看,可能会有新的发现,这对翻译教学有着不可估量的作用。

第八章 本地化与翻译

第一节 本地化的基本概念

伴随着中外交流的日益扩大以及经济全球化和信息化的发展,市场化与信息化催生了一个包括翻译与本地化服务、语言技术和工具开发、语言教学与翻译培训、多语言咨询等相关业务为内容的新兴行业——语言服务行业。这一行业促成翻译的职业化,使翻译职业成为现代职业。截至 2018 年 12 月底,各地均有语言服务企业。其中,北京、上海和广东所占比例最高,企业数量分别为 2231、2072 和 1111 家,集中了全国 55.62% 的语言服务企业。作为现代服务业的组成部分,语言服务行业已经渗透到经济、文化、科技等各个行业和领域。在大数据、云计算、网络化的时代,翻译教与学不同于传统时代,越来越多的语言服务企业选择在云端完成翻译任务。这就要求翻译学习者必须考虑时代与市场的需求,能够充分使用计算机网络、辅助软件、网络平台等资源。大量翻译交易平台与翻译众包平台的出现是未来翻译在线交易的发展趋势。2010 年,中国翻译协会组织召开的中国国际语言服务行业大会,首次明确提出语言服务业是以翻译服务、本地化服务、语言辅助工具以及人才教育与培训为内容的新兴行业。语言服务业提供跨语种、跨文化的信息转换服务和产品,不仅本身产生巨大的经济效益,而且为其他行业全球化发展提供语言服务支撑,产生了广泛的带动辐射价值。新时代的语言服务要求从事该行业的人员具备高水准、全方位、多元化的能力。精翻译、通技术、懂管理的专业化、应用型人员将成为今后语言服务业急需的人才。(丁玫,2018:9)

在新一代信息技术的作用下,传统的翻译模式已经无法适应新的市场需求,翻译对象不再是单一的纸质文本,而是会涉及图片、音频、视频、软件等多种形式。本地化的业务主体是随着科学技术和经济全球化的发展而不断发展变化的,其早期的业务主体是计算机软件公司的软件本地化,随着经济全球化进一步发展,其他各类行业诸如能源、医疗、教育、金融、娱乐、媒体等也需要或软件或硬件或文档的本地化,加之互联网的迅猛发展,多语种网站的建立也成为必然。当前,本地化的主体业务包含软件本地化、文档本地化、网站全球化、游戏本地化以及课件本地化等。

本地化行业标准协会(LSA)将本地化定义为:"本地化是对产品或服务进行加工以满足不同市场需求的过程。"本地化对象不仅是传统翻译的"文本",而且是数字化"产品"或"服务",如软件、在线帮助文档、网站、多媒体、电子游戏、移动应用等多元化内容或与之相关的服务。通过"加工"或"调整",使产品或服务满足特定市场用户对语言、文化、法律、政治等的特殊要求。

本地化可分解成软件编译、本地化翻译、本地化软件构建、本地化软件测试等系列工程技术活动,每项活动均需使用特定技术及工具,如编码分析、格式转换、标记处理、翻译、编译、测试、排版、管理等,由此最终实现产品或服务的"本地化"。(王华树,2015:188)。例如,微软的 Windows10 操作系统以英语版本为基准,实现了111种语言的本地化版本,使得 Windows 成为拥有全球市场的计算机操作系统。

第二节　本地化操作中的翻译过程

翻译是本地化的核心环节,整个本地化过程围绕产品或服务的翻译转换任务展开。本地化翻译是全球化背景下翻译实践的一种新形态,是翻译与先进的信息技术、先进的生产组织方式结合最紧密的实践形态,代表了最先进的翻译生产力水平。翻译的文字内容大致包括软件用户界面(对话框、菜单栏、字符串)、手册、说明书、联机帮助等,翻译的文档格式包括 RFT、DOC、TXT、HM、XML、PPT 等。翻译过程中需要借助一系列翻译技术和工具进行译前处理、文字信息提取、术语管理、翻译记忆管理等工作。翻译后也需要一系列技术支撑进行本地化版本的测试、调整,最终完成本地化翻译。本地化翻译过程大致分为3个步骤,即译前处理、翻译阶段、译后处理。这3个步骤与整个本地化项目流程融为一体,以翻译技术为主,辅以其他本地化操作技术。

一、译前处理

译前处理又称为"本地化预处理",是翻译工作的准备阶段。在这一阶段,所做的工作包括分析软件与文档,完成翻译文件提取和格式转换,进行预翻译,提供术语库、翻译记忆库、风格指导、测试脚本、制订时间任务表等。运行 Alchemy Catalyst 软件,创建项目文件,将源文件和双语术语添加到项目文件中。

二、翻译阶段

"翻译阶段"也称为"译中阶段",翻译人员根据项目要求和翻译说明使用Alchemy Catalyst 12.0软件提供的翻译功能,借助翻译记忆系统和术语管理系统进行语言转换,审校更正翻译错误,进行术语和规范的一致性、功能性检查,润饰译文,查询与反馈翻译过程中提出的问题,审阅文件格式、风格等内容。

三、译后处理

"译后处理"又称为"后处理阶段",这一阶段的工作包括根据源语言文件的排版特征(包括文件类型、字体名称、图像类型等)将翻译后的文件进行排版与校对(套用模板,检查格式与交叉引用,检查目录、索引)、输出与提交、测试及修正(通过测试、报告、确认、修正、验证等流程,发现和修正本地化成品的缺陷)。

第三节 本地化翻译的文本特点

本地化翻译的文字以软件的用户界面、菜单栏、说明文字以及产品说明书、用户帮助文档等实用性文本为主。根据本地化翻译文本的特点来看,本地化翻译是一种实用翻译。它是信息时代的产物,与传统翻译相比明显带有自身的特点。

一、经济属性明显

本地化翻译的目的是实现产品对全球用户的可用性,它最初问世就是帮助微软公司打开全球市场、实现利益最大化。本地化翻译是某企业全球化产品开发诸多环节中的一环,其翻译周期、成本支出、质量标准等均受企业的整体经济目标制约,因此带有明显的经济属性。

二、需要技术支持

技术至上是本地化的显著特征。本地化翻译项目的源文本是软件、网页、用户手册、联机帮助、电子学习课件等电子文件,再加上翻译任务量大,时间紧迫,所以需要借助专业的计算机辅助翻译技术以及信息技术等,通过人机互动的方式完成语言转换任务,否则翻译人员面对复杂的文件格式和诸多软件工程问题会无从下手。

本地化作为一个新兴行业,其翻译质量基本受到客户的认可,随着本地化市场的发展,对本地化人才的需求将会日益增多。急剧膨胀的翻译市场需要高层次、应用型、职业化口笔译人才,对英语专业学生的专业技能与综合素养的需求也越来越高。除了学习翻译知识外,翻译学习者还应该了解语言服务行业的发展、翻译行业现状、翻译职业规范与翻译职业能力、市场需求、翻译公司运作、翻译服务流程、翻译能力等相关领域的内容。

思考题

1. 译员怎样获取源文本?
2. 译员拿到源文本以后第一步做什么?
3. 译员碰到不认识的专业术语该怎么办?
4. 译员如何有效利用以前翻译过的文本?
5. 译员是否要翻译所有的源文本?

第九章　信息素养与翻译能力

第一节　信息素养的概念

　　信息素养最早由美国信息产业协会主席保罗·泽考斯基(Paul Zurkowski)于1974年提出,指的是利用大量的信息工具及主要信息源使问题得到解答的技能。从词源学角度来看,信息素养的英文是information literacy。literacy来自另一词汇literate,而后者又来源于拉丁语literatus,原意是"有学问的"(learned),后演化为"识字的、有读写能力的"。信息素养由信息技术基础知识(knowledge)、信息技术应用能力(ability)和信息技术应用策略(strategy)构成。将信息技术引入翻译教学领域是当前翻译教学研究的潮流,信息素养在翻译教学中的应用是指在翻译教学中运用以计算机和网络为主要特征的现代信息技术广泛地开发和整合信息资源,开放性地优化和活化教学内容,从而达到培养学生信息素养和翻译能力目标的教育过程。

　　翻译技术能力信息化时代的语言服务人才不仅要拥有传统的语言转换能力,还应具备基本的信息素养或者可以说是娴熟的翻译技术能力。大体来说语言服务人才不仅需要熟练使用各类CAT工具,还要熟悉本地化规范,了解国际化流程,熟悉OS/OA,能够借助计算机处理多种格式的文件,对主流编程语言有所掌握。2015年国际标准化组织发布了翻译服务国际标准ISO17100,该标准界定了从事语言服务的专业人员应具备的翻译技术能力范围:内容管理系统(content management system)操作能力、写作系统(authoring systems)操作能力、桌面排版(desktop publish)操作能力、文字处理软件(word processing software)操作能力、翻译管理系统(translation management system)操作能力、翻译记忆工具(translation memory)和计算机辅助翻译(computer-aided translation)操作能力、质量保证工具(quality assurance tools)操作能力、双语编辑工具(revision tools)操作能力、本地化工具(localization tools)操作能力、机器翻译(machine translation)操作能力、术语管理系统(terminology management systems)操作能力、项目管理软件(project management system)操作能力、语音文字识别软件(speech-to-text recognition software)操作能力。简而言之,信息素养可以理解为应用技术的能力,是翻译能力的组成部分。培养译者的信息素养有助于提高译者的翻译能力。

第二节　翻译能力的内涵

翻译能力是译者在翻译工作中所需的潜在的知识体系、技能体系以及相关职业素养。根据对欧洲职业译者的调查,译者的翻译能力应包括:提供翻译服务的能力、语言能力、社会语言学能力、信息获取能力、主题能力、技术能力。(马会娟,2013:59)

欧盟的翻译能力模式中,技术能力(technological competence)要求翻译学习者在翻译中有效地使用相关软件以帮助修改、翻译、排版以及文献研究;创建和使用数据库和文件;适应和熟悉新的工具,特别是多媒体和视听材料的翻译;产出不同介质、不同媒体的翻译产品。因此,翻译能力不能简单地等同于双语能力,它是一种特殊形式的交际能力,是关于懂得什么是翻译以及如何翻译的能力。

结合国内外对"翻译能力"的定义可以发现,从广义的角度,翻译能力包括语言能力、文化能力、语篇能力、主题能力、查询研究能力、转换能力,是能够生成译语文本从而满足翻译任务要求的一种能力。从狭义的角度,英汉翻译能力包括英语语言能力、汉语语言能力、翻译专业知识、相关话题的专业知识、跨文化交际能力、术语学理论、计算机操作能力、工具能力、翻译策略、组织协调能力、工作压力承受能力和职业意识。其中,英语语言能力主要包括词汇、语法、语篇、语用等维度。汉语语言能力主要包括现代汉语和古文的能力。翻译专业知识指有关翻译性质、翻译标准、翻译目的、翻译功能、翻译主题、翻译方法和翻译技巧等方面的知识。跨文化交际能力主要指如何处理文化差异、翻译中的变通等方面的能力。术语学理论主要包括术语学基本概念与原理、术语学工作方法与流程等知识。工具能力指译者在翻译中能够有效使用如平行文本、网上资源术语软件、语料库和电子词典等工具和搜索引擎的能力。信息通信技术具体包括一般用途软件和特殊用途软件,如术语管理和翻译记忆系统,涉及信息检索、翻译创造、翻译交流、翻译工作营销、商业管理等翻译活动中所需要的信息通信技术,如创建和使用数据库和文件。工具能力还指并有效使用如互联网、平行文本、网上资源术语软件、翻译软件、语料库和电子词典等工具和搜索引擎的能力。

翻译学习者除了具备两种语言文字的转换能力,在翻译实践过程中还要具备运用现代科技和基础翻译技术手段的能力,熟练掌握Word宏在翻译中的应用、文件编码与格式转换、标识符文件和文件处理(文本文件、标记符文件、多媒体文件的翻译)、信息检索技术与工具(网上搜索、语料库搜索与本地能力),并了解计算机辅助翻译软件

SDL Trados 基本功能与翻译项目实践、术语翻译与 MultiTerm、Trados 与 MultiTerm 的英译、其他 CAT 工具翻译实践、Xbench 与译文质量控制、机器翻译与译后编辑技术,同时能够使用计算机、电子词典、翻译辅助软件、互联网技术、数字信息技术等信息时代的高科技手段来完成不同类型与题材的翻译任务。

翻译学习者必须熟悉专业翻译工作者应该遵守的职业操守和道德伦理,具备语言服务市场的意识。译者在翻译过程中不仅需要从事具体的语言转换的翻译实际工作,还需要在翻译任务的承接、译前准备、译审、排版、终审、交付客户与译后整理等环节发挥翻译服务方面的能力。因此,翻译学习者还需要掌握广博的国内外相关文化知识,包括国际政治、国际经济,甚至一些最新的现代科技进展。只有这样,才能成为这个翻译的职业化时代的合格的译者。

第三节　常见的计算机辅助翻译工具

一、计算机辅助翻译的基本概念

计算机辅助翻译(computer-aided translation,CAT)工具有广义和狭义之分。从广义上来说,计算机辅助翻译工具是指能在翻译过程中提供便利的所有软硬件设施,如文字处理软件、文本格式转换软件、电子词典、在线词典和包括计算机、扫描仪、传真机等在内的硬件设备,包括在翻译过程中用到的综合的计算机技术。从狭义上来说,它专指为提高翻译效率、优化翻译流程而设计的专门的计算机翻译辅助软件,包括翻译记忆系统、术语管理工具、对齐工具、项目管理工具和质量保证等。

二、广义与狭义计算机辅助翻译工具的区别

根据计算机辅助翻译工具的基本概念可以看出,广义的翻译工具是指那些并非为翻译工作专门使用的软硬件工具,这些工具包括常用的文字处理软件、电子辞书软件以及相关硬件,如外部存储设施、扫描仪等。狭义的计算机辅助翻译工具指利用翻译记忆来简化重复劳动的信息化技术。当前主流的 CAT 翻译软件如 memoQ、Déjà Vu、SDL Trados 以及术语库、翻译记忆、项目管理和质量保证等技术都属于狭义的计算机辅助翻译的范畴。简单来说,计算机把译者做过的翻译工作全部记录下来,存放到特定的数据库(翻译记忆库)中,等再次遇到曾经翻译完成的句子或术语时,则会实现句子或术语的复现,为译者省去了大量重复劳动和排版的时间,从而提高了翻译效率。

三、常用的计算机辅助软件

（一）国外主流 CAT 软件

SDL Trados

Déjà Vu

memoQ

Wordfast

STAR Transit

（二）国内主流 CAT 软件

译马网

云译客

YiCAT

（三）翻译记忆工具

OmegaT

OmegaT+

OpenTM2

Anaphraseus

（四）字幕翻译器

机器翻译工具

Apertium

Moses

（五）翻译术语工具

BaseTerm

Terminator

（六）翻译管理系统

Pontoon

Pootle

Weblate

Translate5

GlobalSight

Zanata

Jabylon

（七）翻译转换工具

Okapi Framework

Mojito

（八）机器翻译工具

Apertium

Moses

（九）翻译术语工具

BaseTerm

Terminator

（十）翻译管理系统

Pontoon

Pootle

Weblate

Translate5

GlobalSight

Zanata

Jabylon

（十一）翻译转换工具

Okapi Framework

Mojito

思考题

1. 新时代语言服务行业的基本特点有哪些？

2. 从事语言服务行业需要具备哪些专业能力？

参 考 文 献

AIXELÁ J F, 1996. Culture-specific items in translation[A]// ALVAREZ R, VIDAL M C A. Translation, power, subversion[C]. Clevedon: Multilingual Matters, 52-78.

ANNA H, 2018. A hero born—legends of the condor heroes: volume I[M]. London: Mac Lehose Press.

BASSNETT S, LEFEVERE A, 1990. Translation, history and culture[M]. London: Pinter Publishers.

BERY A C, 2007. Cultural translation and postcolonial poetry[M]. New York: Palgrave Macmillan.

BLAKE N F, 1981. Non-standard language in English literature[M]. London: Andre Deutsch.

DICKENS C, 2007. David Copperfield [M]. Shanghai: Shanghai World Book Publishing Company.

DIMITROVA B E, 2004. Orality, literacy, reproduction of discourse and the translation of dialect[A]// H I. Translation of dialects and dialects in multimedia. Bern: Peter Lang, 110-126.

ERKAZANCI-DURMUS H, 2011. A critical sociolinguistic approach to translating marginal voices: the case of Turkish translations[A]// FEDERICI F M. Translating dialects and language of minorities[C]. Bern: Peter Lang, 21-30.

HALLIDAY M A K, 2003. Language as social semiotic: the social interpretation of language and meaning[M]. Beijing: Foreign Language Teaching and Research Press.

HARMAN N, 2017. Happy dreams[M]. Seattle: Amazon Crossing.

KING D L, 2019. Jia Pingwa fever and the earthen gate[N/OL]. (2019-06-11)[2019-06-12]. https://paper-republic.org/dylanking/jia-pingwa-fever-and-the-earthen-gate/#comment.

MINNICK L C, 2004. Dialect and dichotomy-literary representations of African America speech[M]. Tuscaloosa, Alabama: The University of Alabama Press.

NEWMARK, P, 2001. A text book of translation[M]. Shanghai: Shanghai Foreign Language Education Press.

NIDA, E A, TABER C R, 1969. The theory and practice of translation[M]. Leiden: E. J. Bril.

NIDA E, 1995. Language, culture, and translating[M]. Shanghai: Shanghai Foreign Language Education Press.

NORD, C, 1991. Text analysis in translation: theory, methodology and didactic application of a model for translation-oriented text analysis[M]. Amsterdam and Atlanta, GA: Rodopi.

SHAW R D, 1988. Transculturation: the cultural factors in translation and other communication tasks[M]. Pasadena, CA: William Carvey Library.

VENUTI, L, 2004. The Translator's invisibility: a history of translation[M]. London: Routledge.

安玉青,李丽辉,徐梅玲,2016. 语言学与英语翻译研究[M]. 北京:光明日报出版社.

蔡震. 美国著名汉学家葛浩文译不了贾平凹的《秦腔》[N]. 西安晚报,2008-03-23(12).

曹雪芹,高鹗,2009. 红楼梦[M]. 北京:光明日报出版社.

陈俊豆. 英国译协主席韩斌:她把中国文学介绍给世界[N]. 英国侨报,2017-11-02(7).

陈清贵,杨显宇,2006. 翻译教程[M]. 成都:电子科技大学出版社.

陈秋劲,2013. 法律翻译教程[M]. 武汉:武汉大学出版社.

陈望道,2008. 修辞学发凡[M]. 上海:复旦大学出版社.

陈伟,2007. 翻译英语语料库与基于翻译英语话料库的描述性翻译研究[J]. 外国语(1):67-73.

陈晓红,2017. 英语翻译与教学创新研究[M]. 北京:世界图书出版公司.

陈晓军,2012. 翻译[M]. 长春:吉林大学出版社.

程尽能,吕和发,2008. 旅游翻译理论与实践[M]. 北京:清华大学出版社.

戴光荣,2013. 译文源语透过效应研究[M]. 上海:上海交通大学出版社.

董兵,2017. 新编实用英汉互译教程[M]. 重庆:重庆大学出版社.

董晓波,2013. 英汉比较与翻译[M]. 北京:对外经济贸易大学出版社.

方梦之,2013. 应用翻译研究原理、策略与技巧[M]. 上海:上海外语教育出版社.

方梦之,2014. 译林留痕方梦之译学文集[M]. 上海:上海外语教育出版社.

方兴,2016. 英汉笔译实务[M]. 武汉:武汉大学出版社.

傅敬民,吕鸿雁,2004. 当代高级英汉互译[M]. 上海:上海大学出版社.

龚长华,陈怡华,2014. 药学英语翻译实践教程[M]. 上海:世界图书上海出版公司.

龚苗,2014. 国内法律英语研究二十年[J]. 河北法学(11):113-118.

龚茁,2016.法律英语翻译一致性原则研究[M].杭州:浙江工商大学出版社.

顾渝,2018.商务英语翻译(第2版)[M].北京:对外经济贸易大学出版社.

管新潮,陶友兰,2017.语料库与翻译[M].上海:复旦大学出版社.

郭著章,2010.英汉互译实用教程[M].武汉:武汉大学出版社.

海德格尔,2004.在通向语言的途中[M].孙周兴,译.北京:商务印书馆.

韩斌.翻译的精髓在于协商并找到折中方案——NickyHarman谈翻译贾平凹小说《高兴》[EB/OL].(2018-01-26)[2019-06-15].https://m.sohu.com/a/219117196_727188.

胡开宝,2011.语料库翻译学概论[M].上海:上海交通大学出版社.

胡开宝,朱一凡,李晓倩,2018.语料库翻译学[M].上海:上海交通大学出版社.

黄元英,2006.商洛民俗文化述论[M].西安:三秦出版社.

贾平凹,2012.高兴[M].安徽:安徽文艺出版社.

贾平凹,2008.五十大话[M].北京:人民文学出版社.

姜荷梅,2017.英汉互译教程[M].上海:复旦大学出版社.

姜倩,何刚强,2016.翻译概论[M].上海:上海外语教育出版社.

蒋洪新,2016.英汉互译渐进教程[M].上海:复旦大学出版社.

金庸.射雕英雄传1[M].广州:广州出版社,2013.

蓝红军,2015.何为翻译:定义翻译的第三维思考[J].中国翻译(3):25-30.

蓝红军,2008.熟语文化翻译——评《汉语熟语英译词典》[J].湘潭师范学院学报(3):130-132.

李成明,2013.英汉互译[M].南京:东南大学出版社.

李成明,杨洪娟,2013.英汉语言对比研究[M].徐州:中国矿业大学出版社.

李德超,王克非,2010.新型双语旅游语料库的研制和应用[J].现代外语(1),46-54.

李冬鹏,李梓铭,关琳主,2018.英译汉基础教程[M].北京:北京理工大学出版社.

连淑能,2010.英汉对比研究[M].北京:高等教育出版社.

廖国强,吴春容,2014.商务英汉互译理论、技巧与实践[M].北京:国防工业出版社.

廖七一,2001.当代英国翻译理论[M].武汉:湖北教育出版社.

刘桂兰,2015.论重译的世俗化[M].武汉:武汉大学出版社.

刘宏照,2011.学人论丛林纾小说翻译研究[M].上海:上海译文出版社.

刘建珠,吴文梅,丁鹭鹭,2014.把脉雅思大作文雅思考试必备[M].武汉:武汉大学出版社.

刘喜琴,2013.语料库辅助EFL自主学习的多维探索[M].广州:华南理工大学出版社.

龙江华,2007.国内公示语汉英翻译汉英研究述评[J].语文学刊(9):128-131.

卢思源,2008.新编实用翻译教程——英汉互译[M].南京:东南大学出版社.

罗国青,2011.零翻译研究[M].上海:上海交通大学出版社.

罗倩,2018.模因论视阈下的应用翻译研究与实践[M].汕头:汕头大学出版社.

罗琼,2017.翻译教学与研究初探[M].西安:西安交通大学出版社.

吕兴玉,2017.语言学视阈下的英语文学理论研究[M].长春:东北师范大学出版社.

马会娟,2013.汉译英翻译能力研究[M].北京:北京师范大学出版社.

马娟,2013.测绘专业英语[M].武汉:武汉大学出版社.

马祖毅,1999.中国翻译史(上)[M].武汉:湖北教育出版社.

蒙博涵,杜洁,2017.实用英汉互译教程[M].成都:电子科技大学出版社.

苗学光,2016.从英汉词汇特征的角度来探究英语熟语翻译[C].当代中国学术文库翻译策略与技巧研究.北京:光明日报出版社.

穆雷,2008.翻译研究中的性别视角[M].武汉:武汉大学出版社.

彭桂芝,何世杰,2016.中外翻译史解读[M].武汉大学出版社.

彭萍,2016.实用旅游英语翻译英汉双向[M].北京:对外经济贸易大学出版社.

齐凯.亚马孙全球同步首发贾平凹小说《高兴》英文版[N/OL].(2017-08-23)[2019-06-13].http://culture.people.com.cn/n1/2017/0823/c172318-29490195.html.

钱锺书,2012.围城(第2版)[M].北京:人民文学出版社.

仇桂珍,张娜,2017.英汉翻译与英语教学[M].成都:电子科技大学出版社.

任东升,白佳玉,2015.涉海法律英语翻译[M].青岛:中国海洋大学出版社.

任蕊,2014.研究生口译概论[M].沈阳:东北大学出版社.

单满菊,2009.英语常用修辞格与英汉翻译技巧[M].西安:西安地图出版社.

司显柱,2018.通达英语写译系列教程2——汉译英教程[M].2版.上海:东华大学出版社.

司显柱,赵海燕,2012.汉译英教程新编[M].上海:东华大学出版社.

宋丽珏,2016.法律翻译新视野[M].重庆:重庆大学出版社.

孙新峰,2006.贾平凹作品商州民间文化透视[M].北京:中国文联出版社.

孙致礼.林煌天,1997.中国翻译词典[M].武汉:湖北教育出版社.

谭卫国,蔡龙权,2005.新编英汉互译教程[M].上海:华东理工大学出版社.

谭载喜,1991.西方翻译简史[M].北京:商务印书馆.

谭载喜,2005.翻译学[M].湖北:湖北教育出版社.

唐根金,温年芳,吴锦帆,2016.非文学翻译教程[M].上海:上海大学出版社.

汪世蓉,2015.实用英汉互译教程[M].武汉:武汉大学出版社.

王宝川,2018.计算机辅助翻译[M].重庆:重庆大学出版社.

王大来,2016.文学翻译中的文化缺省补偿策略研究[M].北京:光明日报出版社.

王东风,1997.文化缺省与翻译中的连贯重构[J].外国语(6):55-60.

王海,2011.传媒翻译概论[M].广州:暨南大学出版社.

王华树,2015.计算机辅助翻译实践[M].北京:国防工业出版社.

王华树,2015.应用翻译理论与教学文库 计算机辅助翻译实践[M].北京:国防工业出版社.

王俊忠,2018.融合——文学与媒介[M].长春:东北师范大学出版社.

王宁,2003.全球化:文化研究与文学研究[M].桂林:广西师范大学出版社.

王述文,2008.综合英汉翻译教程[M].北京:国防工业出版社.

王晓凤,郭建中,2018.翻译思想与翻译实践研究[M].上海:上海交通大学出版社.

王晓红,毛莉,2008.商务英语写作与翻译[M].兰州:甘肃文化出版社.

王燕等,2008.医学英语翻译与写作教程[M].重庆:重庆大学出版社.

吴承恩,2002.西游记[M].北京:中国戏剧出版社.

吴咏花,叶会,肖水来,2014.翻译百科知识问答[M].武汉:武汉大学出版社.

伍爱成,1987.最新大学英语词汇学习与记忆[M].长沙:湖南科学技术出版社.

夏增亮,2016.新编大学英语英汉互译实用教程[M].兰州:甘肃人民出版社.

萧安溥,2017.英汉翻译教程(第2版)[M].重庆:重庆大学出版社.

谢天振,2013.译介学[M].南京:译林出版社.

熊贞,2015.陕西方言大辞典[Z].西安:陕西人民出版社.

徐丹,2018.旅游英语文化透视与翻译解析[M].成都:四川大学出版社.

徐栋良,高红,2004.当代实用英语习语[M].上海:上海远东出版社.

许钧,2009.翻译概论[M].北京:外语教学与研究出版社.

许钧,穆雷,2009.翻译学概论[M].南京:译林出版社.

许渊冲,2000.汉英对照唐诗三百首[M].北京:高等教育出版社.

阎连科,2012.受活[M].天津:天津人民出版社.

杨莉藜,1993.英汉互译教程(上)[M].开封:河南大学出版社.

杨贤玉,乔传代,杨荣广,2014.旅游英汉比较与翻译[M].武汉:武汉大学出版社.

杨自俭,2006.英汉语比较与翻译[M].上海:上海外语教育出版社.

袁家骅,2010.袁家骅文选[M].北京:北京大学出版社.

袁卓喜,2017.修辞劝说视角下的外宣翻译研究[M].北京:中国传媒大学出版社.

张白桦,2015.趣味英汉互译教程[M].北京:机械工业出版社.

张白桦,2017.翻译基础指津[M].北京:中译出版社.

张炳达,2015.21世纪国际商务丛书 国际贸易实务[M].上海:立信会计出版社.

张成材,1990.商县方言志[M].北京:语文出版社.

张春,罗钰,2009.西部外语教学与研究论丛[M].成都:西南交通大学出版社.

张干周,2018.科技英语应用文本翻译 理论探讨、问题分析、翻译方法及教学[M].北京:北京交通大学出版社.

张谷若,2011. 大卫. 考坡菲[M]. 上海:上海译文出版社.

张海芹,傅煊翔,2017. 英汉翻译教程[M]. 成都:电子科技大学出版社.

张健,2013. 全球化语境下的外宣翻译"变通"策略刍议[J]. 外国语言文学,(1):21.

张伶俐,2002. 实用英语翻译与写作辅导教程—高等学校英语应用能力考试 A、B 级翻译与写作辅导[M]. 北京:中国致公出版社.

张培基,2007. 英译中国现代散文选[M]. 上海:上海外语教育出版社.

张万防,张亮平,翟长红,2014. 新思维英汉互译教程[M]. 武汉:华中科技大学出版社.

张维佳,2002. 演化与竞争:关中方言音韵结构的变迁[M]. 西安:陕西人民出版社.

张卫平,1995. 研究生入学考试英语复习专用教材[M]. 北京:北京教育出版社.

张曦,2016. 科技英语翻译教程[M]. 上海:上海交通大学出版社.

张肖鹏,吴萍,2017. 英汉语比较与翻译[M]. 成都:电子科技大学出版社.

张新颖,2003. 行将失传的方言和它的世界——从这个角度看《丑行或浪漫》[J]. 上海文学,(12):69-76.

赵红军,2014. 英语翻译基础[M]. 沈阳:东北大学出版社.

赵双,蔺玉荣,李滢,2010. 翻译[M]. 天津:天津大学出版社.

赵一凡,2006. 西方文化关键词[M]. 北京:外语教育与研究出版社.

郑家恒,2010. 智能信息处理[M]. 北京:科学出版社.

钟书能,2017. 英汉翻译技巧[M]. 2版. 北京:对外经济贸易大学出版社.

周领顺,2014. 译者行为批评路径探索[M]. 北京:商务印书馆.

周婷,2017. 大学英语翻译技巧与实践教程[M]. 武汉:华中科技大学出版社.

周晔,2011. 本雅明翻译思想研究[M]. 上海:上海译文出版社.

朱徽,2015. 汉英翻译教程[M]. 重庆:重庆大学出版社.

朱建平,2016. 中医药学名词术语规范化研究[M]. 北京:中医古籍出版社.